国家治理现代化丛书

丛书主编 俞可平

Governance of Major Countries in the Globalisation

大国治理

杨雪冬 张萌萌／主编

"国家治理现代化"丛书总序

俞可平

"治理"原来是一个社会科学的术语,自从中共十八届三中全会将"推进国家治理体系和治理能力现代化"作为全面深化改革的总目标后,它便成为中国政治的热门话语。对其含义的种种不同解读,甚至各种争议也随之产生。有人认为它是西方的政治概念,有人则认为它在我国古代就早已有之。其实,"治理"就其字面意义而言,就是"治国理政"。作为人类的一种基本政治活动,它存在于古今中外的每一个国家和每一种文明之中。然而,作为政治学的一个重要新概念,它则是当代的产物。治理不同于统治,它指的是政府组织和(或)民间组织在一个既定范围内运用公共权威管理社会政治事务,维护社会公共秩序,满足公众需要。治理的理想目标是善治,即公共利益最大化的管理活动和管理过程。善治意味着官民对社会事务的合作共治,是国家与社会关系的最佳状态。

从统治走向治理,是人类政治发展的共同规律,不仅适用于西方国家,也同样适用于东方国家。中共十八届三中全会,把"完善和发展中国特色社会主义制度,推进国家治理体系和治理能力现代化"作为全面深化改革的总目标,是重大的理念创新。"国家治理体系和治理能力现代化",或者简称为"国家治理现代化",这一新的概念是中国共产党的创造,而绝不是对西方治理理论的照抄照搬。实际上,在英文文献中至今还没有与"国家治理现代化"

相对应的概念。国家治理现代化这一全面深化改革的总目标，不仅立足于中国特色社会主义的现实，也完全符合人类政治发展的普遍趋势。另一方面，也要实事求是地承认，对现代国家治理系统深入的专门研究，最初起源于西方发达国家。然而，我们不能因为发达国家率先进行了"少一些统治，多一些治理"的政治变革，并且对治理问题率先进行了研究，发展起了各种治理学说，就认定这只是西方的理论或实践。一种理论或实践，只要反映了人类社会的共同规律，无论最初在哪个国家或地区出现，它们最终都会在其他国家和地区发生作用，并成为人类文明的共同价值。今天我们已经须臾不可离开的民主、自由、人权、法治、现代化、工业化、全球化等等，莫不如此。

中共中央编译局比较政治与经济研究中心，是国内最早研究治理理论的团队之一。它首先从译介国外的治理理论开始，然后结合我国的治理实践，致力于建构中国自己的治理理论，并且努力推进我国的治理现代化。这个团队从20世纪90年代开始，先后就政府治理、社会治理、基层治理、全球治理和生态治理等专门领域进行系统而深入的研究，承担过"全球化与治理的变迁"、"中国公民社会的兴起与治理的变迁"、"中国地方治理创新"、"中国国家治理评估"、"中国社会治理评估"、"社会管理创新"、"城市治理现代化"、"全球治理与和谐世界"、"生态治理与生态文明"等重大课题，发表了大量研究成果，并且建立了国内最权威的"中国地方政府创新案例"和"中国社会创新案例"数据库。

有幸列为国家"十二五"重点图书出版规划项目的这套"国家治理现代化"丛书，由《大国治理》、《政府治理》、《社会治理》、《基层治理》、《全球治理》和《生态治理》6本书组成，在很大程度上反映了比较政治与经济研究中心这个研究团队在治理方面的主要成果。各卷分别由何增科、杨雪冬、曹荣湘、陈家刚、周红云等研究员任主编，他们都曾经是这个团队的核心骨干，现在不仅是中央编译局相关业务部门的主要领导，而且分别成为国内相关研究领域的代表性学者。人们经常说，理想的研究目标，就是"既出成果，又出人才"。去年，我们编辑出版了国家出版基金项目——10卷本的"中国的民主治理：理论与实践"丛书，现在我又看到了这套6卷本的"国家治理现代化"丛书的出版。这使我不无自豪地想说：我们基本上达到了这一理想目标。作为这个学术团队的创立者，一方面，我要对这些年轻同事们所取得的成就表示热烈的祝贺，另一方面，也要对他们的合作与贡献表示诚挚的感谢。当然，本丛书除了比较政治与经济研究中心的成果外，也收录了国内同行的其他若干成果。在此，我对这些作者也一并表示感谢。

2014 年 11 月 10 日于京郊方圆阁

目　录
Contents

导　论　21世纪以来的全球化进程　杨雪冬 / 1

全球化进程中的美国　谢来辉　浦启华 / 1
全球化进程中的俄罗斯　徐元宫 / 44
全球化进程中的英国　张萌萌 / 70
全球化进程中的德国　李以所 / 92
全球化进程中的日本　朱艳圣 / 122
全球化进程中的巴西　靳呈伟 / 138
全球化进程中的印度　张淑兰　宋丽萍 / 162
全球化进程中的越南　郭伟伟 / 189
全球化进程中的伊斯兰国家　朱昔群 / 218
全球化进程中的中国　杨雪冬 / 241
面向全球化的中国治理改革　杨雪冬 / 255
同样的挑战，不同的应对　杨雪冬　张萌萌 / 264

导 论
21世纪以来的全球化进程

杨雪冬

21世纪以来,全球化进程进入了一个新阶段,有人将其称为"第三波全球化",以与19世纪六七十年代开始的"第一波"、第二次世界大战后开始的"第二波"区别开来。① 全球化既是一个历史进程,也是推动社会生活诸领域发生变革的历史力量,因此其体现的形式和产生的影响是不断发展的。与前几个阶段的全球化相比,21世纪以来的全球化(或者更准确地说20世纪90年代中期以来的全球化)更为充分生动地证明了这一点。具体而言,21世纪以来的全球化进程有以下主要特点:

第一,全球化与市场化、城市化、工业化、信息化紧密地交织在一起,形成了相互影响、相互推进的复合进程。毫无疑问,这些都不是什么新变化,但是能够在全球范围内发生,并且形成复杂多样的互动关系则是一个新现象。全球化首先是经济全球化,是以作为资源配置的主要机制——世界市场的发展为基础的。从20世纪80年代以来,世界各国都在进行着市场化改革,世

---

① Will Straw, Alex Glennie, "The Third Wave of Globalisation", *Institute for Public Policy Research Report*, January 2012.

界贸易组织成员国已经达到了 157 个，21 世纪以来加入的国家有近 20 个，其中包括中国、俄罗斯等大国；世界贸易谈判不断深入，各国关税在种类和幅度上不断降低；市场经济体制不断完善，为资本、商品、信息、人力资源等生产要素在全球范围流动、国际劳动分工的扩大和深化提供了制度性条件。

城市化的发展将更多的人口集中在特定的地点，并且推动了人口的流动。发展中国家的快速城市化以及全球性城市的出现成为了 21 世纪以来城市化进程的两个突出特点。从 20 世纪后半叶开始世界范围的城市化进程进入了发展中国家主导的时代；如果说 20 世纪是发达国家完成城市化的世纪。那么 21 世纪将是发展中国家实现城市化的世纪。"世界正处于高速的'最大城市化'中，欧洲和北美、南美洲已经基本完成城市化。因此今后大部分人口增长都将被发展中国家的城市吸收，到 2030 年新增人口将增加一倍。"[①] 在数量不断增多的城市中，一些超大规模的"全球城市"[②] 的作用日益突出，成为了世界范围交往的中枢，在政治、经济、文化等方面具有强大的影响力和控制力。尽管发展中国家拥有的超大城市不断增多，但是全球的城市依然主要分布在发达国家，因此城市化进程在某种程度上加深了全球化的不均衡性。

工业化的深入发展既体现了各国对比较优势的有意识地利用，也为国际劳动分工的深化提供了更大的空间。中国、巴西、墨西哥、印度、南非等作为新兴市场国家，不仅吸引了大量的对外投资，而且成为世界市场上许多产品的提供者和消费市场。工业化的加速提高了这些国家的经济实力，也更有效地发挥其国内市场潜力，使其更全面、深入地参与到全球化进程之中，为国际力量对比的改变提供了经济条件。如金砖五国的 GDP 总量在 2010 年占到世界的 18%，贸易额占世界的 15%。根据对世界银行、世界贸易组织和国际货币基金组织 2000—2009 年多份研究报告的参考比对，下列数据可以说明世界经济格局所呈现的大变革：153 个发展中国家在全球 GDP 中的比重由 2000

---

① 联合国人居署编：《贫民窟的挑战——全球人类住区报告 2003》，于静等译，中国建筑工业出版社 2006 年版，第 3 页。

② Saskia Sassen.

年的 22% 升至 2008 年的 47%，在全球贸易中的比重由 2000 年的 36% 升至 2008 年的 45%。全球 30 大经济体中有 12 个是发展中大国，其中前 10 大经济体中，新兴力量占了 3 个。中国在 2005 年超过英国成为世界第四大经济体，2010 年超越日本成为第二大经济体。巴西在 2011 年超过西班牙、加拿大、意大利和英国而位列第六，印度则成为第 11 大经济体。更为重要的是，与发展中国家快速工业化形成对比的是，发达国家正在经历着"去工业化"过程，第二产业在国民经济中的比重持续下降，这直接影响到国内就业率的稳定。而工业化与"去工业化"之间的重要因果链条则是资本的跨国流动产生的新的国际分工。

交往工具的改进一直是全球化发展的重要物质基础和技术支撑。以计算机、互联网技术为代表的信息化使"地球村"成为现实，地球上每个角落的每个人都亲身体会到全球化的存在。根据 internetworldstats.com 的统计，截止到 2011 年 3 月 31 日，世界互联网用户总规模突破 20 亿，从 2000 年 12 月 31 日到 2011 年 3 月 31 日，互联网用户的增长率达到 480.4%，亚非拉地区的增长率超过 500%。信息化不仅加速了资本、物质等的流动，也为知识价值的传播、思想观念的交流交融交锋提供了新的平台和空间，加深了人们对于自身、他人、共同体以及整个人类的认识，带来了认识和观念的不断变革。在很大意义上说，信息化的发展是目前的全球化区别于以往全球化的最重要的特征。

21 世纪以来，市场化、城市化、工业化、信息化的发展为全球化的扩展和深化创造了前所未有的有利条件，并且放大了全球化的正面和负面影响，这既可以加速发展，也会导致更多的全球性风险，从而使个人、各类社会组织以及每个国家的命运紧密联系在一起。

第二，随着全球化向多层次、多领域的扩展，全球化进程也在改变着"西方中心"的局面，向多种力量共同参与和推动转变。全球化是一个多层次、多维度的历史进程，但是长期由西方主导，因此全球化也被一些人称为"西方化""美国化"，甚至"麦当劳化"，以强调西方国家、社会乃至企业拥有的决定性地位。但是，随着越来越多的社会主体，尤其是非西方社会主体被卷入全球化进程之中，并且不断强大起来，"西方中心"的局面正在发生深刻的改变，全球化呈现出更强的多元性。

首先，非西方国家的快速崛起，推动了世界多极化，改变着国际力量的对比格局。据统计，从 2001 年到 2010 年，"增长八国"（中国、印度、巴西、俄罗斯、韩国、墨西哥、印度尼西亚、土耳其）对世界 GDP 的贡献率与"七国集团"持平。① 而在 2009 年，全球金融危机发生后的第一年中，中国经济增长对世界经济的贡献率为 18%，美国则为 14%。2000 年以来，新成立的 25 个主权财富基金中，大部分属于发展中国家。目前来自亚洲的主权财富基金占有世界主权财富基金的 40%，其中，中东国家的占有 35%。② 非西方国家的影响力在国际事务中不断提升，在 1999 年成立的"G20"中，发展中国家有 11 个。2008 年全球金融危机后，G20 取代 G8 成为全球经济合作的主要论坛。德国《明镜》杂志总结 21 世纪第一个 10 年的时候说，这是西方"失落的 10 年"，因为西方制度并没有给人们带来期望中的财富、和平以及民主，反而是包括中国在内的非西方国家的快速发展，使西方人对自己的制度产生了更大的怀疑。③

其次，在全球化进程中，不同国家、社会、民族、社会群体以及个人的主体意识不断增强，更为主动地来利用全球化带来的新机遇来发展壮大自己。全球化是交往扩大和深化的过程。各类社会组织的发展，电视、互联网的普及以及信息和人口的流动有力地支持了多元主体意识的增强。因此，有学者提出了"全球本土化"（glocalization）的概念来描绘全球化激发出来的地方、群体、自我的意识。"9·11"事件将社会组织、个人的力量极端地放大出来。不同社会主体在交往的过程中，通过与他者的互动、交流、比较，不仅更清晰地认识到自身，也找到了更有效强化和维护自我认同的方式。这些多元主体一方面在努力追求和维护自我的权益，从而使全球化进程呈现为各种利益

---

① O'Neill J, Challenges as the World Economy Adjusts, Goldman Sachs Asset Management, 2011.
② http://www.swfinstitute.org/fund-rankings.
③ DirkKurbjuweit, Gabor Steingart and Merlind Theile, The Lost DecadeWhat the World Can Learn from 10 Years of Excesses. http://www.spiegel.de/international/zeitgeist/the-lost-decade-what-the-world-can-learn-from-10-years-of-excesses-a-668729.html,12/28/2009.

的激烈博弈；另一方面也在积极阐发自己的价值理念，以赢得更多的追求者，从而使得全球化进程也体现为各种价值的激烈竞争。

最后，在多元主体参与的过程中，对于"西方中心主义"的反思也进一步深入。非西方国家的快速发展增强了摆脱"西方中心主义"思维定势、寻找西方之外发展道路的信心。国际社会对"华盛顿共识"的批判、对"北京共识"的讨论充分说明了这点，2008年全球金融危机的爆发进一步深化了这种反思。前澳大利亚总理陆克文（Kevin Michael Rudd）在一篇文章中说，此次全球金融危机已向人们表明：这是一场涉及体制、理论和意识形态领域的危机。它让人们开始质疑过去30年以来盛行的新自由经济理论。① 在金融危机爆发后，西方社会也开始反思自身，有学者说，10年前亚洲金融危机的时候，华盛顿和许多国际金融机构把美国树立为亚洲国家学习的楷模，而今天，亚洲国家，特别是中国有资格给美国人上一课。② 美国评论家法里德·扎卡利亚（Fareed Zakaria）在其所著《后美国世界》一书中颇为深刻地指出，美国在完成了把世界"全球化"的历史重任后，忘记了把自己的视角和心态也"全球化"。

第三，随着各国全球化程度的加深，国内与国际两个局面的互动更为紧密频繁，导致了国内问题的"国际化"以及国际问题的"国内化"。在全球化进程中，没有一个国家是可以"独善其身"的，根据美国《外交政策》杂志与科尔尼管理咨询公司（At Kearney）编制的全球化指数显示，虽然各国的排名每年有所变动，但是全球化水平都在稳定提升，全球化水平涵盖了经济、社会和政治三个领域。③ 因此，各国都不再把全球化视为外在的力量或发展的背景，而是作为思考和推动本国发展的出发点以及发展的组成部分，并积极形成本国的全球化战略。

国内与国际的互动主要是在三个方面展开的：

---

① 陆克文（Kevin Michael Rudd）：《新自由主义败因，社会民主主义处方》。
② Harold James, "The Making of a Mess Who Broke Global Finance, and Who Should Pay for It?", *Foreign Affairs*, January/February 2009.
③ 更多详细信息可以浏览其官方网站：http://globalization.kof.ethz.ch/。

一是经济领域。国内市场与国际市场的边界更加模糊,生产要素的配置在全球范围展开,各国经济的对外依存度在不同方面都有所提高,而国际市场的变动对国内经济发展的影响程度也在加深。尤其是主要国家的经济联系更为紧密。"中美共同体""中印共同体"概念的提出,形象地描绘了这些大国之间的经济互补性。更为重要的是,发展中国家之间经济联系的重要性正在超越它们与发达国家的经济联系。根据拉丁美洲和加勒比经济委员会统计,中国成为多个拉美国家的重要出口市场。智利为13%,秘鲁为11%,阿根廷为9%,哥斯达黎加为7%,巴西为7%。在进口方面,巴拉圭为27%,智利和阿根廷为11%,巴西、墨西哥和哥伦比亚为10%。① 2005年以来,中国的银行对拉美地区贷款总额达750亿美元。2010年,中国银行对拉美贷款总额超过世界银行、美国进出口银行和美洲开发银行的总和。②

二是社会领域。人员、信息的流动推动了各国公民社会的成长,也为全球公民社会的发展提供了有力支持。社会组织和个人的国际化,也在潜移默化地改变着国家与社会的关系。在21世纪初,国际公民社会组织就达到了4.4万个。③ 一方面,国内公众因为了解到国际社会的发展,对于本国政府有了更高的期待和要求;另一方面,他们也会通过国际化的组织方式来提升自己的影响力。在很大程度上,正是国内社会的国际化才导致了或者加重了众多国内问题的"国际化"。近年来发生的"阿拉伯之春""占领华尔街运动"是这些变化的典型案例。

三是政治领域。各国政府更加重视双边或多边合作关系,并且主动寻找战略合作伙伴。这种趋势是从20世纪90年代开始的,进入新世纪之后,各国全球战略意识的增强进一步推动其发展,主要大国之间建立了不同内容和形式的

---

① 《西报载文说中国对拉美越来越重要其增长放缓将影响拉美》,载《参考资料》,2012年5月2日。
② 《西媒说中国进出口需求增长带动拉美与亚洲贸易不断扩大》,载《参考资料》,2012年5月2日。
③ 安德鲁·库珀:《重新建构全球治理:八项革新》,见戴维·赫尔德、安东尼·麦克格鲁主编:《全球化理论:研究路径与理论论争》,王生才译,社会科学文献出版社2009年版,第269页。

战略伙伴关系。例如,2003年5月,中国与俄罗斯进一步充实了战略协作伙伴关系,提出了"互信、互利、平等、协作"的新安全观。中国与美国在2003年就建立建设性合作关系取得重要共识。中印签署了《中印关系原则和全面合作宣言》等。此外,各国也更加重视发挥国际组织的作用,国家政治与国际组织作用之间的关系更为密切。

然而,对于每个国家来说,越来越多的国内问题是能够找到国际因素的,而众多国际问题的解决也有赖于各国之间的合作。这就给国家带来了新的挑战:一方面要防止国际因素影响国内问题的解决,就需要更强烈地主张主权的独立和完整;另一方面为了加快某些国内问题的解决,又必须求助于国际社会,甚至接受后者提出的苛刻要求。美国著名学者、哈佛大学教授丹尼·罗德里克(Dani Rodric)就形象地说,现在出现了民族国家、民众政治以及全球化的"三难选择",只能有两个能同时共存。①

第四,全球化的发展也产生了越来越多的全球性问题和全球风险,全球治理的重要性日益凸显。21世纪以来,连续发生了一系列的全球问题和全球风险,其中包括"9·11"事件、全球金融危机、日本地震引发的海啸和核泄漏以及全球气候变暖等。因此有学者提出我们进入了"全球风险社会"② 时期。全球问题和全球风险是全球化的必然结果。一方面,全球化大大增加了风险的来源。全球化的核心内容是人员、物质、资本、信息等跨国界和大陆流动的加速以及各个国家、社会、人群相互联系和依赖的增强;这必然导致原来限于一个国家或一个地区的风险扩散到更多的国家和地区;这些风险在扩散的过程中,彼此间还可能产生互动关系,产生新的风险源,增强风险的后果。另一方面,全球化放大了风险的影响和潜在后果。风险影响的放大主要是通过两种渠道实现的。一是相互依存的加深增加了风险后果承担者的数量;二是发达的现代通信技术使更多的人意识到风险的潜在后果,也容易因

---

① Dani Rodrik, *One Economics*, *Many Recipes*, Princeton Princeton University Press, 2007.
② 乌尔里希·贝克:《"9·11"事件后的全球风险社会》,王武龙编译,载《马克思主义与现实》,2004年第2期,第72页。

为信息的不完整导致过度恐慌。

这些全球问题和全球风险构成了非传统安全问题的主要内容。非传统安全威胁包括了金融动荡、粮食短缺、能源紧张、环境污染、气候变化、非法移民、跨境犯罪、恐怖活动、传染疾病、产品安全问题等。非传统安全具有跨国性、不确定性、转化性、动态性等特点，日益成为国际社会关注的重要议题，它们带来的挑战往往超越国界的限制以及单一主权国家的能力，并且在一些方面与国家权力形成了不对称，其解决和应对需要依靠国家间乃至全球范围的合作，需要改革现有的国际组织和完善现有的国际规则。以全球恐怖主义为例，它摈弃了传统的战争方式，既不尊重敌国的主权，也不尊重保护它的盟国的主权。[1]

随着全球性挑战日益严峻，全球治理的紧迫性和重要性更加凸显。全球治理已经从20世纪90年代宣传的一种理念成为了现实实践。在联合国的推动下，各国首脑签署了"新千年宣言"，"9·11"事件的发生推动了全球范围的反恐合作。2002年各国首脑签署了《约翰内斯堡可持续发展宣言》，提出要在地方、国家、区域和全球各级为促进经济发展、社会发展和环境保护而共同努力。2003年的SARS事件显示出世界卫生组织协调各国行动的重要性。全球气候谈判虽然步履艰难，但是推动了许多国家节能减排目标的确立和具体措施的出台。2008年发生的全球金融危机则使全球经济治理提到了各国政府和国际组织的议事日程。"20国集团"作用的加强，成为全球治理方面的最重要创新。[2] 改革现有国际治理机制，推动全球治理也成为了"金砖国家"首脑论坛的重要议题。[3]

但是，面对日益增多的全球风险，现有的全球治理无论在制度化还是有效性上都远远不够，既深受国家利益尤其是个别大国意志的制约，也困扰于各种利益的矛盾和冲突中。哈佛大学教授斯坦利·霍夫曼（Stanley Hoffmann）

---

[1] 斯坦利·霍夫曼：《全球化的冲突》，载《世界经济与政治》，2003年第4期。
[2] 布拉德·格罗瑟曼：《创建新的国际秩序》，载《参考资料》，2012年5月24日。
[3] 金砖五国：《德里宣言》，2012年3月29日。

曾说，"当国家被迫在经济竞争和保护社会安全网之间做出艰难的选择时，全球'治理'就变得很脆弱了。对于制约美国自由行动的国际组织，美国总是表现出越来越明显的不耐烦。"① 因此，全球治理不仅要依赖双边、多边合作的深入发展以及地区性治理机制的建立与发挥作用，更有赖于国际秩序民主化水平的提高、国际合作协调的深化。

第五，在全球化进程中，国家间的竞争更为全面激烈，国家职能的发挥面临着更严峻的考验。伴随着国家间相互联系相互依存程度的不断提高，综合国力竞争也更加激烈、全面。21世纪以来，科学技术、人力资源、制度机制以及文化价值，都成为国家间竞争的领域，围绕市场、资源、人才、技术、标准等的竞争更加激烈。各国政府不仅重视由资源物质组成的硬实力，也更加重视制度文化所形成的软实力以及"巧实力"。② 各国争夺的核心是国家发展的战略制高点和道义优势。

国家间竞争的加剧，拉动了围绕战略要地、国际要道的争夺。以美国为代表的一些国家为了谋取在多维作战空间的军事优势，组建战略联盟对潜在对手实施战略围堵，增强了国际军事竞争的不确定性和不可控性。它们为了自身的战略利益，干预别国内政，用战争手段改变他国政权，也增大了国际军事冲突、政治动荡的风险。

国家间竞争的加剧也对国家职能，尤其是经济职能和社会职能提出新的要求。全球金融危机的爆发使许多国家开始反思市场与国家的关系，检讨"华盛顿共识"的缺陷，并且将国家的介入看做是拯救经济的重要措施。因此，在西方主要国家的救市计划中，"国有化"成为了主要措施。这对于长期奉行新自由主义的西方国家来说，无疑是对其价值观和政策操作方式的挑战。对此，《纽约时报》不无调侃地说，我们都是"社会主义者"。《经济学家》

---

① 斯坦利·霍夫曼：《全球化的冲突》，载《世界经济与政治》，2003年第4期，第67页。
② "巧实力"概念最早是由美国学者苏珊尼·诺瑟2004年在《外交》杂志上提出。2007年在美国发表的《巧实力战略》的研究报告明确提出，运用"巧实力"进行对外战略转型，帮助美国摆脱当前困境，重振全球领导地位。该报告的作者在接受记者采访时说，一国的综合国力包括"硬实力"和"软实力"，将"软实力"与"硬实力"巧妙结合便是"巧实力"。

杂志 2012 年 1 月的一期封面文章《国家资本主义的兴起》认为各国正在通过支持企业来缓解全球化的压力。尼尔·弗格森的一篇文章就以"我们现在都是国家资本主义"为题，因为各国政府支出的比例都已经非常高。如政府支出占 GDP 的比例，中国为 23%，占世界 183 个国家排名的第 147 位；德国排在 24 位，政府开支占 GDP 的 48%；美国为 44%，占第 44 位；奥地利、比利时、丹麦、芬兰、希腊、匈牙利、意大利、荷兰、葡萄牙和瑞典的开支比例都超过了德国；丹麦最高，达到了 58%。①

国家社会职能遇到的最大挑战是收入差距的拉大以及由此造成的一系列社会问题。年轻人群体受到的冲击最大，反应也最为强烈。国际劳工组织估计，全球 7500 万年龄在 15—24 岁的年轻人没有工作，换句话说，每 5 个失业者中就有两个是年轻人。根据美国皮尤研究中心（Pew Research Center）的一项调查，近两年来 18—24 岁美国人中，就业率只有 54%。② 2011 年 11 月，英国年龄在 16—24 岁之间的尼特族（"不上学、不就业和不受训的青年群体"，简称 NEET）人数达到了 116.3 万人，同比增加 13.7 万人。加入全球化使得一些发展中国家抛弃了平等主义和福利，并产生了高失业率。在阿拉伯世界年轻人的平均失业率超过 23%。收入差距的拉大尤其是青年人失业率的提升，引发了一系列社会问题甚至导致骚乱，其中最突出的就是 2005 年的法国大骚乱、2011 年以青年人为主体参加的"阿拉伯之春"、英国骚乱以及美国的"占领华尔街运动"，以至于 2011 年被称为"愤怒的一年"。美国著名经济学家约瑟夫·斯蒂格利茨（Joseph. E. Stiglitz）批评美国现状说，在美国，过去 10 年来上层 1% 人群的收入激增 18%，中产阶层的收入却在下降；而对于只有高中文化程度的人来说，收入的下降尤其明显——光是在过去 25 年里，就下降了 12%，因此，美国社会陷入了"1% 的人所有、1% 的人治理、1% 的人享用"的困境③。

---

① 《弗格森分析中美及其所代表经济模式之间的竞争实质》，载《参考资料》，2012 年 2 月 20 日。
② 迈克尔·舒曼：《失业的一代》，转引自《参考资料》，2012 年 5 月 9 日。
③ http://www.vanityfair.com/society/features/2011/05/top-one-percent-201105.

全球化对国家经济社会职能的挑战，引发了对国家治理能力以及国家治理模式的热烈讨论。一方面，在全球化过程中，国家治理的重要性不断凸显，国家不仅是基本的治理对象，而且是主要的治理主体；另一方面，各个国家的治理模式和治理能力存在着差别，因此不能简单地用西方的治理模式来衡量优劣。相反，包括中国在内的许多新兴国家的快速发展，尤其是在全球金融危机中的良好表现，使西方治理模式受到更强的质疑。美国乔治敦大学教授查尔斯·库普钱（Charles A. Kupchan）认为，目前西方世界出现了治理危机，而许多新兴国家得益于经济力量转移，尤其是中国在全球化进程中趋利避害。他认为西方治理模式进入了明显的无效期。原因有三个：一是全球化已经使这些国家的许多传统政策工具失灵；二是西方国家民众要求政策解决的许多问题都需要一定程度的国际合作；三是国内社会公众情绪低落并且分裂严重，无法形成有效的公众参与、社会竞争以及制度制衡。[①]

[①] Charles A. Kupchan, "The Democratic Malaise Globalization and the Threat to the West".

全球化进程中的美国

谢来辉　浦启华[*]

全球化一度被广泛认为是美国化，美国在全球化进程中扮演的角色非常突出。尽管我们承认全球化确实是一个客观存在的过程，其动力既有通信及交通技术的发展，也包括马克思所谓资本在全球范围内追逐利润的本能，但是也还包括西方主要发达国家推动全球性制度安排的政策。特别是美国在第二次世界大战后领导世界各国建立布雷顿森林体系，尤其是旨在降低投资贸易壁垒的"关贸总协定"（GATT）和后来的"世界贸易组织"（WTO），以及各种区域一体化安排（如 NAFTA，APEC 等），对于世界统一市场形成的推动作用举足轻重。美国作为超级大国的地位，及其向全球推广民主的外交战略，所产生的文化和价值观的示范效应，也是推动政治和文化全球化的重要推动力量。

进入 21 世纪的 10 多年来，全球化进程在深度和广度上进一步发展，世界经济发生巨大变化。其中美国发生的变化尤为明显和深刻，美国政府的应对措施也对世界产生了重要影响。其中的两个典型事件是"9·11"恐怖袭击以及 2007 年的美国次贷危机演变而来的金融危机。这两个事件都是发生于美

---

[*] 谢来辉，中国社会科学院副研究员；浦启华，中央编译局副研究员。

国，起因于全球化，并对全球化进程以及世界政治经济格局产生了巨大的影响。美国发动的两场反恐战争，以及应对金融危机的各种措施，也通过全球化的各种渠道极大影响了世界。

关于美国是否在衰落的争论仍在美国国内和世界其他地区持续，美国是全球化的赢家还是输家尚难定论。但是无论如何，美国在应对全球化方面的经验无疑值得我们深刻借鉴。

一、美国在全球化中的位置和受到的影响

（一）美国在全球化中的位置及其变化

关于全球化的定义和起始时间存在很多争议，但是自第二次世界大战以后，美国在全球化中的主导地位是毋庸置疑的。美国霸权的发展与全球化进程紧密联系并基本同步进行。从全球史的角度来看，美国代表了或者说就是全球化中的一个过程；美国霸权是"全球化"的，"在当今影响世界的主要事件中，各种大事小事中的主要规范，乃至世界各国人民生活方式的很多方面，几乎都打上了美国的烙印"[①]。特别是在第二次世界大战结束以后，美国领导制定了布雷顿森林体系的一系列国际经济规则，在20世纪60—70年代推动了世界经济一体化的浪潮。特别是冷战结束以来，美国作为唯一超级大国的地位，美国跨国公司普遍采用的全球化战略以及起源于美国的信息技术革命，无疑是推动经济全球化的关键动力。曾有学者归纳了美国在当代全球化浪潮中具有六个方面的主导（leading）地位与作用，即"6L"，分别是主导了：(1)世界政治秩序；(2)世界经济发展；(3)世界科技革命；(4)世界军事革命；(5)文化全球化；(6)世界各民族"聚合"[②]。

---

① 牛军：《全球化中美国的世界地位——〈美利坚独步天下〉读后》，载《美国研究》，2012年第1期，第153页。

② 何道隆：《论美国在全球化中的地位与作用》，载《南亚研究季刊》，2001年第2期。

21 世纪的第一个 10 年里,美国在全球化中的地位发生了一些明显的变化。如在 2000 年,美国的国内生产总值(GDP)曾高居世界首位,但是在 2003 年被欧盟超过。按照现价美元计算,美国 GDP 占世界份额从 2000 年的 30.7% 到 2009 年已经下降到了 24.3%,根据购买力平价计算,美国占世界 GDP 的份额从 23.6%,到 2010 下降至 20.2%。但是从人均 GDP 来看,美国从 2000 年的 35 327 美元增加到 2010 年的 47 484 美元,增幅为 34.4%,领先于日本和欧盟。但是在同一时期,美国不仅是发达国家中人口总量最多的国家,也是八国集团中除了加拿大以外人口增长最快的国家。在 2000 年美国的人口为 2.82 亿,到 2010 年上升到 3.07 亿,增长了 8.46%。

与此同时,美国在国际贸易中的地位也明显有所下降。根据 WTO 的国际贸易统计,2000 年,美国进口和出口占世界货物贸易的份额分别为 18.9% 和 12.3%,均为世界第一。到了 2010 年,美国货物进出口占世界货物贸易的份额分别为 12.8%(世界第一大)和 8.4%(低于中国的 10.4%)。如果将欧盟国家看作一个整体,美国是第三大货物出口国,低于欧盟和中国之后,是欧盟之后的世界第二大进口市场。在服务贸易方面,美国一直是世界最大的服务出口国和进口国。2010 年美国出口服务额总计 5183.35 亿美元,占美国出口贸易总额的 28.9%;进口服务额为 3580.74 亿美元,占进口贸易额的 15.4%,顺差为 1602.6 亿美元。不过与货物贸易的情况一样,美国占世界服务贸易的份额也有明显下降(如图 1 所示)。根据"世界经济论坛"的全球竞争力指数研究,美国的竞争力在 2005—2006 年以前一直稳居世界第一,2010—2011 年,美国排名已经下降到了第 4 位,并在 2011—2012 年排名进一步降为第 5 位(见图 1)。

从贸易依存度也能够看出过去 10 年来国际贸易在美国经济中的地位在下降。美国在 20 世纪 90 年代的贸易依存度呈持续上升趋势,最高时接近 29%。但是进入 21 世纪之后的最初几年里较大幅度地下降,接近 25%。后面受金融危机的影响,贸易依存度又大幅下滑,在 2009 年降到 24%。之后由于采取一些刺激政策措施,才有所恢复(见图 2)。

从国际投资方面的变化来看,美国作为世界最大的投资国地位仍然没有

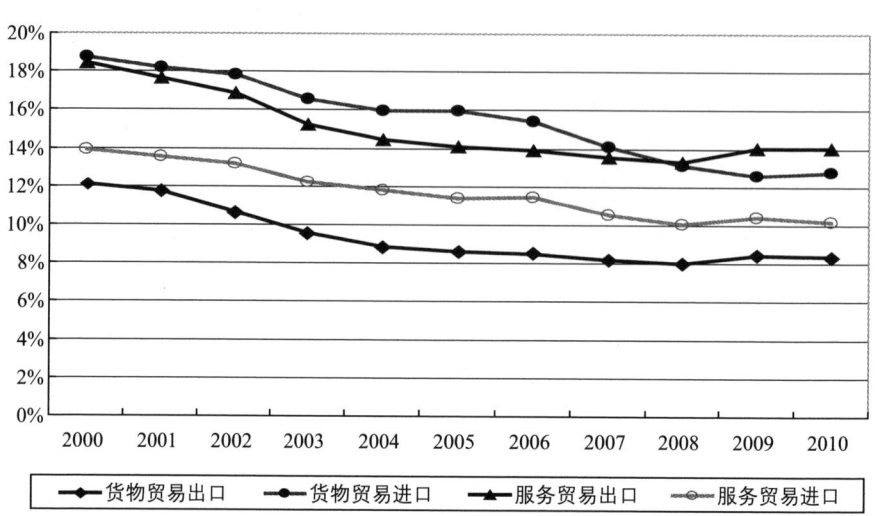

图1　美国在世界货物和服务贸易中的份额变化：2000—2010年

数据来源：WTO：International Trade Statistics 2011, Annex Tables：Historical Trends, pp. 209 – 222.

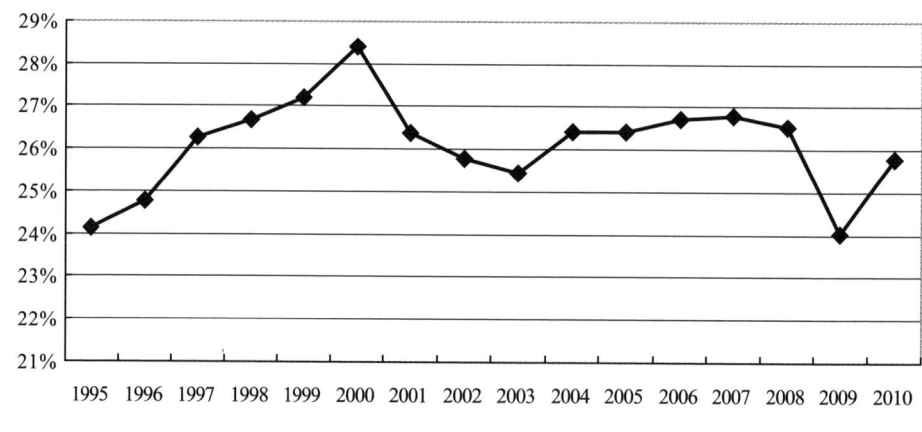

图2　美国贸易依存度的变化：1995—2010年

数据来源：美国总统经济报告，2011年。

改变，但是优势地位明显降低。1990年美国在世界对外直接投资总量中占35%，是排名第二位的英国的3倍多。进入21世纪以后，美国与其他国家的差距有所缩小。2000年，美国占世界对外直接投资总额的比重为33.8%，略有下降,但在绝对值上相比 1990 年增长了 2.7 倍。2010 年,美国的比重降为 23.7%,是英国的 2.85 倍,但是相比于 2000 年在绝对值上仅增长了 80%。其中很重要的一个原因在于:2008 年美国金融危机给美国对外直接投资以很大打击。很多美国公司为了去杠杆化,纷纷从国外把资本抽回,这使得美国在海外的资本明显减少。所以可以认为,在 21 世纪的前 10 年相比于 20 世纪 90 年代的 10 年,美国的对外投资增长动力大为削弱(见表1)。

表1 1990 年、2000 年、2010 年美国及主要发达国家对外直接投资的存量和比重

项目 国别	1990 年存量 (百万美元)	比重 (%)	2000 年存量 (百万美元)	比重(%)	2010 年存量 (百万美元)	比重 (%)
美国	731 762	35.0	2 694 014	33.8	4 843 325	23.7
英国	229 307	11.0	897 845	11.3	1 689 330	8.3
法国	112 441	5.4	925 925	11.6	1 523 046	7.5
德国	151 581	7.3	541 866	6.8	1 421 332	7.0
意大利	60 184	2.9	180 275	2.3	475 598	2.3
加拿大	84 807	4.1	237 639	3.0	616 134	3.0
日本	201 441	9.7	278 442	3.5	831 074	4.1
世界	2 086 919	100.0	7 967 460	100.0	20 408 257	100.0

资料来源:联合国贸发会议(UNCTAD)《2011 年世界投资报告》,第 191—193 页。陈宝森、王荣军、罗振兴主编:《当代美国经济》,社会科学文献出版社 2011 年版,第 23 页。

更加宏观地来看,美国在全球化中的地位可能确实有所削弱。根据 KOF 全球化指数,美国在政治和社会全球化方面的表现要明显优于其在经济维度上的表现(见表2)。除了日本这个特例以外,美国的全球化指数排名较为明显地落后于其他发达国家,尤其是在经济全球化方面。尽管在绝对值方面美国的投资与贸易对于经济全球化举足轻重,但是美国对外贸易占经济总量的比例明显低于其他发达国家。这反映出一个重要事实:美国经济相对较少受到世界经济中其他地区发展的影响,美国市场的巨大规模以及地理上的距离

使之较少依赖于世界其他地区的贸易。

表2 2011年美国及主要发达国家的KOF全球化指数排名

	全球化指数	经济全球化指数	社会全球化指数	政治全球化指数
	排名	排名	排名	排名
美国	27	50	25	15
英国	21	22	7	90
德国	16	28	12	18
日本	44	92	48	34

注释：这里参与排名的一共有208国家。指数都是根据2008年数据。
资料来源：2011 KOF Index of Globalization, http://globalization.kof.ethz.ch/static/pdf/rankings_2011b.pdf。

从历史趋势来看，美国在全球化中的地位确实明显下降。特别是在2008年金融危机之后，美国的排名明显从前10位左右降到了19名，到了2010年甚至降到了第27位。这种变化幅度相比于其他发达经济体要明显得多（见表3）。

表3 美国及主要发达国家近年KOF全球化指数排名的变化

	2003年	2004年	2005年	2006年	2007年	2010年	2011年
美国	11	7	4	3	19	27	27
英国	9	12	13	12	4	24	21
德国	17	18	21	18	15	18	16
日本	35	29	28	28	40	45	44

数据来源：http://www.atkearney.com/index.php/Publications/globalization-index.html。

（二）美国在21世纪以来受到全球化事件的主要影响

全球化一开始是美国化，是美国有意识和无意识地进行政治、经济和文化等方面标准化的全球扩展过程。但是进入21世纪以来，全球化就像一个回旋镖，又回击了美国，其中有两个代表性事件：一个是"9·11"事件，恐怖主义袭击了美国；另一个是2007年以来的金融危机。恐怖主义本身也是全球化的产物，是对美国推动的全球化进程的回应。而这场自冷战结束以来首次发生于发达国家的金融危机深深地挫伤了美国经济，而且越演越烈演化为经济危机，并扩展到了全球。对这两大事件的应对，不仅构成了21世纪以来美国国内及国际政策的大部分内容，也涵盖了小布什（连任两届）和奥巴马两位总统的主要议程。

21世纪以来，全球化对美国产生了非常重要的影响，具体体现在经济、政治、社会、文化、国际地位等诸多方面。

21世纪以来，美国遭遇了两次经济衰退（见图3），对美国产生了严重的影响。第一次是在世纪之交，受IT市场泡沫破灭以及"9·11"事件影响所致。更为严重的是2007年以来的这次经济危机。它从2007年12月~2009年7月历时18个月，是第二次世界大战以来美国经济收缩时间最长、损失最为严重的一次，因此也被称为"大衰退"。据2012年2月23日英国《经济学家》分析，根据一定的衡量标准，美国因为此次经济危机倒退了整整10年。其标志有三：一是股市市值方面。2008年9月雷曼兄弟公司破产后的一个月内，美国股市市值缩水1/4。股票是家庭退休基金财富的重要组成部分，仅仅这一个月，5年的增长消失殆尽。此后主要指数明显回升。标准普尔500指数大约回到了最高点的90%。但是早在20世纪90年代就达到了这个水平。二是房价方面。根据通货膨胀调整以后，美国的房价回到了2001年。三是失业率。美国的失业率一度高达10%，失业人口升为1500万人之众，高于1983年时的水平。[①] 此外，美国家庭财富2007年达到顶峰，约为66万亿美元，经过危机到2009年缩水17.5万亿美元，比美国一年的GDP还多，2009年4季度开始有所回升，但是距离顶峰还是下降了21%。总之，受此次危机的影响，美国等发达国家经济体的经济增长明显放缓，甚至出现负增长（见表4）。

---

① 《英刊估测：经济危机令美国倒退十年》，载《参考消息》，2012年2月25日。

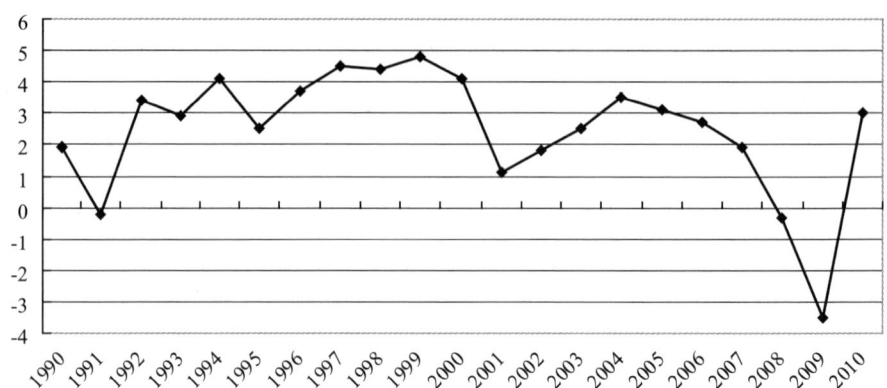

图3 20世纪90年代以来美国各年经济增长率的趋势：1990—2010年

数据来源：美国总统经济报告2011年，作者绘制。

表4 近年来主要发达经济体的GDP增长率：2003—2010年

	2003	2004	2005	2006	2007	2008	2009	2010
美国	2.5	3.6	3.0	2.6	2.1	0.4	-2.6	2.9
日本	1.4	2.7	1.9	2.0	2.4	-1.2	-6.3	4.0
欧盟27国	1.4	2.5	2.0	3.2	3.0	0.5	-4.2	1.8
世界	2.7	4.1	3.6	4.1	4.0	1.7	-2.1	3.9

数据来源：United Nations Conference on Trade and Development, "Trade and Development Report 2011", P. 2.

进入21世纪以来，美国的经常账户赤字持续恶化，积累了大量的贸易逆差。不过，受2008年金融危机影响，贸易逆差因为进口明显减少而明显降低，2009年最为明显。不过随着经济复苏，逆差额又在2010年进一步扩大（见图4、图5）。

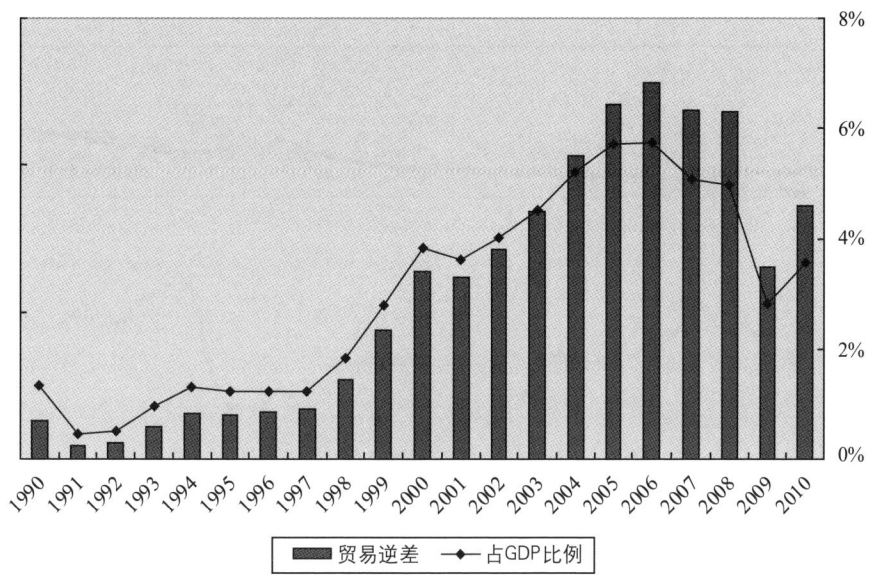

图 4　美国自 20 世纪 90 年代以来的贸易逆差及其在经济中的地位：1990—2010 年

资料来源：美国总统经济报告 2011 年，作者绘制。

进入 21 世纪之后，美国在国际金融市场中的地位明显衰落。首先，美元的国际地位有所下降。自从 1999 年欧元诞生以来，欧元在国际债券存量、跨境贷款存量、跨境存款存量、每日外汇交易量和全球外汇储备存量中所占的份额分别为 31.4%、20.3%、22%、42.8% 和 27.3%。作为国际贸易的结算货币，欧元在欧元区国家与非欧元区国家的商品出口中的占比，在 11.8%～97.3%。从各种指标来看，欧元份额的增长都意味着美元份额的下降。其次，美国在 2004 年成为了世界上最大的债务国。美国在第二次世界大战以后很长一段时间里一直是世界上最大的债权国，但是因为经常账户的恶化在 1986 年变为净债务国。这一趋势在进入 21 世纪之后更趋严重，2008 年达到了创纪录的 3.49 万亿美元（见图 5）。

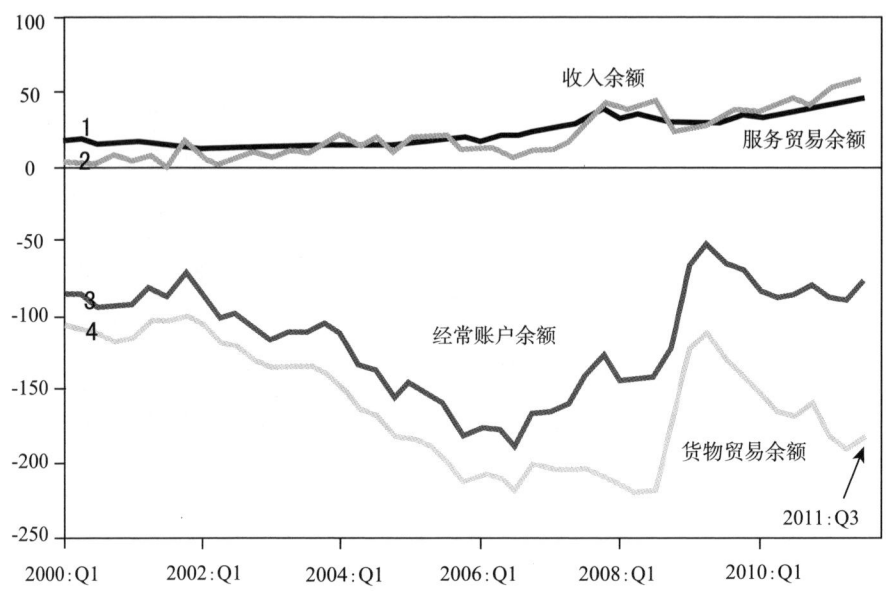

图 5　美国经常账户余额情况及其构成：2000—2010 年

注释：经常账户余额（图中第三条线3）＝货物贸易余额（最下方的线4）＋服务贸易余额（第二条线2）＋收入余额（最上方的线1）。单位：10 亿美元。

数据来源：美国总统经济报告（Economic Report of President 2011），第 149 页。

在 20 世纪七八十年代，因为经济危机和应对冷战，美国财政平衡一直趋于恶化。这一状况在克林顿政府时期有明显改善，一度还恢复了盈余。但是进入 21 世纪以来的 10 多年里，因为两场反恐战争和应对金融危机的影响，美国政府财政支出大幅增长，一直处于预算赤字状态（见图 6）。

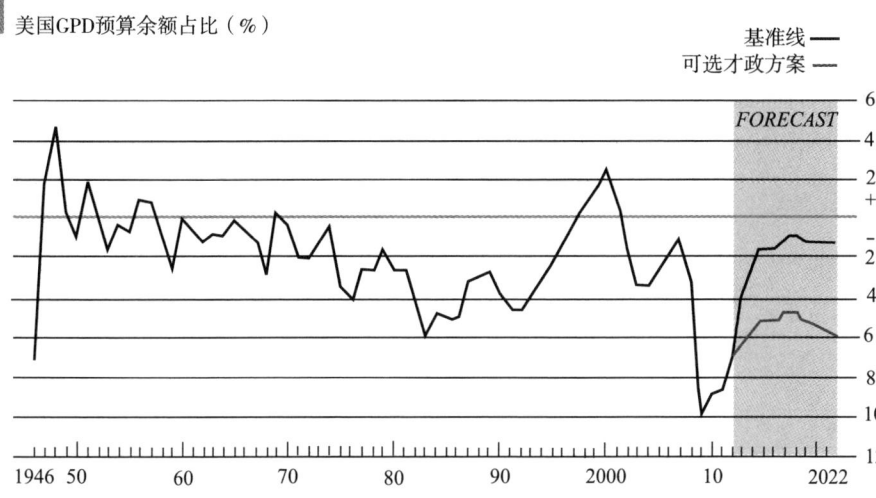

图6 "二战"以来美国财政预算平衡情况

2008年美国金融危机给美国对外直接投资很大打击。很多美国公司为了去杠杆化,纷纷从国外把资本抽回,这使得美国在海外的资本明显减少。例如,世界最大的5000家跨国公司的海外资产中,1995年美国占55.5%,到2008年下降为29.5%。同期,日本从8.8%上升到13.3%,发展中国家从1.1%上升到8.0%,欧盟则由27.0%增长到40.0%。①(见表5、表6)

表5 流入和流出美国的对外直接投资流量概览

单位:百万美元

	1995—2004年 (年均)	2005—2007年 (年均)	2008年	2009年	2010年
流入FDI	144 133	185 952	306 366	152 249	228 249
占国内固定资本形成的比例(%)	8.0	—	11.8	7.4	10.8

① 陈宝森等主编:《当代美国经济》,社会科学文献出版社2011年版,第59页。

续表

	1995—2004 年（年均）	2005—2007 年（年均）	2008 年	2009 年	2010 年
流出 FDI	143 937	211 034	308 296	282 686	328 905
占国内固定资本形成的比例（%）	8.0	—	11.9	13.6	15.5

表6 流入和流出美国的对外直接投资存量概览

单位：百万美元

	1995 年	2000 年	2008 年	2009 年	2010 年
流入 FDI 存量	1 005 726	2 783 235	2 486 446	3 026 381	3 451 405
占 GDP 的比例%	13.6	—	17.2	21.3	23.5
流出 FDI 存量	1 363 792	2 694 014	3 102 418	4 330 914	4 843 325
占 GDP 比例%	18.4	—	21.4	30.5	33.0

数据来源：UNCTD, *Trade and Development Report* 2011: *Post-crisis policy challenges in the world economy*, United Nations Conference on Trade and Development, 2012。

分析显示，进入21世纪以来，中等收入家庭受损严重，加剧了贫富差距。在2000年以后，美国中产阶级家庭的收入没有再延续原有的增长势头，而是开始下降。这一下降的趋势因为2001年前后的IT泡沫破裂导致的衰退以及2007年次贷危机而大为加剧，目前平均收入跌回到了相当于20世纪90年代中期的水平（如图7所示）。据世界劳工组织的报告，在过去10年中，由于制造业就业市场的崩溃，美国失去了600万个工作岗位。从1960年到2010年，美国的商品生产（含制造业）的就业数量占总就业人口的比例从38%下降到14%，而服务业则相应地从62%增加到86%。这很大程度上是因为自动化和外包的双重挑战，特别是在与中国争夺世界最大的制造商的竞争中败下阵来。美国的制造业产值占国内生产总值的比例已经从1980年的21%下降到如今的11%。[1]

---

[1] 凯文·拉弗蒂：《现代资本主义的黑洞》，载《日本时报》网站，2012年2月26日。转引自《失业是资本主义深不可测的黑洞》，载《参考消息》，2012年2月29日。

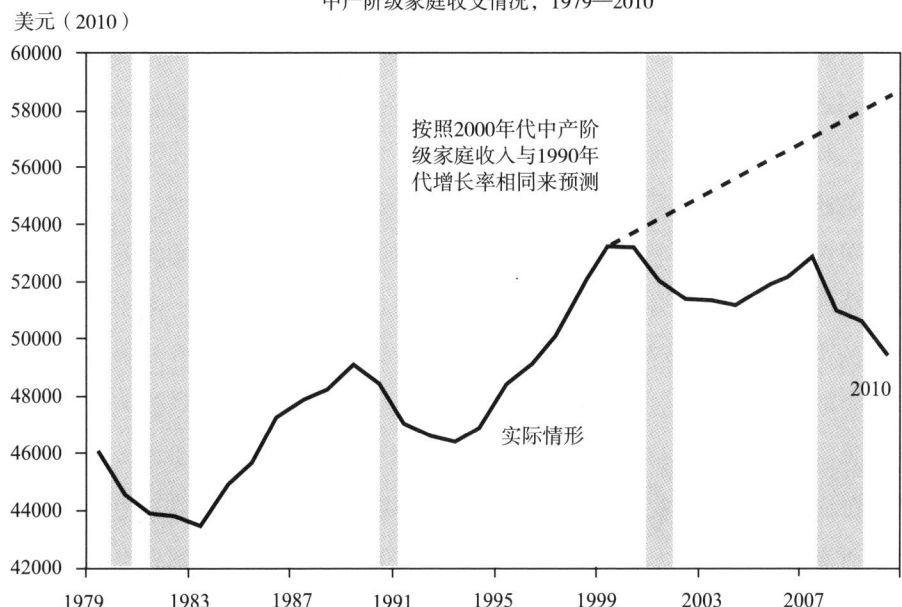

注：阴影部分表示经济衰退。
数据来源：CEA calculations and Census Bureau。

图7　美国中产阶级家庭的收入变化情况：1979—2010 年

资料来源：美国总统经济报告 2011 年，第 2 页。

诺贝尔经济学奖获得者迈克尔·斯宾塞 2011 年在《外交》杂志撰文讨论全球化与就业的关系，其中提出：最近 10 年的全球化第一次表明，美国的增长和就业已经分道扬镳。伴随着全球化，新兴经济体在整个价值链中的位置不断升高，并且这种"全球经济结构演化"正在成为一种持续的、不可逆转的变化。1990—2008 年，美国就业从 1.22 亿增加到 1.49 亿，净增 2700 万。美国的就业增加基本来自于非贸易部门，这其中，政府和健康医疗部门创造的就业高达 1000 万，占全部新增就业的 40%。比较而言，贸易部门同期新增就业仅为 60 万人，占总增加人数的 2%。在贸易部门中原来美国占主导的半导体、制药和信息技术服务等产业，已经被新兴经济体大面积占据，其就业机会随之流失。斯宾塞指出，除了产业链的高端外，美国的就业结构已从贸易部门向非贸易部门转移，而且这种转移将来会更甚；不仅如此，美国非贸易部门创造就业的能力也将减弱。一言以蔽之，美国将面对长期高失业。① 依斯宾塞之见，美国摆脱困局的根本出路就在于增加贸易部门的就业。为达此目的，除了扩大对教育和基础设施的投入、大刀阔斧改革税收制度外，美国决策者还必须作出选择，以便切实地保护本国贸易部门的就业。

美国在总体上是全球化的受益者。但是，只有最富裕的那部分人分享了全球化的成果，而美国中产阶级未能分享到日益繁荣的果实。由于美国跨国公司的全球化战略，资本到全球范围内分享增长的收益，而劳动阶层却面临了失去就业机会的挑战。正如经济学家丹尼·罗德里克10多年前所指出的那样，具有充分流动性的资本降低了缺乏流动性的劳动的谈判能力，并且削弱了第二次世界大战后发达国家在政府、有组织的劳工以及资本三者之间建立的"社会契约"②。尽管全球化也带来了一些好处，但是这些好处总体上不能抵补损失，而且这些好处可能还会暂时掩盖实际收入存在的巨大差距。所以最后的结果就如美国劳工统计局（Bureau of Labor Statistics）统计所显示的，在过去20年，美国中产阶级"经通胀调整后的收入中值，总共上升了不到10%；过去10年则陷于停滞。"但是，"廉价进口商品和廉价信贷的剧增，一度掩盖了生活水准受到的影响。美国人靠从银行借债和购买廉价中国商品，可以过上与梦想相符的生活。全球金融危机的爆发，让这场狂欢曲终人散。"③ 弗朗西斯·福山也在《外交》杂志撰文，提出由于新兴经济体的崛起，全球化首次不仅影响到低收入阶层的工资，还影响到中产阶层的就业和收入，造成政治上的影响。因此他质疑自由民主主义能否在中产阶层没落的情况下存

---

① Michael Spence, "Globalization and Unemployment: The Downside of Integrating Markets", *Foreign Affairs*, June 2, 2011.

② Dani Rodrik, *Has Globalisation Gone Too Far?*, Washington DC, Institute for International Economics, 1997.

③ 菲利普·斯蒂芬斯：《当美国对全球化说不》，载《金融时报》中文网，2010年11月8日。http://www.ftchinese.com/story/001035392. 此外，蓝领与美国社会贫富差距扩大，是美国国内近期多本重要著作讨论的主题，如查尔斯·默里2012年的新书《分裂：美国白人的状态，1960—2010年》（Charles Murray, *Coming Apart: The State of White America, 1960 - 2010*）。

活:"全球化资本主义现在的形式正在摧毁中产阶层的社会基础,而它也是自由民主主义的基础。"①

当然,美国国内这种巨大的收入分配差距并非完全由全球化所产生,美国国内的政策在其中恐怕扮演着更为重要角色。美国的收入差距自 1979 年以来呈加速扩大的趋势,这被美国经济学家克鲁格曼等称为"大分化"(the Great Divergence)②。从图 8 中可以看出,自 1979 年以来,美国最富的人(1%)的收入急速上升,而剩余部分群体的收入却持续低迷。但是无论如何,美国在 2011 年兴起所谓"占领华尔街"运动,提出"99% 反对 1%"的口号,确实反映出美国在全球化背景下面临的巨大挑战。

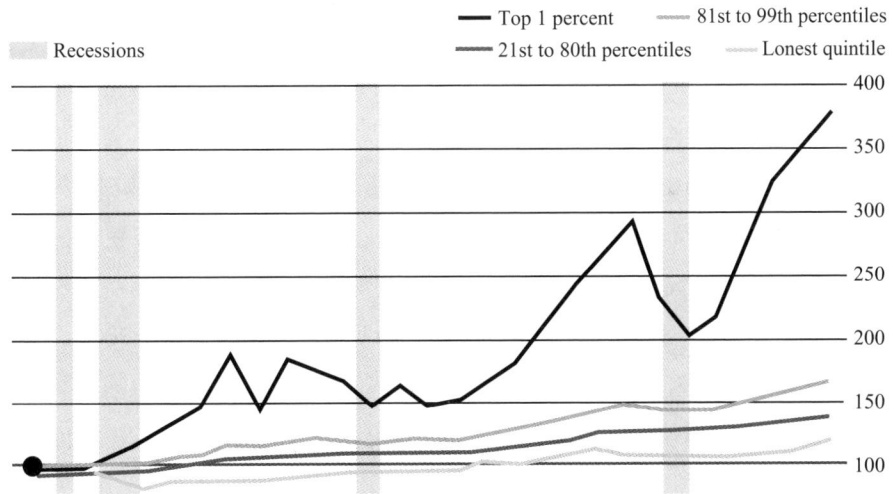

图 8　自 1979 年以来美国不同收入水平群体的平均税后收入变化

数据来源:*Economist*, 2011。

---

① Francis Fukuyama, "The Future of History: Can Liberal Democracy Survive the Decline of the Middle Class?", *Foreign Affairs*, January/February 2012.

② Timothy Noah, *The Great Divergence*, Bloomsbury Press, 2010.

二、美国对全球化的基本认识和判断

（一）美国政府对全球化的认识

一直以来，出于美国人特有的宗教信仰和价值观，把美国的政治、经济和文化模式推向全球就被认为是"上帝的选民"的神圣使命。此外，在冷战时代出于斗争的需要，美国的重要国策之一就是利用经济手段来促进非市场经济国家政治和文化方面的转化。美国政府深知，经济全球化必然引起政治和文化方面的变化。

冷战结束之后，克林顿在担任总统时期都实施了较为积极的全球化战略，特别强调要以全球化为美国外交战略的立足点。1993年初，克林顿政府在分析冷战后的时代时，将"商业和资本的全球化"作为主要的时代特征之一。1999年2月26日，克林顿在旧金山向美国政界和商界发表讲话，阐述了美国21世纪的外交战略构想，更是强调以全球化为立足点，他提出：全球化趋势不可逆转，世界各国的联系越来越紧密，要使这样一个世界保持和平与稳定，必须有一个领导，而且只能有一个领导；另一方面，全球化趋势使美国深受其益，更加繁荣强大，而且更具有信心，成为最有能力领导这个世界的国家。[①] 这很大程度上与当时美国在全球化中的明显优势地位有关。2000年，美国在国际竞争力排名表上占据了首席，成为全球最具有竞争力的国家。美国竞争力委员会主席约克尔森说"全球化也对美国非常有利"，而且还宣称"现在我们成为世界标准"。前美国国务卿基辛格也认为："全球化对美国是好事，对其他国家是坏事。"[②]

但小布什很少提到过全球化这个概念[③]。他采取的是一种所谓"无视全球

[①] 刘建飞：《全球化与美国21世纪外交战略》，载《国际论坛》，2000年第2期。

[②] 杨卓林：《美国在全球化浪潮中的地位和作用》，载《暨南学报（哲学社会科学版）》，2001年4期，第126页。

[③] 艾瑞克·霍布斯鲍姆：《霍布斯鲍姆看21世纪》，吴莉君译，中信出版社2010年版。

化"的战略。也就是说,"在小布什政府的战略框架中,只是把它们看成是威胁,而并不注重这些威胁与全球化之间的关系和对付这些威胁与全球化可能提供的机会。"① 在 2000 年竞选过程中,尽管他也强调自由贸易和全球化,但主张单方面保护美国利益;反对《全面禁止核试验条约》,主张在必要的情况下撤出《反弹道导弹条约》,建立全国导弹防御系统;主张缩小美军在全球维和使命中的作用。小布什政府于 2006 年发表的第二份《美国国家安全战略报告》增加了一章关于全球化的论述,关注如何抓住全球化所带来的机遇和应对全球化所带来的挑战。该报告指出,全球化给美国带来了新的挑战,改变了过去的挑战影响美国的利益和价值的方式,其中包括传染性疾病、毒品走私、贩卖人口、环境破坏等都会危及美国的国家安全。其中还提出国际制度可以发挥作用,"但是在很多情况下有意愿的集团会更加迅速和有创造性的反应,至少在短期是如此","美国应该领导改革现有制度及创建新制度的行动,包括构建政府间和非政府间的新型伙伴关系",以应对全球化带来的挑战。②国内有学者认为,"全球化加剧了美国的脆弱性,也凸显了后冷战时代安全挑战的共同性……""正是对全球化所带来的挑战的日益深化的认识使布什政府在对华政策上形成了新的积极的思维。"③

在金融危机、经济衰退背景下以及贸易保护主义氛围加重的情景中上台的奥巴马政府,对贸易、投资和经济全球化的认识与小布什政府存在明显不同。这种认识可以概括为:(1)虽然也承认经济全球化、贸易和投资对美国经济的好处,但是更强调经济全球化进程所带来的代价和调整,强调贸易的"公平"而非"自由",主张在 WTO 框架下采取更加积极的行动,阻止贸易伙伴的"不公平贸易行为"如出口补贴和非关税壁垒;(2)主张政府积极干预,进行有针对性的投资和政策调整来培养和加强美国的国际经济竞争力;(3)强调对因贸易和国际竞争而失业的工人进行积极救助,强调贸易政策不

---

① 周建明:《全球化与美国的战略选择》,载《世界经济研究》,2004 年第 2 期,第 10—15 页。
② The White House, "The National Security Strategy of the United States of America ", *The U. S. Government Printing Office*, March 2006, p. 47.
③ 吴心伯:《中美关系的重新国际化》,载《世界经济与政治》,2009 年第 8 期。

能"只为跨国公司服务";(4)认为美国已签订的自由贸易协定未能确立完善的劳工和环境标准,应当加以修改;(5)提议通过税收手段限制美国公司的海外投资和产业转移,从而将工作机会留在美国本土[①]。

(二)美国公众对全球化的认识

美国公众对全球化的认识在第三个千年之后从乐观转向悲观的态势较为明显。这很大程度上是因为美国国内社会差距日益凸显使得不同群体在全球化中的损益差距明显,也是因为金融危机爆发使得一直在掩盖这些差距的全球化所带来的红利迅速消失。

如 2007 年 7 月 8 日《纽约时报》发表的《全球化的受益者和非受益者》一文指出,"美国企业利润的全球化程度提高可能意味着:尽管国内经济仍然发展缓慢,但美国股市还是能够保持强劲增长,因为大型企业能够在国外获得大量利润。""全球化进程中制造的经济差距正在日益增大",这种差距是在"投资时抓住了国际增长机遇的美国人与没能抓住这种机会的美国人之间的差距"[②]。

美国皮尤研究中心(Pew Research Center)的调查显示,2002—2008 年,美国民众对国家发展方向的满意程度呈下降趋势,从 41% 一路降到 23%,虽然 2009 年一度有所提高达到 36%,但在 2010 年又出现下降趋势降,低到 30%,2011 年更是降到了前所未有的 21%,同时对国家发展方向乐观的受访者只有 18%。受金融危机的影响,该调查还发现,认为自由贸易不好的比例从 2002 年的 18% 上升到 2007 年的 36%,足足翻了一倍;2008 年更是达到了 41%;之后三年随着经济复苏,该比例明显回落,分别为 30%、27%

---

① "The Obama-Biden Plan", http://change.gov/agenda/economy_agenda/. 转引自陈宝森等主编:《当代美国经济》,社会科学文献出版社 2011 年版,第 371 页。
② 《外报:美国是全球化最大受益者,却得便宜卖乖》,2007 年 07 月 10 日,见新华网:http://news.xinhuanet.com/world/2007-07/10/content_6353273.htm。

和 29%。①

美国调研公司 PIPA 在 1999 年 10 月和 2004 年 1 月的两次调查显示,受调查者对全球化的评价出现了明显下降。受调查者在 0 到 10 之间给全球化(包含经济、通信、旅游和文化多方面的定义)打分,前后两次的打分均值分别为 6.04 和 5.62。其中,认为全球化是乐观(打分超过 5 分)的受调查者比例从 53% 下降到 40%,认为好坏参半是中性(打 5 分)的从 30% 上升到 39,但是认为全球化是负面(低于 5 分)的比例从 15% 上升到了 19%。②

与其他大国相比,美国民众对全球化的态度相对淡漠(见表 7)。

表 7 世界部分大国民众对经济全球化的态度调查

单位:%

	支持国际贸易	赞成外国企业	赞成自由市场	要求进一步限制移民
美国	59	45	70	75
加拿大	82	48	71	62
英国	78	49	72	75
法国	78	44	56	68
德国	85	47	65	66
意大利	68	38	73	87
俄罗斯	82	46	53	72
土耳其	73	—	60	77
埃及	61	68	50	72
印度	89	73	76	82
日本	72	54	49	47
印尼	71	62	45	89
韩国	86	54	72	25
中国	91	64	75	52

数据来源:47 – Nation Pew Global Attitudes Survey: World Publics Welcome Global Trade—But Not Immigration, Pew Global Centre, October 4, 2007; http://www.pewglobal.org/2007/10/04/world-publics-welcome-global-trade-but-not-immigration/。

---

① http://www.pewglobal.org/database, 2012 – 5 – 20 accessed.

② "Globalization in General", http://www.americans-world.org/digest/global_issues/globalization/general.cfm.

三、美国应对全球化的主要做法及效果

进入 21 世纪以来,全球化给美国带来了更多复杂的影响,推动美国各界对全球化产生了更加深刻的认识,一些观点甚至发生了转变。美国政府从政治、经济、社会、教育和文化方面等多个层面应对全球化,包括在经济、政治、安全、教育、移民等诸多问题上采取了重要措施。我们选取了一些重要方面进行讨论,希望能基本描绘美国政府应对全球化的基本轮廓,并大概体现其精神内核。

(一) 为应对金融危机而采取的主要经济政策

为了应对危机,美国政府实施了积极的财政政策。2008 年 10 月,《2008 年紧急经济稳定法》获得国会通过,制定了 7000 亿美元的"不良资产救济计划"(Troubled Assets Relief Program,TRAP)。奥巴马上台后采取了三大措施:(1) 要求财政部实施"金融稳定计划"(FSP),总耗资约为 1.5 万亿~2 万亿美元。(2) 在 2010 年 2 月 17 日又签署了《美国复苏与再投资法案》(American Recovery & Reinvestment Act,ARRA),计划耗资 7870 亿美元。(3) 实施"房主负担能力和稳定性计划"和"居者有其屋"住房援助计划,通过补贴购房者来降低"月供"从而防止其无力还贷而陷入取消抵押品赎回权的局面,该计划估计总成本为 750 亿美元(其中 500 亿来自 TRAP 的剩余资金)。其中"金融稳定计划"的内容包括:①对银行进行压力测试;②启动支持消费信贷的项目,激活消费信贷;③设立公私合营的投资基金,清除有毒资产。《美国复苏与再投资法案》的资金主要用于:①直接发放给消费者以救助失业者,以支撑消费市场;②投资基础设施和可再生能源以增加就业。这些政策的效果已经初步体现出来,2009 年下半年的 GDP 已经恢复增长。

在货币政策方面,为了防止通货紧缩预期的发展,美联储实现了放松银根、刺激通胀的政策。除了使用公开市场业务稳定联邦基金利率在较低水平

并通过再贴现大量增加信贷以外,美联储还采取了特殊的所谓量化宽松政策,及购买大量的长期债券,发行数量庞大的联邦储备货币,从而对联邦基金利率的未来走向做出指引,并降低抵押贷款利率等长期利率。在第一轮量化宽松政策中,美联储购买了3000亿美元的国债、1750亿美元的机构债务凭证和1.25万亿美元的机构抵押支持债券。2010年11月,美联储宣布了第二轮总额为6000亿美元的量化宽松政策,每月购买750亿美元国债,直至2011年6月底结束。美国这种大规模发行货币的做法是非常罕见的,在全球化的背景下会产生以邻为壑的后果。它虽然有利于美国应对危机,但是却推动了全球的货币流动性增强,导致了国际市场上粮食、原油价格的上涨以及推动了其他国家货币的升值,因此遭到了国际社会的批评。

为了防范类似金融危机的再次发生,美国政府启动了自20世纪30年代"大萧条"以来力度最大的金融改革,以确保金融稳定和公正。2010年7月15日,国会通过了《金融监管改革法案》(也称《多德-弗兰克华尔街改革和消费者保护法案》,Dudd-Frank Wall Street Reform and Consumer Protection Act)。该法案包括三大核心内容。(1)扩大监管机构权力,破解金融机构"大而不能倒"的困局,允许分拆陷入困境的所谓"大到不能倒"的金融机构和禁止使用纳税人资金救市;可限制金融高管的薪酬。(2)设立新的消费者金融保护局,赋予其超越目前监管机构的权力,全面保护消费者合法权益。(3)采纳所谓的"沃尔克规则"(Volcker rules),即禁止银行和其分支机构以及控股公司从事自营交易、投资或设立对冲基金和私募股权基金,同时对系统重要性强的金融机构的支付、清算和结算建立统一的标准。其核心是重新要求银行机构与投资机构实行分业经营,从而限制大金融机构的投机性交易,尤其是加强对金融衍生品的监管,以防范金融风险。该法案被认为是"大萧条"以来最全面、最严厉的金融改革法案,将成为与"格拉斯-斯蒂格尔法案"(《1933年银行法案》)比肩的又一块金融监管基石,并为全球金融监管改革树立新的标尺。

具体来说,其主要内容包括七个方面。第一,成立金融稳定监管委员会,负责监测和处理威胁国家金融稳定的系统性风险。该委员会共有10名成员,由财政部长牵头。委员会有权认定哪些金融机构可能对市场产生系统性冲击，从而在资本金和流动性方面对这些机构提出更加严格的监管要求。第二，在美国联邦储备委员会下设立新的消费者金融保护局，对提供信用卡、抵押贷款和其他贷款等消费者金融产品及服务的金融机构实施监管。第三，将之前缺乏监管的场外衍生品市场纳入监管视野。大部分衍生品须在交易所内通过第三方清算进行交易。第四，限制银行自营交易及高风险的衍生品交易。在自营交易方面，允许银行投资对冲基金和私募股权，但资金规模不得高于自身一级资本的3%。在衍生品交易方面，要求金融机构将农产品掉期、能源掉期、多数金属掉期等风险最大的衍生品交易业务拆分到附属公司，但自身可保留利率掉期、外汇掉期以及金银掉期等业务。第五，设立新的破产清算机制，由联邦储蓄保险公司负责，责令大型金融机构提前做出自己的风险拨备，以防止金融机构倒闭再度拖累纳税人救助。第六，美联储被赋予更大的监管职责，但其自身也将受到更严格的监督。美国国会下属的政府问责局将对美联储向银行发放的紧急贷款、低息贷款以及为执行利率政策进行的公开市场交易等行为进行审计和监督。第七，美联储将对企业高管薪酬进行监督，确保高管薪酬制度不会导致对风险的过度追求。美联储将提供纲领性指导而非制定具体规则，一旦发现薪酬制度导致企业过度追求高风险业务，美联储有权加以干预和阻止。

不过相关监管的实施效果还有待观察。如有评论认为，虽然美国在"多德-弗兰克法案"中有了相关规定，要求公司每年公布首席执行官与普通个人的薪水比率，然而美国证券交易管理委员会还没明示如何使这一决定落到实处。可见，美国人有公布收入比率的命令却没有执行的政治动力，也缺乏最大限度地发挥这一政策的眼光。[①]

此外为了应对危机，美国也加紧了对跨国公司的征税工作。2010年8月10日，美国众议院通过了一项拨给州及地方政府260亿美元救助资金的法案。

---

① 比齐加迪：《重建欧美逝去的社会公平》，载《社会科学报》，http://www.cctb.net/llyj/llsy/llwz/201204/t20120413_33190.htm。

这一额外注资是前所未有的，因为在美国的体制中州政府与联邦政府不存在从属关系，无权要求联邦政府的财政支持。这笔资金主要来自于封堵海外跨国公司税务漏洞的所得，部分来自于向美国跨国公司加征的 96 亿美元税费。据美国国会税务联合委员会的估算，法案中有限制海外税收最高面额的条款，为此美国跨国企业每年将多支付近 10 亿美元的税款。①

（二）国际贸易政策

国际贸易政策无疑是涉及全球化的重要方面。第二次世界大战后，美国的多边主义贸易政策曾是推动经济全球化的重要动力之一。但是，随着日本和欧盟的竞争力加强以及新兴经济体的崛起，美国优势有所削弱。在全球化的压力下，美国从 20 世纪 90 年代以来对贸易政策进行了调整，进入 21 世纪之后这一趋势进一步加强。总体上看，美国政府的贸易政策实际上已由多边主义变为多边主义与地区主义、单边主义并举，以及在公平贸易前提下的自由贸易。

比如小布什时期大力推动"竞争性自由化"政策，其中包括三大目标：（1）在美国市场的准入方面引入竞争，促使其他国家向美国开放其市场；（2）促使其他经济体采用美式企业法律和管制体系，或至少采用美国企业较容易适应的管制体系；（3）促使其他国家支持美国的外交和军事政策以及"美国价值观"。此外，2002 年小布什从国会获得了中断 6 年之久的贸易促进权（Trade Promotion Authority），并直到 2007 年。因此，与克林顿政府时期更多关注多边策略明显不同，这一时期美国参与区域、双边贸易自由化的进程明显加快，范围不断扩大。到 2006 年年底，美国启动、完成或批准的自由贸易协议达 17 项，其中 6 项开始正式实施；同时还签订了至少 24 项贸易与投资框架协议。在以进攻性姿态推进区域和双边贸易自由化的同时，小布什政府在贸易救助方面也表现单边主义的特点。这突出表现在援引"201 条款"限

---

① 陈宝森等编：《当代美国经济》，社会科学文献出版社 2011 年版，第 354—355 页。

制外国钢铁的进口和 2002 年大幅增加农业补贴。这些颇具单边主义色彩的贸易政策体现了美国政府在"9·11"事件和美国经济衰退背景下进行的对外政策调整,意在强化贸易政策与安全政策的联系,并加强美国对世界贸易体系未来走向的影响力。①

奥巴马时期的贸易政策在政策目标和优先议题的安排方面与小布什政府有明显不同。在《2009 年贸易政策议程和 2008 年贸易政策报告》中,主题定为"让贸易为美国家庭服务"。其中的前三项优先政策议题是:(1)美国支持一个以规则为基础的贸易体系,美国将在 WTO 多边体制下"积极地捍卫美国的权益",贸易要公平;(2)美国贸易政策需要加强"社会责任"和"政治透明度",其中社会责任包括要考虑救助受到全球贸易冲击的工人,以及要求贸易伙伴"改善"其本国工人的劳动状况和条件,提高劳动保护水平;(3)贸易政策要成为实现美国的国家能源和环境目标的重要政策工具。②

在国内贸易保护主义氛围的影响下,奥巴马政府尽管多次表示反对贸易保护主义,但是采取了不少贸易保护主义的政策。如他签署了附加"购买美国货"条款的《美国复苏与再投资法案》,对汽车等产业进行大量救助,并发起大量的反倾销和反补贴调查以限制会损害政治上有影响力的利益集团的进口产品,如在 2009 年 9 月对中国客车和轻卡征收额外关税等。特别值得注意的是,2010 年 3 月奥巴马总统在当年的国情咨文中宣布实施"国家出口振兴计划"(National Export Initiative,简称 NEI),宣布要"使美国的出口在今后 5 年内翻一番"。其核心是用 5 年时间使出口规模增长 1 倍,即出口额从当时的 1.57 万亿美元增加到 2014 年的 3.14 万亿美元,使已经完成"金融化"的美国重新依靠制造业实现再工业化,实现经济增长,同时为美国创造 200 万个新就业岗位,解决最令美国政府头疼的失业问题。据美国商务部时任部长骆家辉表示,NEI 至少包括三个主要方面:(1)对出口促进活动提供更多的资

---

① 陈宝森等编:《当代美国经济》,社会科学文献出版社 2011 年版,第 367—369 页。
② USTR, "2009 Trade Policy Agenda and 2008 Trade Policy Report", February, 2009, pp. 1–4. 转引自陈宝森等编:《当代美国经济》,中国社会科学出版社 2011 年版,第 371—372 页。

金,并建立一个向总统负责的出口促进内阁(包括商务部、财政部、国务院、农业部、进出口银行、贸易代表办公室和小企业局);(2)让有意出口的中小企业能更方便地获得信贷;(3)加强国际贸易法规的执行,消除阻碍美国公司竞争的壁垒,使它们能自由、公平地进入国外市场。有关统计数据显示,NEI 的出口目标正在实现:2011 年出口比 2009 年的水平上升了 34%,出口总额超出 2.1 万亿美元。

尽管奥巴马曾承诺推动多哈回合多边自由贸易谈判,但其自由贸易政策延续了"区域贸易合作优先于多边贸易自由化"的理念。奥巴马认为,诸如巴西、中国和印度等主要发展中成员必须承担与其在全球经济中日益增长的影响相一致的额外责任,在农业、非农产品和服务贸易方面的市场准入中做出更多让步。而与此同时,却在不断加大区域及双边贸易的合作力度。例如,加大与南方共同市场国家的区域合作、与亚太经合组织的合作等。在双边贸易领域,加大了与澳大利亚、巴西、新加坡、韩国、巴拿马等国家的合作进程,推动上述国家与美国的双边贸易进程。同时,美国承诺重新审视和修订《北美自由贸易协定》《美国—哥伦比亚自由贸易协定》《美国—韩国自由贸易协定》等。特别是在 2009 年 12 月,奥巴马总统在东京参加 APEC 会议时高调宣布将加入并推动"跨太平洋战略经济伙伴关系协定"(TPP)。在美国的积极推动下,2011 年 11 月在夏威夷举行的 APEC 峰会上,正在磋商的 9 个国家宣布将于 2012 年年底前正式签署该协定,而且日本也在美国的催促下宣布决定加入 TPP 谈判。

(三) 农业补贴

美国是农产品出口大国,美国每年出口的农产品要占其总产量的 2/3,占美国总出口额的 10% 左右。农业从产值方面看,在国民经济中的份额从 1990 年的 1.67%,下降到 2000 年的 1%,到 2008 年微升到 1.1%。农业方面就业人口所占比例从 1990 年的 2.71%,下降到 2000 年的 1.7%,到 2008 年再下降到 1.49%。自 1991 年以来,美国农业出口增长了 50% 以上。1996 年,出口占农场收入的24%，到2000年，每一美元的农场收入中由30%来自出口市场。因此，美国农业部表示要积极、努力地加强国际竞争力，推动农产品自由贸易，在国际市场上解决美国农产品的过剩问题。

21世纪前10年里美国通过了两个重要的农业立法。2002年通过了《2002年农场安全和农村投资法》(Farm Security and Rural Investment Act of 2002)。该法案所有计划的成本总计为6年4408亿美元，相比延续之前的类似法律增加了451亿美元。其主要内容包括：(1) 农产品计划，创建反周期的"安全网"，帮助农场主抵御市场价格下降的影响；(2) 固定政府付款，补贴种植特定作物的农场主；(3) 市场贷款，授权对主要计划作物和大豆生产者提供销售援助贷款；(4) 环境保护计划，相比之前法案增加了80%开支，达到10年内385亿美元。2008年5月22日，在2002年农业法到期后国会（未经总统签署）强行通过了《2008年食品、环境保护和能源法》，为期5年，授权资金2880亿美元。该法案继承了美国农业补贴的长期历史以及在能源、环境保护、营养和农村开发等领域的政策诉求，其特点是较多鼓励生物燃料的种植和使用，鼓励农村地区开发可再生能源和提高能效。这两个法案遭到了联合国和世界贸易组织的批评，持续农业补贴被认为阻碍了发展中国家的公平竞争，也给多哈回合谈判增加了难度。

（四）振兴制造业

美国一直是世界最强大的制造业基地，但是在全球化趋势下这一地位受到了一些削弱。1980年，美国制造业增加值在全球的比例是24.2%，是排名第二的日本所占比例（12.7%）的2倍。20世纪90年代以来，美国跨国公司全球扩张，在全球范围内配置资源和占领市场，其中制造业是先锋。美国因此从日本等对手中重新夺回了国际竞争中的优势地位。此后又有反复，1995年，日本在全球制造业增加值中的比例超过了美国，占比为25.5%，美国仅为22.6%。但是到了2007年，美国的比例是21.3%，而日本只有11.7%，同时当年中国的比例达到了 16.8%。①

虽然美国企业通过核心竞争力等战略控制了利润最丰厚的部分，不过也在某种程度上造成国内产业"空心化"，失业率攀升。有人甚至认为，2008 年金融危机的根源是美国 20 世纪 80 年代以来的"去工业化"。美国制造业劳工队伍从 1990 年的 2134 万人下降到 2000 年的 1963 万人，到 2008 年降为 1590 万人。美国制造业的就业人数在 18 年间减少了 544 万人，总就业的比例由 18% 下降到 11%。但是，从 2010 年美国统计部门提供的数据来看，1990 年美国制造业创造的实际 GDP 是 14262 亿美元，2008 年是 15743 亿美元，18 年间增长了 1481 亿美元，增幅为 10.4%。② 这很大一部分原因是美国制造业的劳动生产率提高了。据《美国统计摘要》数据显示，1990—2008 年，美国企业年均劳动生产率的增幅为 2.3%，其中非农企业年均增长率为 2.2%，而制造业为 3.7%。另外一个值得注意的趋势是，美国制造业在进行产业结构调整，真正在萎缩的是劳动密集型和资源密集型产业。2010 年《美国统计摘要》显示，1990—2007 年美国多数工业行业的生产指数都在增长，只有纺织品、服装和皮革、纸和纸制品等行业产量下降。相比之下高新技术产业大幅增长，而这些劳动密集型和污染型行业逐渐向海外转移。

另外，进入 21 世纪后，美国在海外的直接投资增长趋势放缓，制造业在对外投资总量中的比重也明显下降。据统计，美国制造业的对外直接投资存量在 1989 年为 3675 亿美元，占总投资的 26.2%；2000 年猛增到 11080 亿美元，但是占比降为 22.8%；2006 年为 11006 亿美元，占比又再降为 16%。③ 根据美国商务部的数据，在过去 20 年间美国制造业出口一直稳步上升，2011 年出口额达到创纪录的 1.27 万亿美元，制造业产品占出口总额的比例上升到 60%。而 2008 年，制造业产品出口占总出口的 57%。机

---

① 陈宝森等编：《当代美国经济》，社会科学文献出版社 2011 年版，第 123 页。
② 《当代美国经济》，第 122 页。
③ 《当代美国经济》，第 130 页。

械、化工及交通设备是美国最具优势的三大制造行业，三者出口额将近美国出口总额的一半。

在 2008 年金融危机之后，美国政府出于政治和经济的需要提出了"重振制造业"的口号，鼓励"内包"和"本土制造"。其中的代表是 2010 年 8 月 11 日生效的《美国制造业振兴法案 2010》（United State Manufacturing Enhancement Act of 2010）。该法案旨在：（1）实现经济可持续增长并创造就业；（2）提高劳动者素质；（3）提高生产率，促进出口，增强国际竞争力；（4）保持并提升国家安全。最终目的在于促使美国经济赢得后危机时代的国际竞争制高点，引领可能到来的下一场科技革命。白宫明确表示，美国不会在国内发展劳动密集型制造业，也不会发展不具备原材料地理优势的制造业，而是在既有产业基础上的"再工业化"，实质上是以高新技术为依托，推动产业升级，新兴产业成为"再工业化"的主攻方向以创造新的经济增长点。2011 年年底，美国制造商协会提出美国制造业复兴的四大目标：（1）美国成为世界上最优越的制造中心；（2）美国制造业的市场扩大到全球的 95%；（3）美国制造业拥有所需的优秀劳动力；（4）美国制造业成为创新的引领者。在 2012 年年初的美国《国情咨文》中，"制造业"和"制造商"等词先后出现 15 次。奥巴马总统描绘了一个以美国制造业为发端的发展蓝图。他还声称在过去的两年，制造业增加了 40 万个就业机会，这是自 20 世纪 90 年代以来美国制造业就业首次出现的增长。

（五）移民政策和人才战略

全球化时代导致人口流动性增强，特别是移民更多进入劳动力稀缺而福利保障完善的发达国家。这有利于推动美国人口的增长，保持美国人力资源的优势和延缓人口老龄化趋势，推动生产和消费活动。但是与此同时，汹涌而来的移民浪潮同时也推动政治经济和文化的多元化，可能冲击美国主流文化使之进行分化，从而影响美国的国家特性和政治及社会认同感。如在当代美国保守派政治学家塞缪尔·亨廷顿（Samuel Phillips Huntingdon）看来，美国日益面临国内的"文明冲突"。他特别提出美国需要担心"自 1965 年以来大量拉美裔移民的涌入，使得美国分成两权，两种语言（英语和西班牙语），两种文化（盎格鲁文化和拉美裔文化），从而加剧或者取代美国社会中原有的黑白人种分权现象"①。美国本身也像它在世界政治中那样，面临它所企求的同一性与无法消除的多样性这一矛盾。在相当大的程度上，美国已不像当年法国 19 世纪政治思想家亚历克斯·德·托克维尔（Alexis de tocqueville）所称的那个以盎格鲁—撒克逊人的政治文化为主体来融化外来各族的"大熔炉"，它正在变成一个"全球人种拼凑成的社会"。

现在美国 3 亿多人口中，1/3 是"少数民族"，即 1 亿拉美裔、黑人、亚洲裔和美洲土著居民。移民现在占美国人口 12.4%，1860—1920 年移民最高峰时期是 14%。现在移民总数为 3570 万人，比 2000 年增加了 1.3%，10 年后将占总人口的 40%。据联合国统计，美国拥有全球 20% 的移民。在 1900—2005 年的 15 年中，美国吸引了全球新移民的 75%，即 1500 万人。② 据美国人口普查局 2008 年预测，从 2008 年到 21 世纪中叶，美国人口族裔结构将发生重大变化，白人在美国总人口中的比例将从目前的 66% 下降到 46%，少数族裔将从目前的 1/3 上升到 54%。其中，拉美裔人口增长最快，人口将增加 1 倍，达到人口总数的 29%，从目前的 4279 万增加到 1.328 亿，几乎是目前的 3 倍，届时每 3 个美国人中就将有 1 个是拉美裔。③

外国移民在进入 21 世纪之后仍毫无减退迹象。由此可见，美国正面临着一个历史上不曾有过的新情况，即移民数量持续保持高水平。反恐战争、美国经济走弱及减少签证申请待办数量已经产生影响，使合法移民和非法移民的总数从 2000 年 3 月—2001 年 3 月的 240 万人，降到 2001 年 3 月—2002 年 3 月的 120 万人。④ 但据美国移民研究中心发表的报告，在 2000 至 2005 年的 5

---

① 塞缪尔·亨廷顿：《我们是谁？美国国家特性面临的挑战》，程克雄译，新华出版社 2005 年版，第 18 页。
② 楚树龙、方力维：《美国人口状况的发展变化及其影响》，载《美国研究》，2009 年第 4 期。
③ 马小宁：《本世纪中叶白人在美国将不再过半》，载《人民日报》，2008 年 8 月 17 日第 3 版。
④ 塞缪尔·亨廷顿：《我们是谁？美国国家特性面临的挑战》，第 164 页。

年内，美国经历了有史以来最大的移民潮，共接纳了790万合法与非法移民。这5年是美国移民数量增长最快的时期。移民人口最多的来源国是墨西哥，墨裔移民数量已达到1080.5万。

"9·11"事件暴露了美国移民政策存在的明显漏洞，如边境巡逻和执法力量薄弱；外国人进出境缺乏记录和跟踪；联邦政府各机构的信息彼此并不共享，缺少各种层面的协调和合作等。鉴于此，美国开始改革和调整其移民政策，应对措施是成立国土安全部，重塑移民机构。2002年11月25日，美国成立了国土安全部。这是自1947年美国国防部成立以来最大规模的一次政府机构调整。移民与归化局并入国土安全部，并被分拆为三个局，分别是公民与移民事务局、移民与海关执法局和海关与边境保护局。国土安全部的成立开始了美国移民政策以国土安全为中心的10年。国土安全部的预算从2002财年的195亿美元猛增到2010财年的553亿美元，而移民事宜是国土安全部的一个支柱，占用了国土安全部40%的人力资源。①

防止恐怖分子入境和引进人才都是美国政府移民工作的重要组成部分，但是在"9·11"事件之后，引进人才的工作一度受到了抑制，特别是移民改革从此陷入停顿。一直以来，引进人才战略是美国经济全球化战略的组成部分。美国希望在本土打造成为支撑美国在全球扩张的堡垒，在国际分工中把高端技术、高端价值链保留在美国。为此美国在全球大力吸引人才。据美国国际教育协会公布的数字，每年全世界150万留学生中的48.1%在美国学习。

"9·11"事件发生后，为了国土安全并防范此类事件的重演，小布什政府对外来人口加强了管理。对愿意到美国从事科研工作的科技人员的标准也更严格。这使高技术人才签证从19.5万人的高峰急剧下降到6.5万人。这种状况引起科技界、教育界和广大公众的严重关切。他们呼吁改革美国的签证制度，提出要在国土安全和引进人才之间寻求平衡。各界的呼吁迫使美国政府不得不对过度严厉的管制政策进行修改。2006年小布什总统在其国情咨文

---

① 王姗姗：《"9·11"十年：美国移民政策转型的非常时期》，http：//gb.cri.cn/27824/2011/09/02/5311s3358535.htm。

中号召提高美国的国际竞争力，把世界上最优秀的人才吸引到美国来。2007年8月7日，《美国竞争法案》获得通过并被小布什签署成为法律。该法案对移民政策做了修改，制定了新F-4学生签证，允许有关领域的博士生在获得工作岗位后成为合法的永久公民，从而为延揽所需要的人才创造条件。①

（六）基础教育政策

在知识经济的时代，基础教育对于美国应对全球化无疑意义重大。据美国媒体报道，在工业化国家中，美国高中辍学率最高，拥有高中文凭者占人口总数仅过半。此外，学生们在阅读和数学能力上远远落后于其他西方国家。为此有学者指出，"美国尽管具有全球最先进的高等教育和科学研究体系，并因此在全球化过程中获取大量的知识产权利益，但是其中小学教育质量和产出的相对地位却不断下降，成为美国制造业竞争力丧失、蓝领中产阶级衰亡的重要内因，从长远角度威胁到美国的经济霸主地位。"②

21世纪以来的两位美国总统都对基础教育非常重视。2001年1月23日，乔治·布什总统在第一个任期的上任一周内，就向国会提交第一份立法提案《不让一名儿童落伍》（*No Child Left Behind Act*），后经美国国会批准成为国家法律。2007年5月，美国教育部发布了《2007—2012年战略规划》（Strategic Plan For Fiscal Years 2007 – 2012），规定新时期教育部的使命为：通过加强优质教育和保证教育公平，提升学生学业成绩，为全球竞争做好准备。该战略规划提出4个教育目标：（1）提高学生学业成绩，重点提高所有学生阅读和数学能力，到2014年使其达到年级合格水平；（2）提高所有高中学生学业成绩；（3）增加高等教育入学机会、减轻经济负担、学校为学生学业负责，为学生就业和进一步深造、为成年人终身学习做好准备；（4）确定教育部综合管理战略目标。

---

① 陈宝森等主编：《当代美国经济》，社会科学文献出版社2011年版，第62—64页。
② 于时语：《全球化和美国的教育改革》，载《联合早报》，2010年10月21日。

在金融危机的背景下，奥巴马总统上任后也积极推动教育改革。而且他不顾危机背景下的"大政府、滥开支"指责，在美国面临严重赤字的情况下，提出大幅追加教育经费拨款。他批评保守派所谓"业主社会"的通过税收减免鼓励个人购买保险和教育的政策，认为国家的力量应该为公共利益服务，"我们将把更多的钱用于教育，我们必须对人力资本投资"。

2009 年 3 月 10 日，奥巴马提出全面教育改革计划，提出要在大幅增加教育预算的同时，采取包括延长学时、提高教师待遇和提高教育标准等措施，帮助美国学生提高国际竞争力。根据奥巴马的计划，美国政府将在 2010 财年中用于教育的预算增加近两倍，其中教育部预算为 1278 亿美元，而这一数字在 2009 财年仅为 462 亿美元。① 奥巴马表示，他的教育改革计划将贯穿"摇篮到职业生涯"，确保所有美国人接受全面教育，在变化莫测的全球经济形势中占有一席之地。他还敦促美国各州采取更加严格的教育标准，特别是在阅读和数学方面，并扩大和重新制定联邦学生援助项目。2009 年 7 月 24 日，奥巴马宣布联邦政府拨款 40.35 亿美元，启动"争当一流"（Race to the Top）教育改革计划。美国教育部表示，这是美国历史上最大规模的联邦教育改革投入。该计划将采取国际上通行的评价标准，帮助学生将来在大学或工作岗位取得成功；招募合格教师、校长，提高专业水平和工资待遇，留住优秀人才从事教育事业；通过建造数据库系统，测量学生成绩，告知教师、校长如何改善教育教学实践；并加大对薄弱学校的改造力度。奥巴马政府自 2009 年起还实施"0—5 岁教育计划"，振兴学前教育。在 2010 年国情咨文中奥巴马指出："我们必须投资于能源、医疗和教育这些能让经济实现增长的领域……美国增长最迅速的领域，3/4 的工作机会需要超过高中文凭以上的教育"。②

---

① 《奥巴马提出全面教育改革计划》，2009 年 3 月 11 日，见新华网：http://news.xinhuanet.com/world/2009-03/11/content_10987284.htm。

② 南桥：《奥巴马式教育改革》，载《南方都市报》，2010 年 3 月 17 日。另外，据美国在 2012 年 4 月发布的报告显示美国的 GDP 中有近 35%（5 万多亿美元）来自 75 个知识密集型产业，这些产业雇佣了约 2700 万人，此外还间接支持相关产业的另外约 1700 万个就业机会；这些产业贡献了大约 7750 亿美元的出口，占美国出口总量的约 61%。参见《知识产权支撑美国近三成就业岗位》，载《参考消息》，2012 年 4 月 13 日。

但是，美国基础教育的不足已经显示出严重的后果，而上述政策一时尚不能发挥效用。国际货币基金会前首席经济学学家、芝加哥大学教授拉古拉姆·拉詹（Raghuram Rajan）新近对德国《明镜》周刊指出："触发第二次世界大战以来最大全球经济危机的美国房产泡沫的根源，是美国政客无法通过改善教育来提高下层阶级停滞不前的收入，因而通过宽松的房贷来增加他们的消费能力。这一虚假财产泡沫的破灭，更加突出了美国蓝领阶层面临的长期困境。"

（七）应对气候变化的主要做法

气候变化是典型的全球问题，美国也是世界上最大的温室气体排放国之一。美国应对气候变化的做法也在某种程度上体现其对全球化的认识。

自1989年以来美国曾一直是领导国际社会推动国际气候谈判的主要力量。克林顿担任总统期间积极参与国际气候谈判，在1997年积极推动《京都议定书》的谈判并签署。但是美国国会1997年全票通过了反对批准《京都议定书》的"伯瑞德—海格尔决议"（Byrd-Hagel Resolution）。因此，在克林顿任内《京都议定书》从未拿到国会去投票通过。

小布什总统上台后，以伤害美国竞争力为由宣布美国退出《京都议定书》，而是转向推动《清洁空气法案》，提出碳强度减排目标。但是在第二任期内随着国际社会对应对气候变化的呼声加强，小布什也发起了"亚太清洁发展与气候新伙伴计划"（APP）以及"主要经济体能源和气候变化论坛"等，试图在联合国气候变化框架公约以外，自己主导建立基于技术的和区域性的气候合作平台。这些做法也凸显了小布什抵制多边主义的保守主义立场。

奥巴马总统上台之前就表现出强烈的意愿要积极领导全球应对气候变化的行动，并在当选后积极推动"能源新政"。在奥巴马的推动下，2009年6月26日，美国众议院以219票对212票的微弱多数通过了《美国清洁能源和安全法》，其中提出美国到2020年的温室气体排放量要在2005年基础上降低17%，到2050年减排温室气体达到80%。但是这一法案在参议院一直没有获得通过。

虽然奥巴马对于领导国际气候谈判方面没有作出显著的贡献（典型例子是哥本哈根会议的失败），不过基于美国重振产业竞争力的"能源新政"政策却产生了很大的影响。在金融危机的背景下，奥巴马的能源新政也肩负了走出衰退、创造就业和培育新的经济增长点的任务。其主要内容有如下四个方面。（1）大幅增加在清洁能源和能源效率方面的投资。《2009年美国复苏和再投资法案》拨款607亿美元投资于八大领域共56个项目。这8个领域是：能源效率、可再生能源发电、电网现代化、先进电池、车辆和燃料技术、传统运输和高铁、碳捕获、分离和储存技术、绿色创新和职业培训、清洁能源设备制造业等。（2）提出要在三年内实现可再生能源发电量翻一番，使其占美国电力的比例从8%提高到2012年的10%，到2025年进一步提高到25%。（3）提高电器、汽车和卡车的能效标准。奥巴马提出在18年内实现燃料效率至少提高一倍。（4）签署《联邦可持续发展行政令》，要求联邦政府在环境、能源和经济表现方面发挥带头作用。

美国在应对气候变化方面的相关政策主要是为了国内经济振兴和能源安全，而并不是着眼于全球利益。不过，美国这方面的政策有利于推动世界经济减少对化石能源的依赖。2012年3月30日，美国政府发布《能源安全未来蓝图》，全面勾画了国家能源政策，提出确保美国未来能源供应和安全的三大战略：（1）开发和保证美国的能源供应；（2）为消费者提供降低成本和节约能源的选择方式；（3）以创新方法实现清洁能源未来。奥巴马要求在2025年前将美国的进口石油量削减1/3，并表示"减少对石油的依赖主要取决于两件事情：第一，在我们自己的国土上寻找和生产更多的石油；第二，通过更清洁的替代燃料和更高的能源效率，全面减少我们对石油的依赖"。①

---

① 《美国颁布能源新政策 领导21世纪清洁能源》，2011年5月9日，见中国石油网，http://www.soluxeint.com/2011/0509/1469.html。

(八) 美国在全球化背景下的军事战略[①]

美国全球化的最先也是最现实的表现，是军事的全球化。美国实现了建立全球最强大的军事实力并将之部署到全球范围的梦想，也就是说美军的确实现了全球存在。美国作为全球化的始作俑者，其心目中的全球化就是要确立美国版的世界新秩序，实现全球的美国化，其表现就是实现美国对全球事务的领导，对全球资源和全球市场的使用甚至占有。作为当今世界具有全球力量投放能力的唯一的超级大国，美国在实现其全球化的过程中极其自然地要使用其庞大的美国军事力量，以军事实力为后盾，实现美国的全球化目标。

前苏联解体后，美国军队更加傲视全球，成为全球范围内最为强大的军事力量。目前，美国一国的军费几乎等于排名其后的所有国家的军费。权威的瑞典斯德哥尔摩和平研究所（SIPRI）在其《斯德哥尔摩国际和平研究所2007年鉴》中指出，据不完全统计，全球2006年军费开支总额估计将近1.2万亿美元，美国一如既往地独占鳌头，占据全球军费开销的大约46%。美国拥有最强大的核力量，美国的海空军实力也是世界上最强大的，美国还建立了网络战司令部和太空战司令部，把军事力量引入虚拟世界和外层空间。而且美国军队是世界上唯一一支不是按国内地理区域划分军事防卫区域，而是按全球地理区域划分军事防卫区域的军队。虽然在冷战结束后，由于国际形势的变化、美国军事战略的调整以及驻在国人民的反对，美军事基地的数量大大减少，但是美国在全球范围内的军事部署仍然举世无双。目前美军仍有海外军事基地374个，分布在140多个国家和地区，拥有驻军多达30万人。2012年1月5日，美国政府公布了一份题为"维持美国的全球领导地位：21世纪国防的优先任务"的新军事战略报告。在为公布该报告而举行的记者招待会上，奥巴马指出："美国是世界已知的保卫自由与安全的最强大力量，在很大程度上，是因为我们建立了训练、领导、装备都最好的军队。作为三军

[①] 本部分由浦启华执笔。

总司令，我将继续保持这种传统。"这段话不仅代表了奥巴马政府的立场，也是第二次世界大战后历届美国政府的共同立场，那就是为确保美国在世界的领导地位，美国必须建立并保有一支全世界最强大的军队。美国企图全方位主导、彻底控制世界石油和能源运输线的战略要点，控制海洋、天空，最终控制外层空间。

2001年9月11日，发生于美国的恐怖袭击事件极大地改变了全球安全战略态势。美国利用全球反恐的新形势，对军事战略进行新的调整，以加快美军适应全球化的步伐。具体来说，"9·11"事件对美国安全战略的影响主要体现在以下两个方面。

首先，非传统安全进入国家战略领域。"9·11"事件打破了美国本土不被战争威胁的神话，对美国的国家安全提出了极大的挑战。它表明，传统的国与国之间战争形态已不再是唯一的安全威胁形态，在全球化时代，恐怖主义、信息战、走私等非对称性战争构成了非传统安全威胁的形态，它已对国家安全产生重大的影响。有鉴于此，美国适时调整了国家安全战略，做出了一系列的部署。一是高举反恐的大旗，在全世界范围内向恐怖主义宣战。二是重视美国的本土安全。2002年4月17日，美国五角大楼对外宣布，美军将组建其第十大司令部——北方司令部，这是美国有史以来成立的第一个全面负责本土防御的司令部。同年11月25日，美国总统布什在白宫签署了《2002年国土安全法》，宣布成立国土安全部，这是自1947年成立美国国防部以来最大规模的一次政府机构调整。与此同时，美国还加紧了本土的安全防范，采取了一系列安全措施。

其次，以反恐的名义加紧了向世界战略要地的扩张，其扩张的重点地区是中东、中亚、东亚和非洲地区。其战略目的之一是反恐，如发动阿富汗战争，打击恐怖主义组织的老巢，并借机在中亚获取军事基地，威逼中俄；其在中东地区的军事行动则意在石油，如通过伊拉克战争，军事控制伊拉克，控制中东石油的中心地区；其在非洲的行动，也是意在石油和其他战略资源，并排挤中国在非洲地区日益增强的存在。近年来，美国日益加强了其在非洲的军事存在和军事行动。如美国加强了在邻近尼日利亚、安哥拉、加蓬水域的海军力量。继在非洲东北部的吉布提拥有军事基地后，又在圣多美和普林西比建立了军事基地。为指挥美国在非洲的所有军事行动，美国于2007年10月成立了一个单独的非洲司令部，美军希望通过非洲司令部，打压和制衡其他国家在非洲的活动，增加其在非洲的影响力。近几年来，随着亚太地区在全球经济中的地位不断加强，美国渐渐地把战略重点向亚太地区转移，加强了与传统盟国日本、韩国、澳大利亚和相关东盟国家的关系，其在亚太地区的军事力量日益加强，军事战略调整也在紧锣密鼓之中。美国军事战略的一系列调整表明，它就是要充分利用反恐为契机，加紧调整全球化形势下美军的新的战略部署，以适应全球化形势下的新的安全战略态势。

第三，进行军事力量的全球部署以实现军事力量的全球存在，仍然是美国军事战略的重要内容。美国军事力量的全球部署还有个重要的内容，就是依据与盟国的条约把军事影响力渗透到全球绝大部分地区。在"9·11"事件后，表面上看，因阿富汗战争和伊拉克战争问题，美国似乎无暇顾及东盟，但实际上一直在寻找机会与东盟建立密切关系。2005年11月，美国总统小布什利用在韩国参加亚太经合组织非正式领导人会议的机会，与东盟7国领导人共同发表了《关于增进东盟—美国伙伴关系的联合声明》。为了进一步加强与东盟的关系，美国又于2006年与东盟10国签署了《关于增进东盟—美国伙伴关系的行动计划》，以期从安全、经济和社会等方面全面加强与东盟的伙伴关系。奥巴马上台后，美国与东盟的关系又进一步得到了加强，为此，美国还"钦点"菲律宾为美国与东盟事务的"首席协调员"。美国在亚太的战略态势大有组建亚洲版北约的架势。

在吸取"9·11"事件之后的几场战争的经验教训后，美国军事当局渐渐不再满足目前的军事打击样式，而不断提出了新的作战样式。其中有三点值得注意。

（1）濒海作战的理念。随着美国海军的作战环境、作战对象的巨变，美国海军逐渐认识到"今天的战场在濒海，在五大洲陆海交界的地方"。为此，美国海军不断地调整军事战略，先后提出了"由海向陆""前沿存在"等战略思想。近年来，美国海军又提出了"海上打击、海上盾牌和海上基地"概念。为此，在加紧建造更加现代化的诸如航空母舰之类的大型水面舰只的同时，建造适应近海作战的濒海战斗舰等小型舰只。濒海战斗舰必须具备大洋航行能力，能远距离到达全球需要部署的地方，在世界上任何地方不超出近海几百海里区域内，为部队提供快速机动的高精度、强火力打击支持。

（2）"一小时打遍全球"战略。2006年美国国防部提出了"一个小时打遍全球"的战略。该战略要求在未来战争中，美军能够运用高科技武器装备在一小时之内摧毁全球任何一个目标以及在地球范围内夺取制地权、制海权、制空权、制太空权。为确保"一小时打遍全球战略"的实施，美国不断加强传统的陆基、海基和空基"三位一体"的战略核导弹体系的建设，不断改进战略导弹体系，建造更为先进的潜艇和战略轰炸机。2008年10月24日，美国空军部长迈克尔·唐利宣布，美国空军将成立全球打击司令部，专门管理战略轰炸机和核导弹。除了传统的"三位一体"的战略导弹系统，美国还加紧了太空武器的发展步伐，研制超高速空天轰炸机。

（3）为因应全球化时代军事冲突的新变化，美军加紧了军事科技的研发，提出了许多新的战争理念，其中比较突出的就是太空军事化和网络信息战。2009年年初，美国空军部长迈克尔·唐利正式宣布成立"全球打击指挥中心"（GSC），并表示"全球打击指挥中心"将确保美国的核心战略利益，确保美国有能力"一次性摧毁俄罗斯或中国所有远程核力量"。2010年4月22日，美国成功将X-37B轨道测试飞行器送入太空，X-37B其实是一架可重复飞行的无人空天飞机，最久可飞行270天；X-37B在轨道飞行过程中，可在两小时内攻击全球任何目标，它装有的"机械手"还可以捕获卫星。以此为基础，美国将会研制出空天轰炸机、空天战斗机和空天运输机等系列作战平台。美国军方文件2008年10月透露，五角大楼正在计划使用"天军"，在两个小时之内将海军陆战队运往地球上任意一个角落。此外，根据新战争构想，美军还将于2015—2020年在太空部署激光和动能武器等，以实现在一小时内打击地球表面的任何目标，并力争将打击时间缩短至30—45分钟。

除了太空战以外，美国还准备利用其领先全球的信息技术，打一场"网络战"。21世纪以来，面对应用日益广泛和技术日新月异的信息技术，美军不断强化网络安全意识。它一边渲染国外黑客或敌对势力对自己的网络威胁，一边加强筹建各军兵种的网络战部队。2002 年，布什政府抽调中央情报局、国家安全局和联邦调查局等核心机构甚至盟国的顶级电脑天才，秘密组建了世界上第一支网络黑客部队——"网络战联合功能构成司令部"（JFCCNW）。2010 年 5 月 21 日，美国国防部宣布，为了打击敌对国家和黑客的网络攻击，美国"网络司令部"于当天正式启动，并于当年 10 月全面运作。按照计划，整个美军的网络战部队将于 2030 年左右全面组建完毕。届时，它将担负起网络攻防任务，确保美军在未来战争中拥有全面的信息优势。

四、美国应对全球化的启示

鉴于美国在世界政治经济格局中的重要地位，其应对全球化的政策必然也会在某种程度上重新塑造全球化的动力、速度和方向。认真研究和总结其应对政策以及效果，对于预见当下乃至未来全球化的发展趋势，无疑具有非常重要的意义。这里我们尝试进行一些初步的总结。

首先，美国应对全球化的基本政策从经典的自由主义转变到了更加倾向于社会民主主义，这在金融危机之后特别是奥巴马上台之后尤为明显。在克林顿执政时期，美国处于各方面的优势地位，美国大力推动跨国公司的全球化经营战略。进入 21 世纪以来，全球化过程反过来对美国产生了消极的影响。这说明全球化本身的影响是复杂的，国家应该在其中扮演重要角色。美国政府也积极进行调整和干预，采取了较多保护国内利益的政策（如对跨国公司征税、加强金融监管等），而没有僵化地延续自由放任主义的政策。这也体现出美国政治体制具有较强的适应能力。这也意味着全球化的趋势可能放缓，国际规制和协调可能加强，这可能也有利于世界各国加强对全球化的治理。

其次，美国政府在应对全球化问题上仍没有足够的全球化、多极化的思维，在政策方面仍存在明显的缺陷。这具体体现在布什政府两个任期内遵循新保守主义的思路，推崇单边主义和亲资本的政策，在内政和外交方面没有积极的调整。这导致有人称 21 世纪前 10 年对于美国来说是"失去的十年"。奥巴马上台之后,虽然在多个方面已经出现了调整,但是效果仍不明显。如在反恐问题上,恐怖主义其实是全球化的产物,是对美国所主导的全球化秩序的一种极端反应。如果没有全球化的认识背景,只是通过以暴制暴,那么美国只会树立起一个越来越大的对立面,而不能从根本上消除这个威胁。

第三,美国一直以来都积极推动资本流动和国际贸易的自由化,但是也在国内积极构建防护网,以保护国内社会免受全球化的冲击。其中也有不符合自由贸易原则的保护主义措施,比如通过补贴积极推动出口(尤其是保护本国农业和振兴制造业的做法)。这种在国际市场与国内社会之间建立保护和缓冲的措施,对于其国内民众有重要意义。

当然,我们也要看到美国政策失败导致的教训,特别是缺乏保护劳动者的利益而导致贫富差距趋于严重,社会矛盾不断积累。这种差距存在于资本与劳动之间的根本性差别:流动性强的资本要素与流动性弱的劳动要素在全球化的背景下,存在明显不同程度的脆弱性。

第四,美国在基础教育改革方面予以了高度重视,认识到这是长期有效应对全球化的关键措施。当前世界已经进入知识经济时代,劳动者的素质对于赢得竞争优势至关重要。美国的高新技术优势总体上仍然得以保持,但是也面临越来越激烈的竞争。培养大量具有较好知识基础的劳动者,对于创造就业岗位和发展新兴产业十分重要。鉴于多年来美国基础教育质量下降,蓝领中产阶级面临失业困境的严峻现实,美国政府已经采取了很多政策希望扭曲这一趋势。

第五,由于多种原因,美国应对全球问题的意愿和能力在下降,更多着眼于国内的利益和问题。如在气候变化问题上美国的政策就是一个典型的例子。由于美国更加自私,未来的全球治理可能出现"群龙无首"的局面。

第六,美军在全球化形势下的新的安全战略调整对我国的启示有以下三点①:一是必须适应全球化时代安全战略态势的新变化,及时做出相应的战略

---

① 本部分由浦启华执笔。

调整。我们必须充分认识到，随着全球化深入发展，我们现在面临的安全问题与战争年代和冷战时期相比已扩大了许多倍。在安全的类型上，既有传统安全又有非传统安全，很多情况下两种安全形态交互影响；从安全的区域范围看，在国家安全之上，又产生了地区安全和全球安全。特别是以信息技术为主体的新科技革命给国家安全带来了革命性影响，这进一步加重了安全的复杂性，信息技术及信息网络的放大效应和工具效应，大大改变了安全的时空特征，造成安全问题全球化、安全环境虚拟化、安全边界模糊化、安全要素透明化、安全博弈非对称化等新形态。凡此种种，都对我国的国家安全提出了新的更加严峻的挑战。在当今世界大国中，中国是唯一至今仍没有实现完全统一的国家，而且与周边国家存在大量的领土之争，并被很多的有核国家包围，近年来又日益被以美国为首的敌对国家作为战略打击假想敌。同时，在内外反华敌对势力的鼓动下，中国国内的民族矛盾依然有激化的可能，反恐怖主义任务仍然不容忽视。可以说，中国既有非常繁重的传统安全问题，又存在日益严重的非传统安全问题。面对如此严峻的国家安全形势，中国必须在安全战略上早作应对。二是根据中国周边安全态势和美国亚太战略的调整，中国必须重视海空力量的发展。随着中国全球化进程的加快和国家利益的扩展，中国的国家利益与海洋有着越来越密切的关系，中国要想利用全球资源和全球市场，就必须首先确保自己的海上通道的安全，必须重视对自己海洋国土和海洋资源的利用，而要做到这些，没有强大的海空军事力量是绝对不行的。三是加快新军事革命的步伐。全球化时代是科技革命的时代，科学技术日新月异，军事科技的发展更为迅速，中国要想在全球化时代确保自己的国家安全，就必须加快军事科技发展的步伐，必须有克敌制胜的杀手锏，中国不仅要打赢高科技条件下的军事战争，而且要取得具有决定意义的高科技军事实力，形成高科技军事力量的强大威慑，使对手不敢轻易发动危及中国国家安全的军事行动，从而达到不战而屈人之兵的战略目的，确保全球化时代的中国国家安全。

[参考文献]

1. Bruce E. Moon, "The United States and Globalization", in Richard Stubbs and Geoffrey R. D. Underhill (eds), *Political Economy and the Changing Global Order*, Oxford: Oxford University Press, 1998.

2. Stefan Schirm (ed.), *Globalization: State of The Art and Perspectives*, Routledge Frontiers of Political Economy, London: Routledge, 2007.

3. Ian Bremmer and Nouriel Roubini, "A G0 world? The New Economic Club Will Produce Conflict, Not Cooperation", *Foreign Affairs*, January 31, 2011.

4. Bruce Mazlish, Nayan Chanda and Kenneth Weisbrode, *The Paradox of a Global USA*, Polo Alto: Stanford University Press, 2008.

5. Robert Kagan: "Not Fade Away: The Myth of American Decline", *The New Republic*, January 11, 2012.

6. Gideon Rachman, "Think Again: American Decline—This Time It's for Real", *Foreign Policy*, January/February 2011.

7. G. JohnIkenberry, "The Rise of China and the Future of the West: Can the Liberal System Survive?", *Foreign Affairs*, Vol. 87, Issue. 1, Jan/Feb 2008.

8. Edward S. Cohen, *The Politics of Globalization in the United States*, Washiington, D. C.: Georgetown University Press, March 2, 2001.

9. Charles Murray, *Coming Apart: The State of White America*, 1960 – 2010, Crown Forum, 2012.

10. Hays, J. C., *Globalization and the New Politics of Embedded Liberalism*. Oxford: Oxford University Press, 2009.

11. RLKugler, EL Frost, *The Global Century: Globalization and National Security*, Beijing: National Defense University Press, 2001.

12. Sally R., "Globalization and Policy Response: Three Perspectives", *Government and Opposition*, Vol. 35, No. 2 2000, pp. 237 – 253.

13. Ham R. M. and D. C. Mowery, "The U. S. Policy Response to Globalization: Looking for the Keys Under the Lamp Post", in Dunning J. (ed.), *Governments, Globalization and Interna-*

tional business, Oxford: Oxford University Press, 1999.

14. *Governments, Globalization, and International Business*, Oxford; New York: Oxford University Press, 1999.

15. Kagan R., *The World America Made*. Alfred A. Knopf, 2012.

16. Michael H. Hunt, The American Ascendancy: How the United States Gained and Wielded Global Dominance, Chapel Hill, NC: University of North Carolina Press, 2007.

17. Ambrose S. and D. Brinkley, *Rise to globalism: American Foreign Policy since* 1938, Penguin Books, 2010.

18. William H. Marling, *How "American" is Globalization?*, Baltimore: The Johns Hopkins University Press, 2006.

19. Timothy Noah, *The Great Divergence*, Bloomsbury Press, 2010.

20. Summers L. D. Rosenberg, P. Krugman and I. Bremmer, *North America's Lost Decade?: The Munk Debate on the North American Economy*, House of Anansi Press, 2012.

21. Kissinger H. N. Ferguson, D. D. Li and F. Zakaria, *Does the 21st Century Belong to China?: The Munk Debate on China (The Munk Debates)*. House of Anansi Press, 2011.

全球化进程中的俄罗斯

徐元宫[*]

一、面对全球化挑战的俄罗斯

(一) 俄罗斯成为独立国家初期的状况

1991年年底随着苏联的解体而成为独立国家的俄罗斯从苏联继承的遗产之一是严重畸形的经济结构：重生产轻流通，把服务部门视做非生产领域，忽视第三产业。1991年，服务性产值占GDP的24%，而商品产值占76%。而在生产领域，又片面重视工业特别是军工的生产。对此，曾担任过俄罗斯政府总理的普里马科夫就指出，苏联解体前军工领域创造的产值占国内生产总值的70%。而且机器设备又陈旧、老化，科技总体水平与西方发达国家相比相去甚远。

在上述背景下，俄罗斯政府于1992年年初开始实施激进的经济改革方案，即"休克疗法"，推行价格自由化、紧缩的财政政策和紧缩的货币政策。剧烈而大规模的私有化，以及与此同时政府职能的削弱，俄罗斯并没

---

[*] 徐元宫，中央编译局副研究员。

有迅速地建立起有效的健康的市场经济，相反造成了大规模的生产倒退、经济混乱。自1991年年底苏联解体、俄罗斯成为独立国家之后，俄罗斯经济持续6年衰退，一直是负增长，直到1997年其GDP才恢复正增长，但是受国内外金融危机的影响，1998年俄罗斯经济又出现了5.3%的负增长。在20世纪90年代俄罗斯GDP下降了50%左右。与此同时，俄罗斯经济还面临着恶性通货膨胀、高失业率等威胁，整个国家的经济状况比较艰难，社会危机和政治危机也日益加剧。

（二）俄罗斯国内关于全球化的争论和认识

1. 俄罗斯社会关于全球化的认识分歧和争议

1998年俄罗斯《独立报》《今日报》等报刊开始关注全球化问题，俄罗斯科学院经济和国际关系研究所主办的学术月刊《世界经济与国际关系》杂志社于1999年年初主办"具有重大现实意义的全球化问题"圆桌会议，同年11月23日莫斯科大学经济系举办"世界经济全球化和俄罗斯的位置"圆桌会议。此后，俄罗斯社会关于全球化问题的多层面论坛和探讨活动纷纷展开。

在探讨的过程中，关于全球化问题的认识分歧、对立和争论比较激烈。主要有两种观点。一种态度和观点是激烈反对、抵制全球化。如达辛于2000年在俄《自由思想》杂志上发表《经济全球化的政治透视》一文认为"经济全球化是西方政治在后冷战时代扩张的一种表现形式"；季诺维也夫也于2002年撰文指出：全球化是战争意识形态下的幌子，美国及西方世界要以此统治全世界并对人类精神进行意识形态愚弄，把美国化当做全球化，把美国发展模式提升到人类未来普遍价值观的高度，希望人们只追寻全球化，这类手段夸大了西方生活观念或科学技术的普遍性价值，并使人类信息领域中的巨大进步成为意识形态欺骗的物质基础，"西方人没有死光，反而将世界引向了死亡之途"。弗里德曼和库兹涅佐夫在他们合作撰写的《全球化：发达国家与发展中国家》一文中根据20世纪60—90年代全球经济发展结构和水平的主要数据，论证指出全球化是一种在不断加剧的趋势，20世纪90年代发展中国家80%的居民都卷入了这一进程，但是1999—2000年联合国发展报告则表明这期间发展中国家3/5的居民没有达到卫生保健水平，4/5的居民的居住条件不够标准，这让人怀疑全球化的正义性。

与此同时，另一种观点则是对全球化持认同态度，主张俄罗斯必须积极、主动地融入全球化进程之中。如 И. 科罗列夫于1998年在《世界经济与国际关系》第8期上发表《世界经济全球化》一文指出，20世纪90年代世界经济明显呈现出国际化趋势，特别是国际贸易结算的自由化、世贸组织和国际货币基金组织功能增强等，吸引了更多的国家融入全球化体系。尽管美国在全球化过程中地位在加强，但是世界经济的多元化格局也正在形成，因此主张俄罗斯应当融入全球化。《社会与科学》杂志2000年第5—6期发表连载文章，称"全球化是一个不可逆转的过程，是世界发展不可避免的结局"。《自由思想》杂志2001年第1期也刊发文章指出：目前"正是全球化的世界"，这种趋势促进了全球经济和社会文化生活朝着有序竞争的方向发展，避免了大规模战争，克服了落后地区信息闭塞、教育落后等不足，能够解决现代化时期和前现代化时期的许多矛盾。B. 科瓦廖夫在2000年8月28日《独立报》上撰文指出："全球化是我们时代发展的主流，忽视这种趋势则意味着把自己排除在历史之外。俄罗斯是不应该走这样的路的。"曾经担任过俄罗斯政府总理的普里马科夫院士也于2001年指出，全球化是一个显而易见的历史进程，这一进程在当代国际社会成为范围越来越广的综合现象，尽管弱化了政府职能却强化了民族国家的主权，任何国家的发展若背离这一趋势将会不堪设想，断言"俄罗斯正处于全球化时代"。

在主张俄罗斯应当积极融入全球化进程的俄罗斯知识精英中，不少人还对俄罗斯应当怎样融入全球化提出了自己的见解，如阿布杜拉季波夫于2000年9月15日在俄《独立报》上撰文指出："对于俄罗斯最具有现实意义的是，我们能利用亚太地区的资本、市场和有利于俄罗斯经济高涨而推行一体化所带来的好处。毫无疑问，俄罗斯应该融入亚太……从经济全球化和亚洲区域化不断发展的视角来看，要保证俄罗斯的长期经济利益关键在于，使我们的经济能够适应当今亚太地区的经济形势,并为了远东地区经济发展,好好利用来自东方的机会……从经济政策方面来看,西伯利亚和远东能源开发、工业建设是俄罗斯同亚太地区未来经济一体化的主要合作点,要充分利用俄罗斯作为欧亚天然桥梁的有利地理位置……希望能成功地把西伯利亚和远东由原来令人担忧的不稳定地区变成俄罗斯繁荣之地。"德米特里·特列宁于2002年在《欧亚的终结:处于地缘政治与全球化交汇点的俄罗斯》一文中也指出,俄罗斯是欧洲国家还是亚洲国家抑或兼有欧亚特点这种传统的地缘政治的论点,在全球化时代已经成为一种偏见,国家强力不能再靠疆域大小来确定,国家利益也不能通过疆界来捍卫。俄罗斯今天面临着来自西面北约和欧盟的扩张,来自南面伊斯兰文明的进攻,来自东面东北亚国家的迅速崛起,因此俄罗斯的欧洲地区的地位等问题,不全是俄罗斯内部所导致的,而是外来压力凸显了俄罗斯多元民族文化融合、民族认同问题的重要性。

2. 俄罗斯领导人和俄罗斯政府关于全球化的认识和判断

在上述两种观点激烈争论、交锋的过程中,俄罗斯社会越来越多的人意识到,全球化已经进入实践层面并产生了效果,这促使越来越多的俄罗斯人转向正面认同全球化。特别是"9·11"事件发生之后,更多的俄罗斯人越来越趋向于理性而非情绪化地、务实而非抽象地认识全球化及其与俄罗斯民族国家的关系问题。

俄罗斯社会关于全球化问题的讨论、争辩及其效果,对于俄罗斯领导人和俄罗斯政府的政策制定和相关决策活动产生了重要影响。如果说1997年12月17日时任俄罗斯联邦总统的叶利钦在其签署的总统令《俄联邦国家安全构想》中全然没有提及全球化,那么到2000年6月28日新任俄联邦总统普京在其批准的《俄联邦外交政策构想》中则明确指出:"俄罗斯外交政策是优先促进国家经济发展,在全球化条件下俄罗斯不广泛参与国际经济联系的体系是不可思议的。"这里不仅提及了全球化,而且明确指出了全球化与俄罗斯未来发展之间的关系。2001年7月下旬八国峰会期间,俄罗斯代表明确表示俄罗斯要积极参与全球化。此后，俄罗斯领导人和政府更加务实地应对世界变化和扮演自身的角色，突破俄罗斯民族的或者地域的封闭性限制，理性地汲取历史的经验和教训，使俄罗斯的进一步改革和社会转型更加稳健，并注意借鉴、遵循国际社会变革的普遍性经验和规律。因此，俄罗斯领导人和俄罗斯政府关于全球化的认识和判断经历了一个前后调整的过程。

二、21世纪以来俄罗斯应对全球化的举措和对策

（一）经济方面的举措和对策

1. 转换经济发展模式

1992年俄罗斯独立以来，社会、经济体制实行了转轨，但是经济发展始终未能摆脱资源型经济发展模式，即便是2000—2008年普京两任总统期间俄罗斯经济实现了增长，资源性产品出口仍然是俄罗斯经济增长的最重要支撑。俄罗斯经济增长和外贸发展主要依赖于资源性产品的大量出口，这使得俄罗斯经济发展建立在一种较为单一、脆弱和不确定性的基础之上，对此，俄罗斯政府及其领导人早就有清醒的认识，如在2006年国情咨文中普京就曾强调指出："在激烈的国际竞争条件下，国家经济应当根据其科技优势来发展。当然，很遗憾，俄罗斯工业使用的大部分工艺设备相对于先进水平已经落后了不只是几年，而是几十年。"在2007年国情咨文中普京又强调指出："俄罗斯在教育、科学、创作上的财富给了我们可以看到的优势，这些优势可以提高我们以智力和知识为基础的竞争力，提高经济竞争力，这种经济不是以开发自然资源速度为基本动力，而是指在日常生活中比别人更快地使用这些资源的思想和技术。"2008年2月，普京在谈及《俄罗斯2020年前经济社会长期发展战略构想》时指出："尽管近年来取得了一些成绩，我们还是未能摆脱能源型的经济发展模式。目前俄罗斯对进口商品和技术的依赖性不断增强，导致我们沦为世纪经济的原料附庸，并被挤出世界领先国家的行列。同时也无法保障俄罗斯的国家安全和正常发展，国家还会面临存亡的危机，这丝毫没

有夸大其词。为避免事态这样发展，国家创新发展战略是唯一现实的选择。""国家应鼓励企业向技术研发领域多投资，国家对科研事业投入的经费应得到最有效的利用，应集中于基础科学和科研攻关领域"。可见，其政府正在积极推动资源型经济向国家创新发展模式转型。

2. 加大科技创新力度

实际上，早在成为独立国家之后不久，俄罗斯就已经关注本国的科技创新问题了。如 1997 年俄罗斯就根据科技部、教育部等机构共同制订的跨部门规划建立了俄罗斯国家技术创新体系，其主要环节是技术创新中心，专门从事开发成果的完善和商品化经营工作，当年投入规划的资金为 5000 万美元。但是，在较长的时期里，俄罗斯国家技术创新体系的绩效较小，在 20 世纪 90 年代俄罗斯工业企业研发机构数量逐渐减少，从 1990 年的 449 个减少到 1999 年的 289 个。只有 10% 的企业开展科研活动，2.5% 的企业开展项目咨询，15% 的企业进行产品试验。只有 1/20 的俄罗斯企业能够制造符合现代市场要求的产品，这使得专利申请数不断下降，从 1993 年的 32216 件降低到 1998 年的 21326 件。

为了改变这种状况，俄罗斯政府相继出台了一系列推进科技创新的法规，如《2002—2006 年国家创新政策基本原则》《俄联邦 2010 年前和未来国家科技发展基本政策》等，颁布实施了一系列重大科技规划，如《1998—2000 年俄罗斯联邦创新政策纲要和实施计划》《2002—2006 年俄罗斯联邦科学与高教一体化专项纲要》《2002—2006 年俄罗斯联邦优先发展方向研发专项纲要》《2002—2006 年国家技术平台》。

俄罗斯政府还加大了对科技创新的经费支持力度，2005 年 1 月 25 日总统普京在庆祝莫斯科大学建校 250 周年庆祝大会上指出："无论如何我们都作出这样的决策，对高端技术和教育给予直接支持，来自政府方面的直接支持，并且我们会长此以往地坚持下去。"2006 年 5 月 10 日，普京在国情咨文中指出："我们已经着手采取具体措施来改变我国的经济结构，就像人们过去大谈特谈的那样，要让我国经济具备新的素质"，"我们目前需要一个能够产生新知识的创新环境"。俄罗斯政府实施国家支持教育贷款方案，增强学校的金融自主性，建立政府担保机制，支持企业家向高校投资。俄罗斯政府为发展高新技术产业专门拨款 1800 亿卢布，为推动科技创新又拨款近 1800 亿卢布。普京指出："根据政府的特别计划，我们将于 2008—2010 年在这些领域（高科技领域）投资约 6000 亿卢布（约合 254.4 亿美元）。"

3. 调整产业结构

普京执政之后，在稳定经济发展的同时，特别重视经济结构的调整以及与此相关的经济发展模式的转变。2003 年 5 月 16 日普京总统发表的国情咨文和同年 8 月 25 日俄罗斯政府向社会正式公布的《俄罗斯联邦社会经济发展中期纲要》（以下简称《纲要》），开始了新世纪俄罗斯产业结构的调整进程。国情咨文的主题是经济翻番，即"十年内我们应该至少将国内生产总值翻一番"。《纲要》则对经济翻番的内涵和具体措施进行了解释，即经济翻番追求的不是速度而是竞争力，而提升竞争力的主要措施是产业结构的优化和升级，《纲要》第一次将竞争力界定为"吸收全球经济资源和保护本国经济资源的能力"，第一次明确地将民族经济竞争力划分为国家管理竞争力、企业竞争力和人力资本竞争力三个层面；把结构优化和升级界定为提升竞争力进而繁荣民族经济战略举措的重中之重，并且从生产与出口的非原材料化、发展以生产高附加值产品为核心的新经济、积极扶植中小企业、大力发展农业经济、改造和加强国防工业等五个方面进行了宏观部署。

应当说，俄罗斯推行的调整、优化产业结构的举措取得了一定的效果，生产和出口的原材料化趋势得到了一定程度的遏制，如 2007 年俄罗斯工业总体增长 6.3%，其中加工部门增长 9.3%，不仅超过工业总体增速，而且也超过 GDP8.1% 的增速；原材料部门的增长减速，矿产开采仅增长了 1.9%。2008 年第一季度继续保持了这一态势，动力、燃料部门增长 0.7%，石油开采下降 0.1%，天然气开采增长 1.8%；机器制造业生产同比增长 16.4%，出口同比增长 58%；化学、医药等加工部门的生产也都保持较高的增速。可利用矿产资源的开采对经济增长的贡献率从 2003 年的 25.5% 下降到 2005 年的

9.1%，而加工部门的贡献率则从62.7%增加到82.6%。俄罗斯军工产品的出口由1994年的十七八亿美元增加到2006年的61亿美元，2007年约为75亿美元。此外，国防工业生产的民用产品份额2005年为45%，到2015年预计可以达到60%，这些变化表明俄罗斯军转民取得了一定的进展。第一产业占GDP的比重由1990年的16.5%下降到2004年的5.5%；2004年第二产业占GDP的比重为40%左右；2004年服务业占GDP的比重已经达到60%，根据俄学者的预测，到2030年这一比例将会达到75%—80%。

4. 调整外贸结构和外贸政策

多年以来俄罗斯依靠出口资源性产品赚取外汇，同时大量进口国内需要的轻工产品，这种对外贸易结构和对外贸易方式不仅不利于俄罗斯对外贸易效益的提高，而且也不利于俄罗斯本国产品质量的提高和技术创新。如在2007年俄罗斯出口商品中，能源类产品占67.7%，木材和纸浆占3.5%，农产品和农业原料占1.7%，这几类产品共计占出口商品的72%，如果把金属和化工原料计算在内，资源性产品所占比重将会更高，而机器制造业产品仅占出口总额的3.2%。

因此，俄罗斯开始实施限制资源出口、鼓励在俄罗斯国内开展深加工等政策，如2008年4月俄罗斯把每立方米木材出口的关税提高了50%，达到15欧元；俄罗斯还提高了石油出口关税，如2007年8月1日俄罗斯石油出口关税为每吨223.9美元，到2008年8月1日提高到每吨490美元。2008年5月5日，普京签署法令限制外资进入俄罗斯的42个"战略行业"，其中包括石油、天然气和矿业领域。根据这一法令，外国公司持有俄罗斯矿业开采公司的股份不得超过5%。与此同时，俄罗斯还采取措施遏制一些轻工产品和汽车零部件的进口，以保护、发展俄罗斯本国产业，努力实现进口替代。

（二）政治方面的举措和对策

1. 确立强有力的国家政权体系

普京执政之初就明确提出俄罗斯必须建立一个强有力的国家政权体系，1999 年 12 月普京在《千年之交的俄罗斯》一文中指出："目前俄罗斯复兴和蓬勃发展的关键就在于国家政治领域。俄罗斯需要一个强有力的国家政权体系，也应该拥有这样一个政权体系。"普京这样讲，完全是针对叶利钦时期政府职能混乱、国家政权体系软弱、国家政局不稳、寡头肆意乱权干政而言的。普京执政之后，为建立一个强有力的国家政权体系，推行了一系列措施和政策。（1）削弱地方领导人的权力和地位，遏止分离倾向。普京通过重新划分全国行政区域建立七大联邦区，设立总统全权代表，并且重新确立中央与地方预算资源的比例来加强中央对地方的控制。（2）在国家杜马中形成支持政府的议会多数，确保议会跟政府的合作。2001 年年底，在普京的授意下，两个中间派政党"团结"与"祖国—俄罗斯运动"合并为"团结—祖国运动党"，成为议会第一大党，从而使俄罗斯共产党丧失了对议会的控制。议会跟政府的合作，有利于政府政策的有效贯彻和实施。（3）打击乱权干政的俄罗斯寡头，消除对俄罗斯经济和政治生活一度具有重要影响的寡头经济和政治体系。曾经一度迫使俄罗斯政府频繁更换总理、能够在俄罗斯国家经济生活和政治生活中呼风唤雨的七大财阀受到了普京的打击和整肃，2000 年 6 月俄罗斯总检察院以涉嫌在圣彼得堡电视台私有化过程中侵吞 1000 万美元为由批捕了传媒大亨古辛斯基，3 天后古辛斯基在签署了不离境保证书之后获释。7 月 20 日，古辛斯基签署了将"桥—媒体"公司出售给由国家操控的俄罗斯天然气工业公司的协议几天后乘坐自己的私人飞机逃往海外。而联合银行总裁别列佐夫斯基也被迫将俄罗斯公众电视台出售给了另一个大富豪阿布拉莫维奇之后迅速逃往英国。2003 年 10 月 25 日，俄罗斯尤科斯石油公司总裁霍多尔科夫斯基被捕。（4）严惩腐败，打击犯罪。2002 年普京在国情咨文中对官僚腐败发出了严厉警告，2003 年俄罗斯开展了一场全俄范围的肃贪反腐运动，清理了一大批贪赃枉法的官员和警察。2004年3月，成立了俄罗斯国家反腐败委员会。在2006年5月10日向俄罗斯联邦会议发表的国情咨文报告中普京再次发出警告："政界和实业界的某些人无视法律和道德准则，靠损害大多数公民的利益在我国历史上前所未有地一夜暴富……当然，我们今后仍将致力于提高国家机关的威望，仍将支持俄罗斯实业界。不过，家财亿万的富豪和各级官员都应当懂得：一旦他们利用特殊的相互关系牟取非法利益，国家绝不会视而不见、听之任之。"

通过上述一系列措施和政策，普京在俄罗斯恢复了一个强有力的国家政权体系，不过，这个强有力的政权体系不是苏联时期高度中央集权的翻版，而是面向现代化和全球化的政府职能的变革，这种变革促使了俄罗斯社会的稳定、国家经济的发展。

2. 推进政府机构改革

为配合强有力国家政权体系的建立，俄罗斯改革政府机构，以精简机构，优化政府职能。2003年7月，普京在其签署的总统令中，就俄联邦政府机构2003—2004年改革措施作出了三个方面的规定：（1）在经济领域，限制国家机关对经营活动主体所实施经济活动的干预，其中包括终止过多的国家调整，发展经济领域的自我调整组织体系；（2）在政治领域，完成联邦执行权力机关和联邦主体执行权力机关的权限划分工作，使联邦执行权力机关区域性机关的工作积极主动起来；（3）对联邦政府提出的要求是，取消各种联邦执行权力机关的重叠职能和权限，从组织上划分经济活动的调整、监督和检查职能，加强国家财产的管理职能，由国家机构向公民、法人提供服务的职能。由于卡西亚诺夫政府拖延行政体制改革的进行，普京于2004年2月24日签署命令决定卡西亚诺夫政府辞职。接任的弗拉德科夫政府承担了进行行政体制改革的重任。经过2004年政府机构改革，俄联邦政府构成精简了十多个联邦部，国家机关工作效能得以提高。

（三）社会方面的举措和对策

1. 推进对全球化问题的探讨

俄罗斯政府积极推进俄罗斯社会关于全球化问题的探讨和争论，以争取俄罗斯社会对全球化问题达成最大限度的共识，从而为俄罗斯更加有效地融入全球化进程减少阻力，赢得更广泛的社会支持。如2001年年底俄罗斯原子能部圣彼得堡教育中心举办"全球化的陷阱——西方的版本"研讨会，2002年2月初独联体国家政府、学界、企业界人士在莫斯科举行"经济全球化、地方一体化及其对劳动密集型国家地位的影响"论坛等，这些会议和论坛对于俄罗斯社会全面、深入认识全球化及其对俄罗斯民族国家发展的利弊影响，达成共识、凝聚人心、有效推进俄罗斯积极融入全球化进程，无疑发挥了重要作用。

2. 建立"稳定基金"和"国家福利基金"

长期以来，石油、天然气出口对于俄罗斯国内经济的发展以及俄罗斯国内财政收支平衡至关重要，俄罗斯经济对于石油、天然气生产和出口的依赖日益严重，与此同时，这种依赖对于俄罗斯经济可能造成的潜在风险也日益加重，石油、天然气等能源价格的波动容易造成整个国家经济和财政收支的大起大落，在苏联时期以及俄罗斯经济转型初期都曾发生过因为石油价格下跌而造成整个国家经济危机的先例。为了从长计议，在现有丰厚能源收入与未来可能出现收入不足之间建立平衡机制，同时也为了调整整个国家的经济结构，推进国家经济的全面、平衡、稳定和可持续发展，俄联邦政府于2004年1月1日建立了稳定基金。根据《俄罗斯预算法典》第13条第1款规定，稳定基金是联邦预算资金的一部分，稳定基金来源于每月的石油和石油产品的出口关税、可利用矿产开采税以及部分或全部上一年度的财政盈余。稳定基金的具体收支规定是，基金的基础储备量为5000亿卢布，超出部分可用于其他用途；当原油价格大于每桶27美元（初期定为20美元，2006

年改为 27 美元）时，超出该基准价格的石油和石油产品的出口关税及可利用矿产开采税计入稳定基金。建立稳定基金的主要目的是平衡财政收支，积蓄石油部门的超额收入用于弥补未来因石油价格下跌而可能导致的财政不足。

在 2007 年 4 月 26 日国情咨文中，普京指出："时间证明建立稳定基金的决定是正确的、值得的。我们实现了持续地降低通货膨胀的目标，这利于居民实际收入的增加，促进了经济的稳定发展。但是，今天的经济任务的性质要求在保留——无条件地保留稳健的财政政策的前提下，调整稳定基金的职能和结构。"普京提出将所有的石油、天然气收入一分为三。其一，储备基金，其目的是在国际市场能源价格严重下跌时确保俄经济风险的最小化；支持宏观经济稳定并抑制通货膨胀，这直接关系到居民收入的提高。其二，石油、天然气的部分收入应计入联邦财政用于完成大型的社会规划。其三，其余的石油、天然气收入计入未来基金，普京认为，"未来基金的资金应当用于提高居民的生活质量和发展经济，用于改善后代及当代人的福利，正因为如此，将其称作'国家福利基金'更准确。"

2008 年 1 月 30 日，"稳定基金"被拆分，当时总额达到 38518 亿卢布，约合 1574 亿美元，其中 30690 亿卢布（1254 亿美元）注入"储备基金"，7828 亿卢布（320 亿美元）计入"国家福利基金"。同年 2 月 1 日，俄罗斯"国家福利基金"正式成立。

（四）国际交往方面的举措和对策

1. 建立经济特区，积极招商引资

2005 年俄罗斯通过的《联邦经济特区法》决定建立 13 个经济特区，其中包括 4 个技术推广型经济特区、2 个工业生产型经济特区以及 7 个旅游休闲经济特区。2007 年年底，俄罗斯修订《联邦经济特区法》，决定增加新的经济特区种类——港口型特区。为了吸引外商和外资进入各类经济特区，俄罗斯政府出台了一系列优惠政策，如设立联邦基金，为投资项目提供融资，

2006—2010年提供投资项目融资185亿美元；实行税收优惠政策，规定在经济特区里企业利润税为20%（区外为24%），统一社会税为14%（区外为26%）；生产型经济特区内企业可在10年内不缴纳土地税、运输税和财产税，其他类型特区内企业5年不缴纳财产税和土地税；经济特区实行自由关税制度，进入特区的外国产品不缴纳关税和增值税。俄罗斯还组建了国家"发展与对外经济活动银行"集团，吸引外国投资。俄罗斯吸引外资的重点目标是：更新和发展企业生产潜力；发展出口定向生产和进口替代生产；高新技术产业的研发和生产；发展运输基础设施等。截至2007年年底，俄罗斯累计利用外资2206亿美元，其中外商直接投资占46.7%（1014.76亿美元）。

2. 扩大对外投资

经济全球化把世界各国紧密地联系在一起，逐渐形成了以知识、金融活动、信息技术为中心，以跨国企业为载体的国际经济新格局，在经济全球化过程中，任何一个国家都必须开展对外贸易，走向国际市场，而对外投资则是走向国际市场的主要内容之一。俄罗斯对外直接投资开始于独联体国家，俄罗斯对独联体国家的对外直接投资有两个目的，一是占领市场潜力较大而竞争力相对较弱的销售市场，如移动通信领域，2002年在白俄罗斯开通移动通讯网，2003年收购乌克兰的移动通讯公司（100%控股），2004年收购乌兹别克斯坦移动通讯公司74%的股份，同年又收购了哈萨克斯坦最大的一家移动通讯公司。另一个目的则是降低成本，特别是运输成本，如对独联体国家的有色金属行业和石油、天然气行业进行直接投资。

俄罗斯对独联体国家的对外直接投资，呈逐年增长趋势，但是总体规模较小，并且对独联体国家的对外直接投资占俄罗斯对外直接投资总量的比例呈下降趋势，对独联体各国直接投资的比例波动较大。2000—2006年在俄罗斯对独联体国家的对外直接投资中，亚美尼亚、白俄罗斯、乌兹别克斯坦占据了大半份额。1997—1999年俄罗斯对独联体国家的对外直接投资占俄罗斯对外直接投资总额的59%，而在2004—2006年这一比例下降到约12%。俄罗斯对独联体国家的直接投资比例呈下降趋势，主要是由于俄罗斯实力有限、同时面临西方发达国家公司的强有力竞争、独联体资本市场一体化进程缓慢而受到多方面的限制和壁垒等因素所致，如在"基辅动力""塞瓦斯托波尔动力""日托米尔动力"公司控股自由化竞拍中，俄罗斯统一动力系统控股公司就输给了美国的爱依斯电力公司丝绸之路分公司。

随着俄罗斯经济的日渐恢复和不断发展，俄罗斯对外直接投资的规模不断扩大，截至 2008 年年底俄罗斯累计对外投资 537.59 亿美元，其中对外直接投资 321.08 亿美元。2006 年，俄罗斯对外直接投资在新兴市场经济体中排名第二位，占新兴市场国家对外直接投资的 8.9%，仅次于中国的香港特别行政区。对外直接投资促进了俄罗斯国际贸易的发展，带动了俄罗斯国内经济的增长，同时有利于俄罗斯获得先进的生产技术，因为俄罗斯的跨国公司通过对外直接投资、在投资国当地开办合营企业或者收购的方式获取当地的技术资源，从而提升自己的技术水平。此外，对外直接投资还可以优化俄罗斯国内的产业结构，最终推动俄罗斯国内的经济增长。

3. 加强与国际金融机构的合作

经济全球化，不仅使资本、生产、技术、信息和货物等生产要素在全球范围内跨国界广泛而自由流动，而且使金融市场日益国际化。在这种背景下，俄罗斯作为一个实行经济转轨的新型市场经济体，努力融入金融全球化进程，与国际金融机构进行合作。

首先，与国际货币基金组织的合作。自 1992 年 6 月俄罗斯正式加入国际货币基金组织以来，与国际货币基金组织的多年合作取得了一定的积极成果，如在 20 世纪 90 年代，国际货币基金组织向俄罗斯提供了总额达 321 亿美元的贷款。在所有国际金融组织和机构中，国际货币基金组织向俄罗斯提供的贷款最多，因此，国际货币基金组织对于俄罗斯经济转轨和经济稳定提供了一定的支持。不过，俄罗斯在享受这种支持的同时，也在国家经济主权方面作出了一定程度的牺牲。随着俄罗斯经济日渐复苏和稳定发展，俄罗斯对国际货币基金组织的依赖程度在逐步降低。

其次，与世界银行的合作。1992 年，俄罗斯加入世界银行。俄罗斯与世界银行的合作主要包括以下两个方面的内容：（1）积极争取世界银行对俄罗斯提供贷款资金。1992—2005 年，世界银行批准的对俄贷款项目共有 53 个，共计向俄罗斯提供了 134 亿美元的贷款，其中俄方已经使用的资金为 84 亿美元。世界银行向俄罗斯提供的贷款主要被用于电力、道路建设、运输基础设施等领域，还被用于支持私营经济的发展。（2）在政策咨询层面同世界银行进行合作，世界银行向俄罗斯政府积极提供政策建议。如 2004 年 4 月 7 日世界银行就向俄罗斯政府提供了一份对俄罗斯各行业财产情况进行调查的报告，这份报告通过对俄罗斯 1300 家公司的抽样调查得出结论：23 家大财团控制着俄罗斯 1/3 的工业、17% 的银行资产和至少 1/6 的就业岗位。整个俄罗斯经济，无论是石油开采、汽车制造还是银行，都已经被以寡头为首的 10 大公司瓜分。报告建议俄罗斯政府推行反垄断政策来限制寡头们的影响，因为他们阻碍着俄罗斯国家经济的发展能力；报告还建议俄罗斯政府解决资产过于集中的问题，积极扶持中小企业进入竞争。

4. 加强与区域性国际金融机构的合作

在融入经济全球化的进程中，俄罗斯还积极加入各类地区性国际货币信贷机构和金融机构，开展与这些地区性国际金融机构的合作。

首先，与欧洲复兴开发银行的合作。欧洲复兴开发银行是俄罗斯所参加的或者与俄罗斯有着密切合作关系的所有区域性国际金融机构中对俄罗斯投资最大的银行，如在 1991—2002 年，欧洲复兴开发银行批准提供给俄罗斯的规划借款总额达 140 多亿欧元。欧洲复兴开发银行提供给俄罗斯的贷款大多投向了俄罗斯实体经济部门，如 2002 年欧洲复兴开发银行向俄罗斯提供的贷款的 24.3% 用于工业，12.1% 用于交通和通讯，26.7% 用于电力和开采部门，31.7% 用于财政银行部门，1.8% 用于农业企业，1.9% 用于市政发展。这些贷款对于扶持俄罗斯实体经济部门的发展发挥了重要作用。

其次，与欧洲投资银行的合作。欧洲投资银行是欧盟的一个金融自治机构，其成员国是加入欧盟的所有国家，根据欧盟的利益要求和政策目标开展业务活动，约有 85% 的银行总投资用于欧盟国家，仅约 15% 的总投资用于欧盟以外的国家，因此，俄罗斯从欧洲投资银行获得的贷款是有限的，如 2001

年 3 月，欧盟国家经济和财政部长会议决定由欧洲投资银行向俄罗斯有关项目提供的贷款仅为 1 亿美元，并且还对这笔贷款的提供设置了一系列附加条件。尽管如此，俄罗斯还是在积极争取同欧洲投资银行的合作，以期从欧洲投资银行获取更多的贷款。

第三，与国际经济合作银行和国际投资银行、独联体跨国银行，以及黑海贸易与发展银行的合作。国际经济合作银行和国际投资银行是原先经互会办的金融机构经过重新改组之后保留下来的，原先的经互会成员国通过一项决议保留国际经济合作银行和国际投资银行，作为区域性国际金融机构从事纯商业目的的业务活动，并进行国际结算。在国际经济合作银行法定资本中，俄罗斯所占的比重为 44.35%，在国际投资银行法定资本中俄罗斯所占的比重为 44.7%，俄罗斯成为这两个银行的最大股东。

独联体跨国银行是在俄罗斯的倡导下于 1993 年成立的，其创办者和成员是独联体各国的中央银行，是一种次区域发展银行，成立该银行的目的是根据独联体内部经济和金融形势发展变化的需要，为发展独联体各国的经济提供金融服务。在过去的十多年时间里，独联体跨国银行在为独联体各成员国提供相互贸易结算保证和对成员国合资或其他投资项目提供资金援助等方面发挥了一定作用。

黑海贸易与发展银行是在俄罗斯的支持下于 1994 年 12 月签署协议成立的，到 1997 年 1 月该协议才正式生效，到 1999 年 6 月该银行才开始自己的银行业务活动，该银行主要提供出口信贷，扶持农业部门和加工工业部门的中小项目。

上述四家地区性国际金融机构银行资本金都比较少，因而所开展的业务活动规模一般也比较小，如黑海贸易与发展银行自 1999 年开始业务活动至 2003 年的四年间，仅提供了总额为 5.29 亿美元的贷款。因此，与这些地区性国际金融机构进行合作使俄罗斯获益不大，然而，尽管如此，俄罗斯还是对这些银行注入了较大的资金投入，一方面是期待在未来的合作中能使俄罗斯获得较大的收益，另一方面也是为了巩固俄罗斯在这些地区性国际金融机构中的重要地位，并进而能够对区域各国宏观经济政策和结构调整施加自己的影响。

5. 积极加入世界贸易组织

自1992年独立以来俄罗斯一直主张展开以私有化、自由化和开放化为核心的转型，打破苏联时代对外封闭的格局，谋求融入外部世界特别是西方世界，成为新俄罗斯在后苏联时代追求世界性大国地位的宗旨之一，俄罗斯领导人认识到，苏联闭关自守、囿于狭小的经互会国家圈子的自给自足型经贸关系是一条自绝于现代文明世界之路，也是与新近独立百废待举的俄罗斯重新屹立于世界先进民族之林的目标相违背的。因此，俄罗斯积极推行价格自由化、国有经济私有化、对外贸易自由化，在致力于国内体制改革的同时，积极打开通向世界的大门，加快俄罗斯复苏和崛起，于1993年6月正式递交了加入世界贸易组织（当时的关税及贸易总协定）的申请。2011年12月16日世界贸易组织第八次部长级会议在日内瓦正式批准俄罗斯加入世贸组织，使俄罗斯长达18年的入世历程最终画上了句号，这一横跨欧亚、拥有1.43亿人口的最后一个重要经济体成为世贸组织新成员。

世界贸易组织已经成为全球多边贸易体制的支柱，在协调各成员国贸易政策和平衡国际贸易关系方面发挥着不可替代的作用。尽管存在着种种国内外因素的干扰和影响，俄罗斯最终还是在经历了长达18年的艰难历程之后成功地加入了世界贸易组织。从长远来看，俄罗斯加入世界贸易组织无疑对俄罗斯经济的健康、稳定发展大有好处，除了有助于俄罗斯吸引外资、先进技术和扩大出口等，还会促使俄罗斯进行内部改革，完善经济制度，建设公平透明的竞争环境，进而提高俄罗斯经济的整体竞争力。

6. 积极开展与亚太地区的经济技术合作

进入21世纪后，俄罗斯更加重视与亚太地区国家的经济技术合作。俄罗斯国防与外交政策委员会为2011年12月初在上海举行的"瓦尔代"国际辩论俱乐部俄中分组讨论会准备的俄方报告提纲就充分地反映了这一点，报告指出："不完善与亚洲大国（首先是中国）的经贸和政治协作，不考虑该地区其他积极参与国的利益,就不可能加强俄罗斯东向发展——发展西伯利亚和远东的一系列措施是其中不可分割的一部分","在人类历史发展最迅速的这些年,亚太地区处于世界经济力量重新分配的中心,并逐渐成为世界政治力量重新分配的中心。这一进程的原因在于,冷战结束后,作为经济全球化和整个国际关系体系根本性变革的主要受益者——亚洲国家经济同时迅猛发展","亚洲国家在国际事务中作用提升的基础在于其蒸蒸日上的经济。在2008—2009年的世界经济危机中,只有亚洲国家成功地保持了高速增长,并成为将世界经济拉出衰退的主要火车头。如果说目前亚洲国家的GDP占世界总量的1/3,那么到2050年,其份额将超过50%","从国内发展的角度看,俄罗斯必须转向亚洲,重新开发西伯利亚和远东地区","我们提出的'西伯利亚项目'已经成为国家未来10年至20年至关重要的现代化任务,其内容应该包括发展基础设施建设,发展原材料深加工以及在亚洲市场建立农业和其他'水密集型'产业。为此,需要理性的政府政策,去最大化地吸引外资,为投资者提供最大的优惠和保障。如此一来,中国和其他亚洲国家就可以享有经过俄罗斯加工过的资源以及在亚洲正在相对稀缺的农产品。而中亚国家、中国、印度、朝鲜,可以提供我国稀缺的劳动力。"

事实上,2008年4月,俄罗斯就通过了《2008—2013年远东与外贝加尔地区经济社会发展纲要》,计划投资220亿美元加强远东地区的基础设施建设,包括修建6600公里公路、5100公里输电线路以及2400公里的通信线路,新建17个支线机场和10个海港。俄罗斯远东和西伯利亚地区的开发建设无疑会扩展、深化俄罗斯与亚太国家的经济技术合作。

(五) 法制方面的举措和对策

1. 设置经济立法执行情况监督局

随着俄罗斯市场经济的形成和建立,俄罗斯联邦制定颁布了一系列市场经济立法。为了保障国家重要规划的实施,以及国家经济空间的统一,俄罗斯联邦总检察院在联邦立法执行情况监督总局内增设了经济立法执行情况监督局。

2. 应对金融危机的法律修改及法律对策

2008年9月以后,全球金融危机波及俄罗斯,俄罗斯政府采取了一系列措施应对这场危机,其中包括修改、完善一系列法律等反危机法律对策,取得了较好的效果。

首先,针对信用收缩采取的法律对策。(1) 为了确保资金的流动性,2008年10月13日,俄罗斯颁布了第171号联邦法,即《修改中央银行法第46条的法律》,强化了央行权能,将6个月内的无担保融资的供给权赋予央行,央行可以向具有一定评级的商业银行提供最长6个月的无担保融资。2008年12月30日,俄罗斯颁布第317号联邦法,将最长时间6个月扩大到最长一年。至2009年3月23日融资余额为1758亿卢布。(2) 为了救济银行和企业,2008年10月13日俄罗斯颁布了第173号联邦法,即《支援金融体系措施法》,赋予开发银行、外经银行两项权利,即对企业在2008年9月25日前借入的外债,到2009年12月31日前,对企业偿还外债有提供外汇供给的权利;对2008年9月25日前借入的外债,开发银行和外经银行可取得企业海外债权人的请求权。(3) 为了保护个人存款、提高存款保护上限额度,俄罗斯为了防止存款外流,于2008年10月13日颁布了第174号联邦法,即《银行个人存款保险法第11条和其他俄联邦法令的修正》,规定个人存款保护限额从10万卢布(2003年12月23日俄罗斯颁布了第177号联邦法,建立存款保护制度,对银行破产时应当百分之百保护个人存款提供了10万卢布的上限)提高到70万卢布。(4) 为了保障银行体系的稳定性,俄罗斯于2008年10月28日颁布了第175号联邦法,即《到2011年12月31日前强化银行体系稳定性的追加措施法》,规定当银行财务出现不稳定征兆,威胁银行体系稳定性和存款人债权人的合法权益时,央行和存款保险局须积极采取措施防止银行破产,尽快恢复银行体系的稳定性。(5) 为增强资金的流动性,2008年10月28日俄罗斯颁布了第176号联邦法《中央银行法及证券法第12条的修改》,规定央行与国内外的信用机构以及与俄政府之间,在公开市场,不仅可以进行国债交易，而且还可以进行有价证券交易。（6）为了保障流动资金的充足，积极利用国民福利基金。俄罗斯动用国民福利基金主要用在两个方面：一是向商业银行放贷，二是向国内证券市场投资，其法律依据是 2008 年 10 月 13 日第 173 号俄联邦法的有关规定。

其次，对相关税法进行修正和完善。（1）对主要出口商品实行减税。如对原油出口实行减税，2008 年 10 月原油出口税为每吨 372.2 美元，从 2008 年 11 月 1 日起减至每吨 287.3 美元，从 12 月 1 日起减至每吨 192.1 美元，2009 年 1 月 1 日起减至每吨 100.9 美元。从 2011 年 10 月 1 日起，对原油和成品油出口关税税率开始实施新税制：60—66—90。俄罗斯政府希望通过税制改革促进原油、成品油炼化产业的健康发展，提高原油的深加工能力，提高石油行业的经济附加值，并以此达到石油行业经济发展方式的转变，最终增加其财政预算收入。再如，根据 2009 年 1 月 21 日俄联邦政府《关于非合金镍和铜的出口税率的规定》，从 2009 年 1 月 30 日起，对非合金镍和铜的出口税实行无税化。又如，根据 2009 年 1 月 27 日俄联邦政府第 65 号政府决定《从俄联邦向关税同盟域外出口肥料的特定品目的出口关税规定》，对氮肥和含有氮、磷、钾两个种类以上的化肥的出口税从 2 月 1 日起实行无税化。（2）降低法人税。根据 2008 年 11 月 26 日俄罗斯颁布的第 224 号联邦法《税法典的修改》，从 2009 年 1 月 1 日起法人税从 24% 下调到 20%，与此同时对附加值税实行免税，即从 2009 年 1 月 1 日起，进口在俄罗斯境内不能生产的技术设备，免除附加值税。（3）对能够促进俄罗斯国内生产的原材料和机械的进口实行关税减免。如根据 2008 年 11 月 7 日俄联邦政府第 813 号决定《关于铁屑、钢铁废弃物及压延材料的特定品目暂时性进口关税税率的规定》，从 2009 年 1 月 14 日起 9 个月内对铁屑实行无税化。再如，根据 2008 年 12 月 10 日俄联邦政府第 936 号决定《关于天然橡胶的暂时性进口关税税率的规定》，从 2009 年 1 月 16 日起 9 个月内对特定天然橡胶实行无税化。

第三，减少失业、增加就业的法律对策。受 2008 年金融危机的影响，俄罗斯失业率一下子升高，根据俄罗斯联邦国家统计局的数据，2008 年第四季度的失业率比前一个季度上升 20% 左右，截至 2009 年 3 月正式登记的失业者超过 200 万人。根据俄联邦政府第 1089 号决定，由联邦中央政府向各联邦主体提供财政补贴，决定在 2009 年度联邦预算中拿出 440 亿卢布作为补助金交付地方，自 2009 年 1 月 1 日开始施行。这些资金的一部分用于失业者的就业培训及自我创业等。根据 2008 年 12 月 30 日修改的联邦居民就业法，2009 年 1 月以后企业解雇员工要履行报告制度，企业或者雇佣者须向联邦劳动就业局提交报告，俄政府对企业解雇员工实行严格监督，截至 2009 年 1 月 14 日，12623 家企业受到俄罗斯政府的监督，与 2008 年 10 月的情况相比，增加了 11 倍。这些措施对于遏制失业率攀升势头发挥了一定的作用。

第四，激发中小企业活力的法律措施。2008 年 7 月 22 日俄罗斯颁布了第 155 号联邦法《税法典第 2 部的修改》，规定了适用于中小企业及个人企业家的简易课税制度。简易课税制度适用的条件是从申请该制度的 9 个月内总计收入不超过 1500 万卢布、从业人员在 100 人以下的企业及个人企业家。适用简易课税制度的企业由统一税取代法人利润税、法人资产税、统一社会税、附加值税。适用简易课税制度的个人企业家由统一税取代个人所得税、个人资产税、统一社会税、附加价值税。简易课税制度的好处是：通过扩大非课税对象范围使中小企业更加活跃。此外，2008 年 7 月 22 日俄罗斯颁布了第 159 号联邦法《中小企业赁借的不动产让渡法以及一部分联邦法令的修改》，为促进创新型经济发展、激发中小企业活力，规定了不动产赁贷让渡关系。

上述一系列法律措施和法律政策的出台，使得俄罗斯在全球金融危机的冲击下避免了银行业的崩溃，稳定了俄罗斯国内金融秩序。

三、俄罗斯应对全球化的举措和对策的中国启示

中俄两国同为从传统的苏联模式高度集中的计划经济体制向市场经济转型的新兴市场经济体，尽管俄罗斯加入世贸组织远远晚于中国，但是，有着相似转型背景和基础的俄罗斯的社会转型及其应对全球化的做法，仍然对中国具有一定的借鉴意义。

第一，争取最大限度的社会共识。在应对全球化、出台应对全球化的政策和措施的过程中，俄罗斯政府力求获得俄罗斯社会的最大限度的支持，为此，就要争取俄罗斯社会对俄罗斯政府所出台的政策和所推行的措施达成最大程度的共识。俄罗斯政府推进俄罗斯社会对全球化及其与俄罗斯民族国家的发展关系问题进行广泛而深入的探讨和争论，就是一个极好的证明。如俄罗斯加入世贸组织之所以耗时长达 18 年，这其中固然有美国、欧盟等外部因素的阻挠和影响，俄罗斯国内社会各界对于俄罗斯入世的意见分歧也是一个极其重要的因素，正如 2011 年 11 月 10 日俄罗斯总统办公厅 M. A. 卡尔米科夫接受《中国社会科学报》记者采访时指出的那样，"要赢得俄罗斯国内行业代表、政界、学界及民众的支持也需要时间。俄罗斯政府为了维护民族权益和自身尊严采取了比较严肃和慎重的态度，这也是俄罗斯加入世贸组织进展较慢的一个原因。无论是普京还是梅德韦杰夫均多次郑重声明过，不拿俄罗斯根本利益做交易，如果非要牺牲根本利益，俄罗斯宁可不加入世贸组织。"只有赢得最大限度的社会共识和社会支持，政府各项政策的出台和落实才会比较有效。

第二，重视发挥智库的作用，有选择地吸收、采纳智库的相关研究成果和对策建议。俄罗斯政府善于发挥国内智库的作用，重视吸收、采纳智库的研究成果和对策建议。如 2008 年 4 月，俄罗斯政府通过《2008—2013 年远东与外贝加尔地区经济社会发展纲要》，计划投资 220 亿美元加强远东地区的基础设施建设。俄罗斯对远东和西伯利亚地区的开发建设无疑会扩展、深化俄罗斯与亚太国家的经济技术合作。而这些政策和措施的出台，显然与俄罗斯智库多年来呼吁加快远东和西伯利亚地区开发、建设有关，阿布杜拉季波夫早在 2000 年 9 月 15 日就在俄《独立报》上撰文呼吁"对于俄罗斯最具有现实意义的是，我们能利用亚太地区的资本、市场和有利于俄罗斯经济高涨而推行一体化所带来的好处"，主张"俄罗斯应该融入亚太"，"从经济全球化和亚洲区域化不断发展的视角来看，要保证俄罗斯的长期经济利益关键在于，使我们的经济能够适应当今亚太地区的经济形势，并为了远东地区经济发展，好好利用来自东方的机会"，"从经济政策方面来看，西伯利亚和远东能源开发、工业建设是俄罗斯同亚太地区未来经济一体化的主要合作点",就是一个很能说明问题的例证。德米特里·特列宁在2002年也撰文主张俄罗斯应当突破俄罗斯民族的或者地域的封闭性限制,务实地应对世界变化和自身的角色。正是因为有了专家和智库的智力支持和不懈呼吁,才最终有了俄罗斯政府各项应对全球化政策和措施的出台。

第三,强有力的政权体系至关重要。俄罗斯成为独立国家之后,曾一度削弱了国家政权,俄罗斯政府频繁更换,政府与议会纷争不断,世纪之交普京上台执政之后首先致力于建立一个强有力的国家政权体系,削弱地方领导人的权力和地位,遏止分离倾向,建立七大联邦区,设立总统全权代表,重新确立中央与地方预算资源的比例,从而加强了中央对地方的控制;在国家杜马形成支持政府的议会多数,确保议会跟政府的合作;打击乱权干政的俄罗斯寡头,消除对俄罗斯经济和政治生活一度具有重要影响的寡头经济和政治体系。正是因为有了一个强有力的政权体系,俄罗斯的经济复苏与发展、社会的稳定与和谐才有了可能。

第四,适时调整政策、修改并完善相关法律。如为了把2008年全球金融危机对俄罗斯的负面影响降到最低程度,俄罗斯政府采取了一系列措施,其中包括修改、完善一系列法律以及针对信用收缩、为减少失业和增加就业、激发中小企业活力而采取的法律对策,这些措施取得了较好的效果,不仅使俄罗斯在全球金融危机的冲击下避免了银行业的崩溃,稳定了俄罗斯国内金融秩序,而且使俄罗斯社会保持了稳定。

第五,高瞻远瞩,从长计议。如为了最大限度地降低国际石油价格波动对俄罗斯国内经济造成的负面影响,在现有的丰厚的能源收入与未来可能出现的收入不足之间建立平衡机制,俄联邦政府于2004年1月1日建立了稳定基金。为了"改善后代及当代人的福利",俄罗斯政府又于2007年底调整稳定基金的职能和结构,将所有的石油、天然气收入一分为三,一部分收入注入"储备基金",在国际市场能源价格严重下跌时确保俄经济风险的最小化,同时支持俄国内宏观经济的稳定并抑制通货膨胀;另一部分收入计入联邦财政,用于完成大型的社会规划;第三部分收入计入"国家福利基金"。再如,俄罗斯与国际经济合作银行、国际投资银行、独联体跨国银行,以及黑海贸易与发展银行的合作,尽管这四家地区性国际金融机构银行资本金都比较少,所开展的业务活动规模也比较小,跟这些地区性国际金融机构进行合作使俄罗斯获益不大,但是,俄罗斯还是对这些银行注入了较大的资金投入,一方面是期待在未来的合作中能使俄罗斯获得较大的收益,另一方面也是为了加强俄罗斯在这些地区性国际金融机构中的重要地位,并进而能够对区域各国宏观经济政策和结构调整施加自己的影响。这些从长计议的做法和措施值得中国汲取。

[参考文献]

1. 叶夫根尼·普里马科夫:《临危受命》,高增训等译,东方出版社2002年版,第62页。

2. 弗拉基米尔·普京:《普京文集》,张树华等译,中国社会科学出版社2008年版,第9—10页。

3. 2006年普京总统向俄罗斯联邦会议发表的国情咨文。新桥网—俄罗斯及独联体国家的法律政治网,www. poccuu. org/zong tong o. htm。

4. 2007年普京总统向俄罗斯联邦会议发表的国情咨文。新桥网—俄罗斯及独联体国家的法律政治网,www. poccuu. org/zong tong o. htm。

5. 资料来源:中国驻俄罗斯大使馆经商参处。新桥网—俄罗斯及独联体国家的法律政治网,www. poccuu. org/zong tong o. htm。

6. 2005年1月25日普京在庆祝莫斯科大学建校250周年庆祝大会上的讲话。新桥网—俄罗斯及独联体国家的法律政治网,www. poccuu. org/zong tong o. htm。

7.《普京文集》(2002—2008),中国社会科学出版社2008年版,第286页。

8. 2007年4月26日普京总统向俄罗斯联邦会议发表的国情咨文。新桥网—俄罗斯及独联体国家的法律政治网,www. poccuu. org/zong tong o. htm。

9.《中俄经贸时报》,2008年6月2日。

10. 参见T. A.谢里晓夫为2007年11月上海财经大学召开的"地缘经济视角下的转型国家:制度变迁与经济发展"国际学术研讨会提交的论文。

11.《中俄经贸时报》,2008年6月10日。

12. 2007 年 4 月 26 日俄罗斯总统国情咨文，Послание Федеральному Собранию Российской Федерации. 26 апреля 2007 г. www.kremlin.ru。

13.《中俄经贸时报》，2008 年 7 月 10 日。

14. 托尔斯滕·奈斯特曼、戴维亚·欧洛娃:《俄罗斯的对外直接投资》，载国研网，2008 年 5 月 26 日。

15. 郭连成、潘广云:《俄罗斯对独联体的对外直接投资——基于经济及政治层面的分析》，载《俄罗斯中亚东欧研究》，2007 年第 6 期。

16. 张宝艳:《俄罗斯对外直接投资:理论、现状与影响》，载《俄罗斯中亚东欧研究》，2009 年第 5 期。

17. [俄]《国家银行杂志》，2003 年 11 月号。

18.《俄罗斯与亚洲共同进入太平洋，还是俄罗斯作为亚洲的一部分进入太平洋？——瓦尔代国际辩论俱乐部俄中分组俄方报告提纲》，载《俄罗斯研究》，2012 年第 1 期。

19. "60—66—90" 的具体含义是:原油出口关税从以前的 65% 下降到 60%，而成品油的出口关税从原先为原油出口关税的 55% 提高到原油出口关税的 66%，保留从 2011 年 5 月 1 日起确定的汽油出口关税税率为原油出口关税税率的 90%。

20.《中国社会科学报》，2011 年 11 月 11 日。

21. Александр Зиновьев, Идеологическая глобализация: Американцы претендуют на роль правителей человечества, Независимая газета, 26 февраля 2002.

22. Л. А. Фридман, И. С. Кузнецов, Глобализация: развитые и развивающиеся страны, Мировая экономика и международные отношения, №10, 2000.

23. В. Ковалев, Росся и глобализация, Независимая газета, 28 августа 2000.

24. Е. Примаков, Росся и международные отношения в условиях глобализации, Международная жизнь, №3, 2001.

25. Независимая газета, 15 сентября 2000.

26. В. Розанов, Восьмерка и антиглобалист, Международная жизнь, №8, 2001.

27. Вопросы экономики, №7, 2001.

28. Экономисты, №5, 2001.

29. О текущей ситуации развития промышленного производства, 22 апреля 2008 г. http://www.minprom.gov.ru/activity/avia/stat/5.

30. Мирнов В. Экономический рост и конкурентоспособность промышленности:

ценовые и неценовые факты анализа. Вопросы экономики, №3, 2006.

31. Независимая газета, 30 декабря 1999.

32. Вопросы экономики, №2, 2004.

33. Вопросы экономики, №2, 2004.

34. Независимая газета, 15 сентября 2000.

35. Dmitri Trenin, *The End of Eurasia: Russia on the Rorder between Geopolitics and Globalization*, Carnegie Endowment for International Peace, 2002.

36. Dmitri Trenin, *The End of Eurasia: Russia on the Rorder between Geopolitics and Globalization*, Carnegie Endowment for International Peace, 2002.

全球化进程中的英国

张萌萌[*]

一、英国在全球化中的位置和受到的影响

(一) 英国的综合发展情况和全球化水平

根据国际货币基金组织 2012 年最新统计,英国拥有约 6000 万人口,占世界人口总量的 0.9%,GDP 总量占全球总量的 5% 上下[①],目前是世界第七大经济体。英国是世界上全球化程度最高的国家之一[②]。世界银行的统计数据,截至 2010 年年底,英国对内及对外外商直接投资存量(FDI Stork)居世界第三位,营商便利指数居世界第七位[③]。在同样由世界银行出具的国家治理指数中,英国的绝大多数指标皆处于接近百分的最高标准[④]。在世界经济论坛

---

[*] 张萌萌,中国对外经贸大学副教授。
① IMF, United Kingdom, World Economic and Financial Surveys, World Economic Outlook Database, Imf. org.
② KOF, KOF Globalization Index, Globalization. kof. ethz. ch.
③ World Bank, Doing Business report series, Doingbusiness. org.
④ World Bank, Worldwide Governance Indicators, http://info. worldbank. org/governance.

最新发表的国家竞争力指数中,英国位居世界第十[①]。2012年联合国人类发展指数中,英国排名第28位,处于"高发展水平",并呈现稳步上升趋势[②]。英国是英联邦、欧盟、G7、G8、G20、国际货币基金组织、经合组织、世界银行、世贸组织和联合国等重要政府间国际组织的成员国。其军事力量在全球也处于第一梯队,在近年来的国际军事行动中表现积极,截至2007年,海外驻军超过3万人[③]。综合以上数据可以看出,从综合国力的角度看,英国占据相对优势位置,全球化发展程度较高,并致力于在全球化进程中发挥大国主导作用。

英国是18世纪全球首先经历工业化进程的国家,在几乎整个19世纪占据世界政治、经济、军事霸权地位。经历19世纪上半叶两次世界大战的损耗,英国在19世纪末开始的第二次工业革命中被美国、德国等国家超越,失去世界霸主地位。经历20世纪末第二次世界大战后的全面恢复时期、撒切尔政府的新自由主义与新工党的"第三条道路",实现了稳步发展。在21世纪初受到金融危机的重创,再次经历执政党变换。英国在国内、国际环境中,以及政治、经济、社会等各地区都经历大幅波动,但时至今日,仍在全球和地区事务中扮演重要角色。在衡量国家综合国力的硬实力和软实力两方面表现中,英国的硬实力从20世纪初就开始相对衰落,但其软实力仍在稳步提高。例如,在经济方面,英国的GDP占世界总量的比重不断下滑。在2008年的金融危机中,英国是受创最为严重并恢复最为缓慢的国家之一,其就业、通胀、利率、赤字等多种经济指标都处于较为危险水平,并在短期内难以回暖。但通过联合国人类发展指数、世界银行全球治理指标等反映国家社会发展程度的标准来衡量,英国始终处于较高水平,并总体稳步上升。

---

① World Economic Forum, www.weforum.org/gcr.
② United Nations Development Program, Human Development Index, hdr.undp.org.
③ Parliament, Speaker addresses Her Majesty Queen Elizabeth II, March 20, 2012, parliament.uk.

(二) 英国在 21 世纪受到主要全球化事件的影响

英国的政治、经济、社会、文化等各方面都受到全球化的深刻影响。在 20 世纪末 21 世纪初的一些全球化事件中英国积极参与，努力扮演重要角色，并表现出与全球化互动较密切的特征。

1. "9·11" 事件与英国的反恐战争

在世界政治方面，"9·11" 事件发生后，美国政府宣布将开展一场对付恐怖主义的全面战争，并建立以美国为领导的全球反恐联盟。英国是美国西方盟国中第一个做出明确表态支持美国的国家。2003 年 3 月英国又积极参与了美国发动的对伊拉克的军事打击。但布莱尔政府在伊拉克战争问题上追随美国的做法引起国内舆论及各方的强烈不满，在经历了与伊拉克战争有关的一系列政治丑闻之后，工党政府公众信任度直线下滑，陷入执政后的严重政治危机。更为严重的是，布莱尔政府坚定支持美国的反恐战争不仅没有使英国更加安全，反而使英国遭受更多恐怖袭击。2005 年 7 月 7 日，伦敦市中心发生连环爆炸事件，造成大量人员伤亡，交通全面瘫痪，伦敦股市一度应声重挫近 3%。2006 年 8 月份英国成功挫败一起炸机未遂案。2006 年 8 月 10 日，伦敦警方有幸破获了国际恐怖主义组织蓄谋炸毁由英国飞往美国几架飞机的恐怖活动，才使得英国免遭又一起 "9·11" 式的恐怖袭击。2007 年 6 月，英国警方又侦破一起伦敦市中心汽车炸弹袭击案件，但随即又发生了格拉斯哥机场汽车撞击事件。英国在伊拉克战争后面临持续不断的恐怖袭击威胁。在国内舆论的强烈批评和质疑下，布莱尔不得不承受外交政策失败所带来的一系列政治后果，他于 2007 年 6 月辞去首相职务。从长远角度看，伊拉克战争及 "9·11" 后的一系列恐怖威胁也是英国民众在 2010 年 5 月大选中放弃工党的主要原因之一。"9·11" 事件及伊拉克战争对英国的影响体现出英国政治受到全球化影响的深远程度，其国际、国内政治都表现出与国际社会的密切呼应。全球化事件对英国的影响不仅仅停留在国际关系层面，而是深入到国内政治领域，成为国内政治变化的重要因素，甚至是决定性因素之一。

2. 2008 年金融危机与英国的经济衰退

英国经济在 20 世纪 80 年代撒切尔改革时期明显上升，不过在 90 年代的伦敦金融危机（如 1992 年 9 月美国金融投机家乔治·李罗斯成功狙击英镑）中略有下降。在工党布莱尔政府期间虽然小幅波动，但英国经济仍然保持在相对高位。2010 年前后英国经济达到最低点，目前正在缓步回升。从这一走势可以大致看出，英国经济全球化程度较高，对世界经济的波动较敏感。2008 年全球经济危机之初，英国经济迅速收缩；2008 年年底，英国宣布进入 1992 年以来的首次经济整体衰退，16 年来的经济持续增长到此停止，在 2009 年全年呈现负增长，经济萎缩 7.1%。从北岩银行挤兑开始，英国多家大型银行相继陷入危机并被陆迫进行国有化改造。2009 年政府财政赤字高达 1670 亿英镑，约占国内生产总值的 11.5%，达到战后以来的最高点；公共债务上升到 8577 亿英镑，相当于国内生产总值的 68.1%。经济低迷导致失业率迅速攀升，在 2011 年年底达到 17 年来的最高点。此后欧元区主权债务危机、英国政府的财政紧缩政策、通胀率高企、支柱行业金融业严重受损等因素，令英国经济复苏之路充满荆棘。金融危机给英国经济造成的影响不仅仅停留在经济领域，随着失业人口规模的扩大、民众收入逐渐减少和政府公共支出的大幅缩减，大众不满情绪普遍高涨，引发了一系列社会问题。

在经济不景气的大背景下，为免受危机的更大打击，新成立的保守党与自民党联合政府推行一系列财政紧缩政策，但这无疑加剧了失业和社会矛盾。大量失业人口与激增的社会矛盾为大规模社会动荡埋下伏笔。2011 年 8 月，英国发生持续多日的大规模骚乱。青少年服务、公共安全等政府支出削减，导致了事件的爆发和不断升级。骚乱从伦敦北部托特纳姆地区爆发，在几天内迅速扩展至英国多个主要城市，其间发生多起袭警、抢劫、纵火等案件。这场骚乱造成多人伤亡，经济损失超过两亿英镑。虽然骚乱很快得以平息，但其充分暴露出英国经济、政治和社会管理等方面存在一些突出问题。从

2011年年底开始的"占领伦敦"运动是美国"占领华尔街"运动的延伸。虽然规模较小而且不具有暴力性质,但其体现的社会问题和民众诉求是与伦敦骚乱一脉相承的。近年来在英国爆发的一系列骚乱、抗议事件可以说是英国在全球化背景下经济、政治、社会、文化等各方面遭受消极影响的集中体现。其间,骚乱等事态的发展,各种不稳定的消极因素的连锁反应,无一不与全球化进程密切相关。

3. 积极参与全球气候治理

从20世纪90年代以来,气候变化问题逐渐受到各国重视并成为现在国际关系中的主要议题之一。英国是世界上积极采取措施应对气候变化的倡导者和先行者,是世界上较早开始对低碳经济进行探索的国家之一,在实践中制定了比较系统和完善的气候变化应对政策。一方面,英国是一个岛国,面临气候多变和资源匮乏等问题,因而很重视可持续发展,但另一方面,英国积极应对气候变化问题有着更为复杂的原因。英国在战后由于实力衰退,逐渐退出世界舞台中心,但并不甘心被边缘化,一直希望能重新崛起,提高自己的国际地位并重新主导国际话语权,气候问题正好为英国提供了契机。英国在努力做好本国治理大气污染工作的同时,竭力希望发挥在解决全球气候问题上的领导作用。与此同时,美国在气候变化问题上的消极态度给了英国一个机会。近年来英国逐渐成为推动国际应对气候变化的国家。此外,英国致力于减排和应对气候问题能为其在国际道义形象上加分。英国在历次国际气候会议和各项气候协议中始终扮演着积极角色,力求获得国际气候问题机制构建的主导权。但同时,英国也认识到,在没有其他大国尤其是美国支持的情况下,自身无法左右气候问题大局。因此,英国以欧盟为依托扩大自身影响,推动欧盟提高减排目标,同时在落实资金援助方面也愿意履行承诺向发展中国家提供援助资金。总体来说,英国在全球气候问题中的举措,为其参与全球治理、扩大国际影响、发挥大国作用起到了相当积极的作用。①

---

① 王文军:《英国应对气候变化的政策及其借鉴意义》,载《现代国际关系》,2009年第9期。

英国在顺应、参与全球化并从中受益的同时，也受到不同程度、不同规模的消极影响。尽管在 21 世纪头 10 年中，英国经历了三位首相任期，执政党在国内三大党派中转换，但英国政府应对全球化的政策趋势一直保持相对稳定。

二、英国应对全球化的主要做法及效果

英国是最早进行工业革命的国家。资本主义生产关系的确立和工业化的完成，使英国经济空前强大，19 世纪成为"世界工厂"和最大的殖民帝国。然而在经历了近 1 个多世纪的鼎盛之后，从 20 世纪初开始，英国经济日渐式微，到第二次世界大战结束时，英国经济已不复昔日荣光。不仅如此，当第二次世界大战结束后，凭借科技的发展和制度创新所带来的动力，世界经济在一个较长的时期里实现了较快而稳定的发展，而英国在这波发展中进一步落伍了。人们将其原因归结为英国产业结构老化、国有部门比重大、福利负担重、投资乏力、劳动生产率提高缓慢等，并称其为"英国病"①。

从 20 世纪 70 年代末开始，英国经济经历了一系列改革。首先，推行货币主义的宏观经济政策。推出了控制货币供应量、削减公共开支和财政赤字、大幅度提高利率以抑制通货膨胀的政策措施。其次，推行私有化。完善"非国有化，鼓励竞争"，强调发挥市场经济作用，减少国家干预，放松了政府管制，完善市场机制，鼓励自由竞争，有计划、有步骤地推行国有企业私有化，以调动生产和投资的积极性。第三，实行减税等措施，刺激投资和消费。第四，改革福利制度，削减福利津贴，撤销部分福利机构，使政府节约了大量的福利开支，给经济增长卸下高福利的重包袱。第五，限制工会的权力，弱化工资刚性。第六，改善投资环境，积极引进外资等。撒切尔政府的这一系列措施得到了一定程度的回报，实现了英国经济较为平稳且稳中略升的发展速度，而失业率在

---

① 陈江生、沐婧瑶:《老欧洲的困境:"英国病"的治疗和启示》,载《中共石家庄市委党校学报》,2008 年第 10 卷第 8 期。

调整初期有所上升之后渐渐趋于下降;通货膨胀率从 1980 年的 16.849 下降至 2010 年的 4% 左右,通货膨胀基本得到了控制。

20 世纪 90 年代以来,全球化进程的加速给全世界带来一系列严峻的挑战,在新的问题和社会背景下,1997 年工党领袖布莱尔作为英国新首相上台执政。布莱尔政府提出了"第三条道路"的发展思路,主张超越传统的"左"与"右",权衡新自由主义和社会民主主义的利弊。在经济上,平衡市场与政府,主张政府的经济管理职能主要在于为市场竞争创造良好的外部条件;稳定通胀,将部分财政权力从政府转移到央行;通过增加政府财政支出拉动经济增长,实行从宽税收政策,鼓励长期投资。在社会政策上,主张兼顾效率与公平,以鼓励就业补充失业救济;变国家投资为社会投资,将市场机制部分引入公共服务领域;强调机会平等,注重人才的培养,重视国民的教育与培训。在国际政策上,主张调和民族主义与世界主义,强调加强国家间合作,共同解决人类所面临的问题;用民主的方式和平解决国际问题,坚持世界主义的多元立场;积极发挥国际组织的作用,建立和完善全球治理体系。布莱尔政府获得两届连任,其间英国经济持续稳定发展,失业率、通胀率保持较低水平,贫困人口数量和贫困程度都得以下降[1]。

在 2008 年金融危机中,英国在全面经济衰退中泥足深陷,布朗政府未能获得连任,由英国保守党和自民党组建而成的卡梅伦联合政府上台执政。为应对金融危机,联合政府推出了一系列财政紧缩计划,公共开支全面削减。包括提高学校学费、全民保健系统改革等措施在短期内并未表现出明显效果,反而加剧了社会矛盾,引起社会持续动荡。虽然目前英国经济已缓慢恢复,但人民的愤怒情绪和多种社会矛盾仍未得以平息。联合政府忙于应对金融危机,仍未提出系统性的政策框架。

总体来说,英国历届政府所推行的各项对内、对外政策,无不致力于提高本国竞争力,创造更好的国内经济、政治、社会环境,增加本国在全球化进程中的主动性,缓解社会矛盾,抵御来自全球化的冲击和负面影响。

---

[1] 梅记周:《英国工党"第三条道路"价值观探析》,广西师范大学硕士学位论文,2007 年。

（一）在经济政策方面，致力于提高本国竞争力

（1）实行优惠的税收政策。布莱尔、布朗和卡梅隆三届政府在税收政策方面的思路基本没有改变，总体趋势是减税。其中包括降低公司税，意在提高企业的自主性，从 2010 年开始，公司税在 26% 的基础上每年递减一个百分点，并将持续到 2014 年，这将使得英国的公司税在欧洲地区达到最低水平；将资本收益税维持在 18%，处于世界多数发达国家的较低水平，鼓励资本收益；为个人所得税设封顶值，以 5 万英镑为标准，不过这将使得富人更为富有；对中小企业实行税收优惠，对小公司实行 19% 的单一税率，小企业第一年还可享受设备资本性补贴 50% 的待遇。

（2）通过税收优惠制度，鼓励企业增加研发投入。允许大公司享受研究发展项目税收优惠，鼓励 500 人或年收入 1 亿英镑以上的大企业每年增加 30% 研发投入；通过"专利税务措施"（Patent Tax Measures）鼓励专利发明与申请。

（3）简化公司法，以不断提高劳动生产率和英国公司的国际竞争力。

（4）在财政支出方面，致力于尽可能缩减国有企业补贴和政府开支，以减缓政府财政压力。如通过对"全民健康系统"（NHS）的改革，减轻政府负担。

（5）增加基础设施和科技投入。缩短大型基础设施项目规划论证程序。通过基础设施建设改善投资环境，吸引更多投资。通过对科技的投入，促进经济结构的调整。如推出了"国家道路战略"，投资开发北海大陆架石油；实施"北方中心铁路计划"，建立英国航空动力学中心，支持航空空间技术创新等一系列建设计划。

（6）鼓励外国企业到英国投资，在英格兰设立 11 个经济开发区，通过提供服务，包括简化建筑规划手续等手段吸引外国直接投资。保证新老投资者享受同样的待遇，拥有公平的竞争环境和机会。

（二）在国际政治方面，谋求建立世界大国地位的政治框架

"三环外交"是英国首相丘吉尔根据英国相对衰落的发展趋势和第二次世界大战后世界力量对比变化的新情况，为谋求继续保持英国的世界大国地位而提出的一项外交总方针。三环包括与英联邦关系的"帝国环"、英欧关系和英美关系，其中英美关系是英国外交政策的基石和重点，历届英国政府都基本上以英美特殊关系为外交基调。"三环外交"旨在希望借助广泛的国际联系维持英国的大国地位。它表明英国外交既想努力适应环境的变化，又试图在变化了的环境中不与其传统的利益观决裂。这不仅是丘吉尔个人的外交政策构想，其核心思想也为第二次世界大战后英国历届政府大多数政策制定者所继承。

1. 英美关系：保持和巩固"英美特殊关系"

1946年，丘吉尔第一次提出英美之间存在着天然的"特殊关系"。1997年布莱尔出任首相后，秉承第二次世界大战以来英国历届政府实现对外战略目标的政策连续性，希望通过利用与美国的特殊关系，继续彰显其大国的地位和作用。鉴于当今世界的政治格局，英国显然无法单独施展威严，要想实现这一目标，只能依附美国，积极利用美国在全球的强大影响力，从而发挥英国的"枢纽大国"作用。2010年联合政府成立后，英国议会外事委员会重新评估英美关系，认为"特殊关系"这一词汇"有误导成分"，建议不再使用。现任首相卡梅伦一直批评工党政府追随美国，认为英国的对美关系应该是"牢固，但不盲从"的关系。联合政府虽然表现得"要和美国拉开一定的距离，展示英国的自主性"，但是实质上对美外交并没有减弱。

英美关系的这一发展轨道，取决于双方相互依存性和国家利益分歧的双重性。英美双方在外交方面互有需求，但双边关系的主导权始终掌握在美国手中。英国政府积极维持和发展英美特殊关系，主要出于三方面的考虑：一是借助英美关系抬高英国在欧洲的地位；二是通过英美关系来使英国成为一

个"主要的全球大国",并在"国际上发挥重大作用";三是通过与美国保持密切关系来寻求全球化下巨大的经济利益。从美国方面来看,也仍然需要英国的帮助和支持来推行自己的欧洲政策和全球战略。英国是美国应对"欧洲一体化"的重要砝码,利用英国在欧洲国家中的影响力来减少实现美国对外战略时的阻碍。因此,只要英美之间在彼此的全球战略中依然保持相互依存关系,英美特殊关系就存在着继续向前发展的动力。

英美两国关系中的不和谐因素,又表明两国在追求国家利益等问题上存在差异和分歧。为了加强外交政策自主性和英国国际地位,英国力求在世界的多极化中也扮演重要角色,因此英国表现出在重塑国际政治经济新秩序、应对全球气候变化等一系列问题上更加热心的态度,希望拥有更多的发言权。为了促进本国经济利益,加上对国际政治趋势的判断,英国采取积极措施发展同传统盟友之外的国家的关系,特别是新兴大国之间的关系,这可能也会减少英美"特殊关系"在其整体外交中的分量。然而维系英美两国"特殊关系"的基础和共同目标尚存,长期密切合作形成的成熟关系可以消化英美关系在某个层面出现的困难和波折,从目前看来还没有迹象显示两国目标追求出现严重分歧。此外英美权力结构没有发生根本改变,英国希冀追求同美国的"平等"关系难以短时间内实现,英美"特殊关系"实质不会发生变化。

2. 英国与欧盟关系:争取欧盟领导权

英国作为欧盟成员国,与欧洲大陆保持良好的外交关系显然非常重要。在英国的传统外交中,欧洲在"三环外交"中居于核心位置。融入欧洲可以"使英国在美国和其他地方得到的成功要比英国脱离欧洲带来更多的好处";更为重要的是,"如果英国在欧洲是强大的,那么它在全世界就更为强大"。因此,布莱尔一再强调英国是"欧洲的英国","欧洲是今天英国可以行使权力和发挥影响的唯一途径,如果要发挥其作为全球性国家的历史作用,英国必须成为欧洲政治的核心部分"。然而,布莱尔政府并不想使英国完全融入欧盟,担心会限制英国的全球性作用。英国与其他成员国因此在一些具体利益上不断产生分歧。虽然布莱尔政府将美国和欧洲都作为对外政策的重心,试图谋求在美欧间维持一种平衡策略,然而"平衡"并不意味着等距离。布莱尔政府执政初期在对欧政策上采取的一些积极举措,使英欧关系得到了一定程度的改善,使自身在欧盟内的地位也有所提高,但相比较而言,它依然更为重视发展与美国的关系。

卡梅伦联合政府对欧基本上采取务实的方针,在经济上加强同欧洲各国发展商贸关系,促进国家经济复苏;在政治上和一些欧洲主要国家加强合作与协调,但是是否拥有共同利益决定了他们关系的亲疏远近。在欧盟的问题上,英国希望积极发挥领导作用,成为一名活跃的成员国,支持欧盟扩大,但是总的来说,随着欧盟整体上实力的增强,卡梅伦联合政府与欧盟主要国家不会因在单个问题上持不同立场而影响整体关系,英国与欧盟在历史和现实利益的牵绊和在诸多问题上相互借重将使它们在今后博弈过程中更加务实理性地看待对方,因而英欧关系会在稳健运行中向前发展,较大幅度的波动可能性较小。欧盟近些年实力的增强和英国对美政策的调整使得联合政府有更加重视欧盟的趋势,尽管持疑欧论的保守党主导联合政府对外政策,新政府为了国家利益仍坚持务实的对欧政策。英欧关系有密切发展的一面,也有矛盾凸显的一面。

3. 英国与新兴工业化国家:从现实主义出发,积极推进国家间合作

香港回归后,英国是与中国外交关系最为良好的发达国家之一,表现了一种通过合作谋求共荣的开放态度。中英关系发展总体上呈现积极稳定态势,两国在各领域的合作不断得到加强。不管是布莱尔执政还是布朗担任首相,英国都十分重视发展对华关系。英国对华政策的主要目标是增强与中国的商业关系,扩大在华市场准入,通过加强与中国的贸易来振兴国内经济。在两国关系良好发展的背景下,中英财经、战略、教育等对话交流机制顺畅,各领域务实合作扩大,中英全面战略伙伴关系的内容不断丰富和充实。两国关系稳定发展符合英国发展贸易的目标。联合新政府因面临重振国内经济的重任,发展同世界上经济增长最快的地区和国家的经贸关系成为新政府格外重视的事情。因而卡梅伦政府特别希望发展同以中国为代表的新兴经济体的商

业关系，英国奉行的对华积极政策不会改变并将持续发展下去。中英关系在这样的背景下不断发展，不过人权等观念差异依然是困扰两国关系的因素。

（三）在社会政策方面，减少对福利的依赖，提高工作的动力，但仍维持着社会福利的普遍性

英国是资本主义大国中第一个进行福利国家实验的国家。它的福利保障制度相当完善，是福利国家的典范。英国政府早在 1601 年就颁布《济贫法》这一具有社会福利性质的法律，其中要求向拥有教区和房产的人征税，所征得的税收发放给无力谋生的人，同时负责组织失业的成年人从事劳动等。但是英国现行的福利制度是在第二次世界大战后由英国工党政府创立的。战后工党政府采纳了"贝费里奇报告"，并在该报告的基础上，提出了一系列建立社会福利的方案，这些方案奠定了英国福利国家模式的基本框架。20 世纪 70 年代，英国传统的福利制度陷入了危机之中。主要表现是社会保障支出的增长幅度超过了经济的增长速度。据统计，1960 — 1975 年，英国国民生产总值的年增长率为 2.6%，而社会保障支出的年增长率则高达 5.6%，高出国民生产总值增长速度的一倍还多，有一半以上的负担由政府承担。在 1989 年达到 52.93%，这个比例在当时欧洲国家中属于比较高的。1979 年以撒切尔夫人为首的保守党执政后，针对福利制度中出现的问题进行了改革：强制所有企业推行养老金制度并将其养老金私有化，减少政府对福利的支出；通过政府补贴的形式积极鼓励企业为失业者创造就业机会；压缩教育经费，削减教育预算，等等。以撒切尔夫人和梅杰为首的保守党政府，在一定程度上发现了传统福利制度存在的问题，并试图通过改革来解决这些问题，但这些改革并没有完全解决问题。相反，还引起了一些新的社会问题。

1998 年，布莱尔工党政府发表了题为《我们国家的新动力：新的社会契约》的绿皮书，宣布了新福利制度的原则：以'工作观念'为中心重塑福利国家；公私合作办福利；提供优质公共教育、保健和住房服务；提高福利制度的效率。在这些原则的指导下，工党政府进行了有效的调整与改革。布莱

尔政府的福利制度改革采取了比较缓慢的改革步伐。

1. 失业问题

失业问题一直以来都是西方国家社会经济生活中普遍存在的一种痼疾。并且，随着全球化的到来失业人数也在不断地增长。失业者包括单身父母、残疾人、年轻人和长期失业者等。失业与贫困的关系通过无工作的家庭来体现，1979—1996 年，无工作者的家庭数量从不到工作年龄段家庭的 1/10 增长到将近 1/5，总共有 340 万无工作家庭，1/6 的家庭接受按经济状况调查的救济。面对这种状况，布莱尔指出，为了从根本上解决失业问题，仅仅依靠对失业者的资金救助是远远不够的，必须为失业的年轻人在一定的期限提供多种再就业的机会，还要为年轻的失业者提供教育、就业和社区服务的措施，提供就业培训以及个人化建议、咨询等帮助。这些措施对年轻的失业者来说具有一定的强制性，不参加这些培训而停留在依赖救济上将会受到减少救济的处罚，即采取保守党政府的取消求职者津贴的措施。同时工党将这项措施与更为积极地寻找工作结合起来了，为那些需要儿童看护和培训的单亲家庭提供职业、教育和培训计划。这项措施在年轻人中得到很好应用后又逐步推广到其他的一系列领域，但是"对年轻失业者的新政计划迄今资助是最丰富的，启动时就有 26.2 亿英镑，而针对长期失业者的新政仅 4.5 亿英镑"。这说明新政的主要对象是年轻人，这与前政府的主要对象是长期失业者形成了对比①。这项计划表明了工党对全球化下福利政策的新立场，同时也体现了工党处理贫困问题的基本战略，工党认为救济不能去除贫困的根源。

2. 最低工资

实行最低工资是布莱尔政府福利制度改革的一个重要部分，它可以减少政府的福利开支，促使有工作能力的人都去就业；减少失业贫困，鼓励雇主

---

① Robert Walker and Michael Wiseman, "Making Welfare Work: UK Activation Politics under New Labor", *International Social Security Review*, Vol. 56, No. 1, 2003.

进行投资培训,提高了劳动生产率。有了最低工资,纳税人就不用再通过家庭信贷的方式对低工资实行补贴;最低工资还能减少雇员跳槽,促进培训投资,并有助于激发雇员的积极性。因此,工党把争取建立最低工资制度作为自己的一种目标,并在政府中建立有企业代表参加的最低工资问题委员会,研究建立适应英国经济发展的最低工资制度。1999年推出最低工资制度,使200万人受益,其中包括130万妇女和20万年轻人。这一制度加强了对社会弱势群体(儿童、退休老年人、残疾人)"收入扶持"的力度,并对低收入的家庭进行补贴①。在新工党执政的8年中,尤其是在欧洲经济普遍不景气的情况下,英国经济一直保持着平稳增长的势头,使政府有能力为低收入者提供经济上的支持。时至今日,英国政府一直坚持执行最低工资制度,体现了对弱势群体进行扶持和为不能工作的人提供保险的福利思想。

3. 养老金改革

和其他西方国家一样,英国也在面临着人口老龄化的社会问题。为了降低养老金昂贵的管理费用,使得低收入者在退休后能领取到满足生活需要的养老金,英国政府建立了低成本的"存托养老金计划"。该计划可以由雇主、商业机构、工会组织等共同提供,雇员定期拿出一部分收入存入他专门的个人养老金账户中,由供给商负责账户积累资金的管理,当雇员达到退休年龄后可以用积累的余额购买年金。政府要求"存托养老金计划"收取相当低的费用,但是要按照职业养老金计划的规范来进行管理,这就难免使养老金计划的供给者产生入不敷出的费用问题,因此政府通过制定减少其税收的优惠措施,来激励私人部门参与"存托养老金计划"。面临全球化的冲击,工党政府扩大了养老金的覆盖率、减少了老年人的贫困数量。通过改革英国的养老金制度基本稳定了下来。同时,随着"最低收入保证"制度的实行,英国基本养老金计划在老年人生活保障方面的重要性已有所降低。

---

① 安东尼·吉登斯:《超越左右——激进政治的未来》,李惠彬、杨雪冬译,社会科学文献出版社2000年版。

在完成"结构性"养老金计划建设后,养老金的"安全性"问题也成为英国未来制定养老金政策关注的重点内容。长期以来,有些人专门从事保险欺诈,在英国社会保障部门登记的社会保障号码数量总是大于英国现存人口的总数,这些超出部分的社会保障号码只有一部分是合法的。例如,有些人使用其死去配偶的养老保险账号领取养老金,他们用的养老金账号有相当一部分是空号,为了杜绝这种现象,1997年7月新工党政府制定了反欺诈条例,打击有组织的福利欺诈活动。总之,20世纪90年代英国养老金制度改革的主线是:让更多的私人部门参加到养老计划中来,并且不断地规范私人部门的养老金市场①。

4. 医疗改革

医疗改革是布莱尔政府赢得连任的关键政策举措之一。在布莱尔上台后,他认为医疗服务体系越来越难以满足国民越来越高的要求和期望,陷入长期供需的矛盾中。由于各种主客观原因,在英国一直存在着医疗服务和健康不平等的情况,而且不同地区的健康水平存在巨大的差距。大量的研究表明,个人经济、社会地位、教育水平等因素对其享受医疗服务的质量都有显著的影响。面对这样的问题,新工党上台伊始就把公平享受医疗服务视为医疗改革的突出特点,并采取了一些重要措施。

其中一个重要措施是,综合治理这种不平等问题①,包括以下几个方面。(1)所有与健康相关的政策都要事先评价其对健康不平等问题可能产生的影响;(2)应该特别重视有未成年子女家庭的健康问题,因为儿童阶段的健康状况对以后的智力和身体发育都会产生巨大影响;(3)必须采取措施缩小收入不平等问题和提高贫困家庭的生活水平,因为调查证明家庭收入与健康状况有直接联系;(4)一些提高全民健康水平的政策并不能解决健康不平等问题,必须采取针对性的措施提高弱势群体的医疗服务水平。新工党还针对这些不公平现象出台了两个纲领性文件,即1997年的政府白皮书《我们更健康

---

① Joseph Rowntree Foundation, Labour's Welfare Reform: Progress to Date, 2004.

的国家》和 2000 年的国家医疗服务（NHS）白皮书《NHS 规划：投资改革》，强调要通过中央和地方政府的协调、政府各部门之间的合作共同来解决健康不平等问题。同时，还指出导致不平等的因素很多，如经济、社会、环境以及国家医疗服务体系本身的问题。为此，政府建立审议机制，确保各部门之间相互协调，共同解决健康不平等问题。

另一个重要措施是新工党在医疗改革中加强了中央政府的控制。由中央政府制定医疗服务的基本框架和医疗"指针"，中央政府鼓励创新和推广医疗经验，并加强中央政府的监督和医疗政绩的考核。而实现这些目标就需要增加对国家医疗服务的投入，1997 年之前的 20 年间，国家医疗服务的实际财政支出一直保持在每年 3% 左右的增幅，而 1997—2001 年的年增幅提高到 6.1%，并在 2002/2003—2007/2008 提高到 7.4%。1996/1997—2004/2005 国家医疗服务财政支出从 330 亿英镑增加到 670 亿英镑，增幅为近 30 年的最大增幅。为了确保公共支出物有所值，新工党主要采取以下措施：加大了对医疗机构硬件实施的建设，如制定了国家医疗标准、明确了健康目标、扩大患者的选择权利，并引入竞争机制，更加充分地利用各种有限的资源，相互之间取长补短，提高医疗水平[①]。

2007 年布朗上台后，基本延续了布莱尔政府的改革。2008 年面对着经济危机的威胁，布朗政府为了巩固工党的执政地位，开展了一系列的福利服务工作。但这些努力并未获得明显成效，工党在 2010 年的大选中还是失去了执政地位。新上台的保守党与自民党联合政府推出了一系列财政紧缩政策，其中就包括提高高等教育学费、减少救济补贴人口、改革公共医疗以降低政府负担等措施。这些削减福利的政策，是英国政府在金融危机下的无奈之举，但也反映出联合政府与工党政府不同的执政理念。从目前来看，福利紧缩政策使得英国社会矛盾激增；但面对主权债务危机，政府必须削减公共开支。这一矛盾如何解决，不但是英国政府，也是多数西方福利国家不得不面对的

---

① Ulian Le Grand, The Blair legacy? Choice and Competition in Public Services, Transcript of Public Lecture London School of Economics, February 21, 2006.

问题。

（四）在文化政策方面，不断巩固和提高国家"软实力"

1. 巩固和推动英语全球化

英语对于英国在全球化进程中占据有利位置至关重要。在全世界 200 多个国家和地区中，有 60 多个国家以英语为母语、官方语言或通用语言。可以说，在人类历史上，没有任何一种语言能像英语这样在世界范围内如此广泛地流行，成为当今世界 200 多个国家（地区），2500 多个民族，6000 多种语言中最强势的语言。英国在开展文化外交、提高本国影响力的过程中，十分重视本国语言的推广和教育，把对外英语教育摆到文化外交的首位，尽可能地满足各国对英语教育的需求。英国文化协会共在 51 个国家设立了 118 个英语教学中心，为超过 35 万的学生教授英语，并负责管理世界各地对外英语教学、培训和考试事务。它们为自己国家和其他国家的小学之间建立了 2700 条链接，将世界范围内数以百万计的小学生的英语教学联系在一起，目前有超过 1000 万英语学习者享受着它们提供的免费学习资源。英国设立在缅甸的图书馆每年吸引了超过 25 万的人前来看书；在津巴布韦的信息中心则吸引了 25 万人前来参观；在印度，他们培训了 75 万英语教师，帮助当地政府提高数百万年轻人的英语水平；在伊拉克，它们与当地政府合作，建立了完整的英语教学体系。可以说，英国充分认识到英语作为世界性语言对于自身的重要意义，并积极推出一系列举措巩固和提高英语的语言霸主地位，使之成为本国"软实力"的重要组成部分。

2. 加强留学教育

在推广英语的活动中，在国外的英语教学项目引起了所在国和地区的学生对英国的兴趣和向往，吸引了 45 万外国留学生去英国读书，为英国经济提供了 85 亿英镑的收入。这些学生中有一些有可能在毕业后留在英国工作，将为英国的发展提供强大的人才动力。为了促进英国的对外教育交流，布莱尔在 1999 年 6 月亲自提出"首相计划"。其主要内容是推广海外学生到英国来留学的计划,并促进教育机构之间的各种合作与交流,目的是鼓励更多的海外学生来英国接受教育,多做学习和交流。这个以"首相"冠名的项目为英国文化外交中的教育交流提供了指导和支持,从一推出就受到了广泛欢迎和信赖,主要取得了以下三方面成果:

一是规模不断扩大。"首相计划"在世界上超过 19 个国家和地区建立了推广英国教育的专门团队。在英国的全日制学习的学生总人数当中,有 14%来自海外;在研究生层次的研究课程当中,有大约 43% 的学生来自海外。在英国学习的中国学生的数量已经超过了 6 万名,其中大约 5 万人在读高等教育的课程,其他的学生则在延续教育学院、独立学院、高中、语言学校等学习,为将来进一步深造做准备。二是专业性不断提高。"首相计划"为在英国的留学生提供了更多的机遇和便利,如简化海外学生申请英国签证的程序,启动毕业生实习和工作的计划,更加关注他们的职业发展方向等。三是开发了英国教育市场的推广品牌,"首相计划"的具体标识渗透和体现在每个工作环节当中,包括网站、展览和举办的各种活动等。对于英国来说,这种教育交流不仅仅是作为一个出口的产业,实际上也让他国的学生和公众可以更好地理解英国文化的精髓。

总之,发展留学教育对于英国本身具有多方面意义,在为英国创造巨额收入的同时,也为本国吸引了大量高级人才。同时,对于宣传和拓展英国价值理念、制定国际规则、改善英国国家形象等都具有深远的意义。

3. 鼓励创意产业

英国政府在国际上率先提出创意产业政策。采取的手段包括:关注音乐、艺术、时尚、商业、体育、技术和街头文化;在组织管理、人才培养、资金支持等有关方面逐步加强机制建设;推动各种与创意有关的主题活动的开展;对文化产品的研发、制作、营销等方面实施系统性扶持,为创意产业提供各种机会,并推动相关机构对创意产业进行投资。如今,英国已成为仅次于美国的世界第二大创意产品生产国,其创意产业产值占国内生产总值的 8% 左右，年均增长速度为12%。在创造经济效益的同时，创意产业为英国对外政策的推行营造了有利的环境，为本国传播和改善形象、与他国政府建立长期友好的国际关系提供了有力的支持。

4. 管理和支持国际媒体

英国的媒体力量在国际舞台上向来不容小觑。多年来，英国政府一直致力于利用丰富的媒体资源，不断挖掘其表现力和影响力，充分实现媒体的外交功能。例如，英国广播公司（BBC），它既是英国最大的新闻广播机构，也是世界最大的新闻广播机构之一。BBC目前经营8条电视频道，10条广播频道，以及直接由英国政府出资经营以43种语言作全球广播。BBC世界电台周听众数量多达1.49亿，并且连续6年保持在1.45亿以上；BBC世界频道覆盖200多个国家和地区，能覆盖2.79亿户家庭和100万间宾馆房间；2009—2010年，BBC共创收约47.5亿英镑，仅BBC世界频道就创造了14.5亿收入。对于这样一个强大的媒体力量，英国政府为了将其纳入公共外交的轨道、发挥其媒体外交的积极动力，采取了一系列监管手段和支持措施，主要有以下三点。

首先是监管的加强。一方面给予BBC持续的资金和技术支持，推动其进一步发展，另一方面赋予BBC媒体外交的职责，在符合政府公共外交要求的大方向下开展业务，如果发生相违背的情况，政府可对其"停业清理、迫使其解散"。其次是明确BBC在政府公共外交上的战略目的："让英国走向世界，对世界介绍英国。"期望通过BBC网站在网络领域中代表公共利益，宣传公共责任、公共权力、公共道德、公共文化等，这些都包含了公共外交的内容。最后是业务指导和资金支持。作为推行媒体外交的重要实施者，政府大力支持BBC进行技术改革和创新。其中，BBC网络传播渠道的建设就一直贯穿着政府的指导、推动和支持。BBC近年来一系列技术的研发，无一不倚靠着英国政府的资金支持。

为了承担起政府交予的媒体外交任务，同时也更好地贴近外国听众、观众和网民，更有效地传播英国的良好形象，BBC试图在自身的独立客观性与服务的公共外交目的之间取得平衡，在运作形式上也不断反思、改革、创新，采取了一系列有效的策略。首先是建立新闻专业规范，确保舆论导向正确，杜绝政治性播出事故的发生，将自身的从业标准与政府设定的宣传纪律结合起来，以扫除自身发展的障碍，积极向媒体外交主体的角色转换。其次是力求展现客观公正性。使外国公众将 BBC 的形象及其所代表的英国联系起来，于潜移默化中将"客观、公正、全球视野"等印象和评价加诸英国，增加他们对英国的好感。最后是对本土化的强调，让节目以受众所熟悉和喜爱的形式表现出来，有利于拉近彼此的距离，提高受众的接受度和欢迎度，从而在媒体营销中达到外交宣传的目的。

通过英国对 BBC 这一国际传媒巨头的引导、支持和管理，以及 BBC 自身的发展理念，可以看出英国政府对现代传媒的重视程度。对于 BBC 这一在国际上具有重大影响力的传媒机构，英国政府一方面致力于扶持、巩固其现有地位和未来发展，另一方面积极利用其传播平台，宣传英国国家形象、文化价值理念，这对于巩固和提高英国的"软实力"具有重要意义。

三、英国应对全球化的举措和经验对我国的启示

作为世界主要发达国家之一和前世界霸主，英国在较早时期已经经历过全球化带来的机遇和挑战。可以说，英国曾经既是全球化的最大受益者，又正是在全球化过程中逐渐失去了国际舞台上的主导地位。但同时，在应对全球化方面，英国提出了比较成熟的经济政策和举措，这些举措因为经历较长时间的考验，已经日趋成熟，这使得英国在不断受到来自全球化的严重挑战的同时，仍然能够保持大国地位，并在政治、经济、军事、文化等方面发挥其影响力。这些经验对于同样日益受到全球化浪潮激荡的中国，具有重要的借鉴意义。

面对全球化对本国经济的挑战，英国政府致力于提供宽松的税收政策和良好的投资环境，以提高本国企业的竞争力和吸引国外直接投资。在一个逐渐成熟的经济系统中，不能单纯依靠粗放的资本拉动经济增长的方式，而应通过

修正、完善财政、金融政策、税收制度来调节市场，改善投资环境，推动经济可持续的稳步增长。

在外交政策方面，英国一直遵循比较现实的国际政治理念，根据本国利益，以多元世界结构为认知基础，与世界各极力量发展积极、稳健的外交关系。作为世界主要大国之一，其处理与美国霸权力量、欧盟不断增强和联合的力量和新兴国家关系的思路和原则对我国都具有一定的启示意义。而其针对国际合作，尤其是重视通过政府间国际组织参与全球治理的积极举措，尤其值得借鉴。

在社会政策方面，尽管在2008年金融危机中，由于经济衰退和主权债务危机等原因，英国的社会福利制度受到很大影响，但其在过去几十年中积累的社会福利政策的经验，对于仍然处于初级阶段的我国社会仍具有很强的借鉴意义。英国历届政府不断完善社会福利制度，致力于提高本国人民的就业能力和竞争能力，建设一个积极的福利体系，不是一味地消极补贴，使人们在享受福利时感受到福利不是简单的施舍，而是自立和自助的途径。这一系列的理念和举措经过长时期的考验，可以说是成功的。但同时也应注意，在尽可能扩展福利覆盖范围和效果的同时，也应控制政府负担，平衡政府与个人权责关系，建立政府与企业、社会组织之间的合作关系，使福利系统的运作、经营进入有保障、可持续的良性循环。

在文化方面，英国注重利用现有资源，包括作为全球应用性广的英语、成熟完善的教育（尤其是高等教育）系统、发达的国际媒体网络和新兴的创意产业，在保持"文化大国"地位的同时，通过政府行为和产业模式不断拓展本国文化在国际上的影响；以文化为承载，构建积极、良好的国家形象；利用新技术媒体平台，拓展在全球内的发声渠道，使文化成为外交手段之外另一发挥影响力的重要工具。我国在近年来同样致力于发展文化产业，建设国家"软实力"，但在具体的政策措施和实践手段上刚刚起步，仍需要不断改进和完善。英国在这方面的一系列经验，无疑对我国增强国家"巧实力"具有重要的借鉴意义。

我国正经历着经济的高速发展，综合国力尤其是其中的"硬实力"近年来显著提高，但如何取得与之相匹配的"软实力"，在全球化进程中保持上升趋势，实现与经济等硬实力相匹配的国际影响力，并在全球化的冲击下实现社会的和谐发展，避免由全球化带来的过度冲击和社会矛盾的激化，英国的做法和经验值得我们参考与借鉴。

全球化进程中的德国

李以所[*]

一、德国在全球化中的位置和受到的影响

(一) 德国的经济发展水平及全球化水平

1. 德国的经济发展水平[①]

德国是欧洲经济表现最为强劲的国家,一直被视为欧洲经济的火车头[②]。2011年德国的国民生产总值为2.6万亿欧元,位居世界第4位。德国人口约

---

[*] 李以所,中国社会科学院副研究员。

[①] 如非特别注明,本节数据都取自德国Statista公司的官方网站,该公司系德国在互联网上最领先且权威的数据统计企业。http://de.statista.com/statistik/faktenbuch/355/a/laender/deutschland/wirtschaft-in-deutschland/.

[②] Deutschland ist Europas Lokomotive. http://www.badische-zeitung.de/wirtschaft-3/deutschland-ist-europas-lokomotive-37680721.html.

8175万①，人均国民生产总值为3.15万欧元，世界排名第19位②。

世界金融危机爆发后，2009年德国经济并没有如预测的那样受到严重冲击；2010年德国国民生产总值较之2009年增长了约3.7%，是继民主德国并入联邦德国后20年以来德国经济发展最好的一年，德国也因经济的强劲反弹而成为当年西方发达国家中经济增长最高的经济体；2011年德国的国民生产总值增长率为3%。

为应对金融和经济双重危机的打击，德国政府采取了一系列应急救助措施，这使德国国债数额急速攀升，2011年占国民生产总值的80%，较2007年的65%有较大幅度上涨。

德国的就业情况受危机的影响不大，在2011年第3季度德国就业人口达到4120万，比2010年同期还增加近50万人，增长率达1.2%。相应的其失业率仅以微小的幅度从危机爆发当年的7.8%上升到2009年的8.1%，在2011年失业率已经降至7.1%，为10年来的最低点。

2008年德国平均通货膨胀率为2.6%，创过去14年中历史最高水平。而因为经济危机通货膨胀率在2009年就骤降为0.4%。之后再次缓慢上升，2011年平均通货膨胀率为2.3%。

在德国经济中，工业产品生产和第三产业在德国国民经济中占绝对主导地位，而原材料以及农产品生产则占极小的份额。统计数据显示，2008年73%的就业岗位是由第三产业部门提供的③。2011年服务业创造70%的国民生产总值，其余部分来源于工业产业。农业仅有2%的从业人员，总产值比重大约1%。德国的主要工业部门有电子、航天、汽车、精密机械、装备制造、军工等。德国产品以品质精良著称，技术领先，做工细腻，但成本较高。

德国为出口导向型经济，出口对德国经济有着重大的影响，其国民生产

---

① 截至2010年12月31日，德国总人口数为81752000人。数据来自联邦统计局官方网站：https://www.destatis.de/DE/ZahlenFakten/GesellschaftStaat/Bevoelkerung/Bevoelkerungsstand/Bevoelkerungsstand.html。

② World Economic Outlook Database, September 2011 des Internationalen Währungsfonds, Merkmale NGDPDPC und NGDPRPC.

③ 德国就业岗位数据一般按产业部门统计。

总值增长的一个重要因素是出口贸易。在 2009 年被中国取代之前，2003 年至 2008 年德国贸易出口额一直稳居世界第一，被誉为"出口冠军"。在继被中国赶超之后，2011 年又被美国赶超屈居第三位。2011 年德国出口总值约为 1 万亿欧元，同期进口总值为 9 千亿欧元，贸易顺差达到 1600 亿欧元。

2. 德国全球化水平

根据 KOF 数据，2003—2006 年全球化指数，德国排名分别是 17、18、21、18，基本稳定在前 20 名靠后的位置。2007 年德国的全球化指数向前进了三个位次，列第 15 位。2010 年则再次回到第 18 位。2011 年的数据显示，德国全球化指数的综合排名为第 16 位，其中经济全球化指数排 28，社会全球化指数排 12，政治全球化指数排 18。根据上述排名，基本可以得出德国是全球化水平较高国家的结论。同样在安永全球化指数排名中，2010 年与 2011 年德国排名分别为 16 和 14，也直接说明了德国具有较高的全球化水平。在考虑各国参与军售的情况和生态足迹因素的情况下，Pim Martens & Daniel Zywietz 的全球化指数则给了德国更靠前的排名，如 2005 年德国位居第 8 位。

（二）21 世纪全球化对德国的影响

1."9·11"事件对德国的影响

2001 年"9·11"恐怖袭击事件发生后，以美国为首的世界反恐联盟迅速建成，德国总理施罗德表示愿意向美国提供一切支持与无限声援①。一改第二次世界大战后在军事行动上的谨慎态度，德国开始在宪法框架内尝试更积极地参与国际反恐运动，以树立其欧盟核心国家的形象并承担一个世界大国的国际责任。同年冬天，联邦议会决定向海外派兵参加反恐行动，从吉布提到肯尼亚再到喀布尔，迄今已有约 1 万名联邦国防军士兵在执行各项国际维

---

① Plenarprotokoll 14/186, Deutscher Bundestag – 14. Wahlperiode – 186. Sitzung. Berlin, Mittwoch, den September 12. 2001.

和任务。尤其是在阿富汗战后重建工作中，基于历史原因①，德国发挥了非常独特且重要的作用。在积极参与反恐运动的同时，德国人开始意识到一个开放式的国家与社会较之封闭型更容易受到恐怖主义的袭击，自己的社会体制和文化传统在应对恐怖主义方面存在着先天性的不足和薄弱之处。由此德国开始省思并调整其传统的国家与社会安全的观念与政策。作为一个法治国家，德国的这些调整首先就表现在对其国内反恐法律的改革上。在相关法律改革的过程中，德国较为出色地解决了在维护宪政民主的基本价值的基础上，对国际恐怖主义进行有效打击和预防的问题。这使德国人的解决方案有别于美国的"反恐战争模式"②和英国的"紧急状态模式"③而成为国际反恐领域内的典范。除去在法律制度上预防和遏制恐怖主义，德国还从文化层面反思恐怖主义发生和发展的根源，进而极力倡导并推进跨文化交流和对话。这种较之战争等强硬手段更柔性的沟通方式，为在更深层次上根本性解决恐怖主义奠定了坚实的基础。

2. 2008 年金融危机对德国的影响

随着美国四大投行之一雷曼兄弟的破产，始自 2007 年秋天的美国次贷危机发展到了高潮，同时也拉开了一场全球性经济危机的序幕。2008 年第 4 季

---

① 阿富汗历史上的多位政要都曾在德国留学并深受德国文化的影响，如启动了阿富汗现代化改革的阿马努拉国王，在 20 世纪 60 年代曾短暂执政的穆罕默德·约瑟夫总理等。阿富汗前国王查希尔在欧洲曾长期流亡，对德国持友善和接受的态度，属于查希尔派的阿明·法翰还曾在德国的波鸿大学担任教职。在历史上，德国政府和人民就对战乱中的阿富汗提供过长期援助和支持。故而阿富汗人对德国素有好感。

② 美国第 43 任总统布什曾多次宣称反恐就是一场战争。参见：Bush, George W., Remarks at Oak Park High School in Kansas City, Missouri, Weekly Compilation of Presidential Documents; 6/17/2002, Vol. 38 Issue 24, p. 988; Bush, George W., "Address Before a Joint Session of the Congress on the State of the Union", January 20, 2004. Online by Gerhard Peters and John T. Woolley, The American Presidency Project, http://www.presidency.ucsb.edu/ws/? pid = 29646。

③ 英国应对恐怖主义的措施是制定或修改一系列与之相关的紧急状态法律规范。经这些法律授权，英国的行政部门获得了极大的自由裁量权。这些几乎没有任何限制的自由裁量权在某种程度上违悖了宪政民主的基本价值。Fenwick, Helen, "The Anti-Terrorism, Crime and Security Act 2001: A Proportionate Response to 11 September?", *The Modern Law Review*, Volume 65, Issue 5, September 2002, pp. 740 – 741.

度世界各主要工业国家的实体经济开始受到显著影响,金融部门首当其冲,各大银行流动性匮乏严重①。鉴于高达 47.2% 的经济对外依存度,德国受到危机的影响非常惨重。2009 年德国实际国内生产总值较 2008 年较下降 4.7%,成为自 1949 年联邦德国建国以来最严重的一次经济衰退。出口下降了 14.3%,统计失业人数增加了 16.4 万人,失业率从 7.8% 升至 8.2%。考虑到经济衰退对就业的影响具有一定的滞后性,当时各界普遍预测在 2010 年德国的失业率将会飙升到 10% 左右,失业人数会比 2009 年增加 100 万,达到 440 万。但德国经济在 2010 年的实际表现却是出人意料的优异,除去实现了德国 20 年以来实际国内生产总值的最高增长率外,失业率不升反降为 7.2%,甚至还出现了就业的"小高潮"。令人惊叹的是,上述良好的经济发展态势并非偶然加意外,在 2011 年德国经济增长势头得以平稳延续,而且德国这种在全球性经济危机中创造的类似于经济奇迹的好成绩是在极低的通胀率之上取得的。德国的消费价格指数 2009 年仅上涨 0.4%,2010 年升至 1.1%,但这仍低于欧盟规定的 2% 的警戒线②。根据上述数据,可以得出大致的结论:德国经济受到了金融危机的严重影响,但其经济体系并未遭受根本性的破坏。具体来说,其表现在如下四个方面。

第一,金融危机的破坏性影响仅局限于德国的出口型产业,其内需型产业基本没受影响。在出口型产业方面,最典型的例证就是德国的汽车工业③。作为排名世界第三的汽车生产国,汽车工业是德国国民经济的支柱产业,每年都为德国出口产业提供最大的支撑和驱动。但受金融危机影响,德国对其海外最大市场美国的汽车出口严重受挫,市场需求下降,造成生产迅速压缩

---

① Pohl, Michael, Das Liquiditätsrisiko in Banken-Ansätze zur Messung und ertragsorientierten Steuerung, Knapp Verlag, Frankfurt am Main, 2008;Bartezky, Peter/Gruber, Walter/Wehn, Carsten S. (Hrsg.), Handbuch Liquiditätsrisiko. Identifikation, Messung, Steuerung. Schäffer-Poeschel Verlag, Stuttgart 2008.

② 但德国 2011 年的消费者价格指数已经上升至 2.3%,但与其他欧盟国家相比仍处于较低的水平。以上三个数据都来自联邦统计局官方网站。https://www.destatis.de/DE/ZahlenFakten/GesamtwirtschaftUmwelt/Preise/Verbraucherpreisindizes/Verbraucherpreisindizes.html.

③ Deutsches Kraftfahrzeuggewerbe, Zentralverband (Hrsg.), Finanzkrise und Automobilhandel:Ursachen-Auswirkungen-Konsequenzen, Bonn, Oktober 15, 2008.

和盈利预期的降低，奔驰公司在 2008 年年底甚至直接停止生产一个月。尽管海外市场持续低迷，但在德国政府推出汽车置换补贴计划之后，国内市场却很快得以恢复。此外，受到较大影响的还有机械制造产业，2008 年 10 月，该产业的订单同比下降了 16%，是德国进入 21 世纪以来行业订单的最大降幅。相比之下，德国的建筑产业并没有受危机冲击而萎缩，甚至在 2008 年还比上一年有所增长。同样还有德国的机床制造工业，2008 年尽管该行业的出口额有所下降，但因国内市场的强劲需求，其在国内的市场销售额却取得了最近五年来的最好业绩。①

第二，金融危机对部分银行冲击较大，但没有动摇德国金融体系的根基。在金融危机爆发时，德国银行体系所持不良证券的规模接近 3000 亿欧元。由于大量投资美国次级债券，提供中小企业融资，另外也从事不动产融资的德国工业银行（Deutsche Industriebank，IKB），成为德国首家被爆出受美国次贷危机牵连出现巨亏的银行。同时随着危机的深入，德国地产融资抵押银行（Hypo Real Estate，HRE）出现了巨大的资金缺口，濒临破产的境地②。除去这两家银行，德国受金融危机冲击较大的还有几家大型的私有银行，如德意志银行（Deutsche Bank）、德累斯顿银行（Dresdener Bank）和商业银行（Commerzbank）以及个别的州立银行③。尽管这些银行的问题非常严重，但由于那些业务主要在德国国内的公有储蓄银行和合作银行的情况相对较好，坏账较少，所以虽然出现亏损的银行较多，但没有出现银行的倒闭潮，因此德国的金融体系并未受到根本性破坏，金融市场基本上保持了稳定。

第三，金融危机对原西德地区影响较大，对原东德地区影响较小。因为经济发达程度不同，受金融危机影响也自然不同。因为经济发达地区的金融

---

① Dispan, Jürgen（Hrsg.），Werkzeugmaschinenbau 2009：Krisenwirkungen und aktuelle Herausforderungen, Informationsdienst des IMU-Instituts-Heft 5 / 2009.

② Handelsblatt, 30. September 2008, S. 22 – 25.

③ 德国州立银行受金融危机冲击较大的原因是很多州立银行都开展了国际业务，买入大量的美国次级债券。同时还由于德国的州立银行存在业务结构不合理的问题，业务方向模糊，抵抗风险的能力很弱。

业一般都会非常繁荣，而在经济欠发达地区的金融业务则会较少。故而在金融危机到来时，首先冲击的就是发达地区。同时从银行业务重点来说，参与国际业务的银行大都分布在原西德地区，而在原东德地区的银行则以储蓄银行和合作银行为主。另外，从出口在经济中所占比重来看，原西德地区也要大于原东德地区。

第四，金融危机造成了经济指标的下滑，但没有影响到人民的基本生活[1]。经济指标下滑的主要原因是由于出口和投资的大量减少。而如前所述，德国国内市场需求依旧很稳定。不用人为拉动就能够相对保持正常水平的内需，可以充分证明德国人民的基本生活水准并没有受到经济危机的严重影响。

3. 糟糕的劳动力市场和移民问题对德国的影响

德国的失业率和就业水平在 21 世纪以来并没有因全球化而出现大的波动[2]，但相对其他欧洲国家来说，德国劳动力市场的状况却逐渐变得有些糟糕[3]。但联邦经济部的专家咨询委员会在给出的咨询报告中并没有把德国劳动力市场的状况直接归咎于全球化，该报告指出：尽管一些欧洲国家必须接受全球化对其劳动力市场的影响，但很明显它们的失业率是低于德国的[4]。对德国来说，劳动力市场的状况一直就是其政府经济政策的最大挑战，而全球化

---

[1] Holtemöller, Oliver, Die Weltfinanzkrise und ihre Auswirkungen auf Deutschland, Vorläufige Fassung vom 16. März 2009.

[2] 德国的失业率从 1995 年到 2005 年 10 年间仅提高了 1.5%，就业率也同样提高了约 1.5%。Remsperger, Hermann, Globalisierung: Bedrohung oder Chance für Deutschland? Vortrag auf dem Neujahrsempfang der Hauptverwaltung Leipzig der Deutschen Bundesbank in Leipzig, am Mittwoch, 24. Januar 2007.

[3] 在 1995 年时德国的失业率低于欧洲平均水平 2%，而到了 2005 年则高于平均水平 1%。在德国失业率高峰期达到 10% 的时候，欧洲的平均水平则回落到 8%，且有继续下降的趋势。在 1995 年时德国的就业率要高于欧洲平均水平 6.5%，到 2005 年则变为 2%。Remsperger, Hermann, Globalisierung: Bedrohung oder Chance für Deutschland? Vortrag auf dem Neujahrsempfang der Hauptverwaltung Leipzig der Deutschen Bundesbank in Leipzig, am Mittwoch, 24. Januar 2007.

[4] 这些国家主要是指英国、丹麦、爱尔兰和荷兰。Bundesministerium für Wirtschaft und Technologie (Hrsg.), Forschungsberichte: Der deutsche Arbeitsmarkt in Zeiten globalisierter Märkte, Berlin, Mai 2006.

只是加大了政府在这方面的行动压力。全球化意味着对外经济框架条件的改变，它要求德国国内相应的经济部门都有必要采取应对措施，其中劳动力工资和工资结构的灵活性具有特别重要的意义。德国因此开启了劳动力市场改革①。

德国的低技术工人（Geringqualifizierten）的工作位置受全球化影响较大，特别是在其工资成本过高而对应的劳动生产率却表现一般的情况下。德国低技术工人的失业率在 2004 年曾经超过了 20%，这比 1994 年要高出 7%。而经合组织（OECD）国家以及欧盟各成员国在同一时间段内的平均水平则分别为 10.4% 和 12.9%。这些数据表明，低技术工人在德国的就业问题不容乐观②。当然低技术工人在德国的劳动力市场中仅是一个很小的边缘群体，相对于其他的工业国家，其在德国的人口比重中所占份额很小。这个特殊群体的失业率之所以作为一个指标被考虑并分析，是因为在很多其他国家该群体在人口比重中所占份额很大。但毫无疑问的是，全球化给德国低技术工人群体所带来的竞争压力要比其他群体要大。尽管如此，全球化也不是该群体就业状况恶化的主要原因。原则上，受教育水平越低，受到失业威胁的可能性就越大。因技术进步造成的对从业人员素质要求的提高，较之因为全球化所导致的国际分工，在低技术工人失业问题上更具有决定性的意义③。

在全球化背景下，世界范围内的不同国家之间的跨越国境线的移民现象被大大地推进了。同时发达国家的人才竞争战略也加速了各种人才在全球范围内的流动。在 21 世纪以前，无论是德国政府和各大政党，还是一般的普通

---

① Remsperger, Hermann, Globalisierung: Bedrohung oder Chance für Deutschland? Vortrag auf dem Neujahrsempfang der Hauptverwaltung Leipzig der Deutschen Bundesbank in Leipzig, am Mittwoch, 24. Januar 2007, S. 15 – 16.

② Bundesministerium für Wirtschaft und Technologie (Hrsg.), Der deutsche Arbeitsmarkt in Zeiten globalisierter Märkte, Forschungsberichte Nr. 554, Berlin, Mai 2006.

③ Remsperger, Hermann, Globalisierung: Bedrohung oder Chance für Deutschland? Vortrag auf dem Neujahrsempfang der Hauptverwaltung Leipzig der Deutschen Bundesbank in Leipzig, am Mittwoch, 24. Januar 2007, S. 17.

民众，都不承认更不接受德国是一个移民国家①。进入21世纪以后，在全球化进程中，面对在社会和文化意义上德国已经是移民国家的现实，德国政府已经开始转向，逐渐修正其在政治上对这个现实否认和拒绝的态度，而开始尝试从法律意义上承认德国作为非典型移民国家的社会事实，并对相应的移民政策和社会政策做出调整②。另外，由于高税收制度而导致的本国人才外流，也使德国劳动力市场长期面临专业人才供给严重不足的问题，尤其是在电子技术、信息技术等新兴产业领域，该问题特别突出。

全球化肯定会带来生产要素的跨国流动，但也不能高估外来移民问题对德国国内劳动力市场所带来的压力，尽管很多德国普通民众都会将失业率与外来移民的问题做直接联系，进而对全球化持批判的态度。毋庸讳言，德国部分制造业向低工资水平的国家迁移和外来劳工会引发劳动力过剩的可能性，外来劳工在扩大当地劳动力供应的同时，还会使当地的工资水平下降。这些都将对德国低技术工人产生威胁，使他们不得不接受更低的工资水准，从而在一个过渡时期内成为全球化的受损者。但这些还不能够充分证明全球化给德国的劳动力市场带来了消极的影响。联邦统计局2004年年底的数据显示，大约有180万登记在册的外来劳工在德国生活③，他们主要来自中东欧地区，其中还包括前南斯拉夫地区的劳工，他们以客籍工人或难民的身份已经在德国居留多年。所以可以初步判断，这些在德国已经生活多年的劳工并非是造成德国失业率问题的原因④，因为在更多年以前，政府和民间都有顾虑，这么

---

① 移民问题一直困扰着德国政府。移民问题总是与难民问题纠缠在一起。德国政府一方面由于在历史上接连两次挑起世界大战，不得不在接受难民方面承担更多的义务，被迫接纳了为数不少的非专业人才难民；另一方面德国又由于在20世纪90年代起出现的失业率居高不下，而不得不谨慎地对待移民问题。

② Birg, Herwig, Auswirkungen und Kosten der Zuwanderung nach Deutschland, Gutachten im Auftrag des Bayerischen Staatsministeriums des Innern, Bielefeld, Dezember 2001.

③ Bundesministerium für Wirtschaft und Technologie (Hrsg.), Der deutsche Arbeitsmarkt in Zeiten globalisierter Märkte, Forschungsberichte Nr. 554, Berlin, Mai 2006.

④ Remsperger, Hermann, Globalisierung: Bedrohung oder Chance für Deutschland? Vortrag auf dem Neujahrsempfang der Hauptverwaltung Leipzig der Deutschen Bundesbank in Leipzig, am Mittwoch, 24. Januar 2007, S. 19.

庞大的人群是否如愿在德国找到合适的工作。而现在的事实证明，这些顾虑是多余的。

4. 全球化对德国外交的影响："外交全球化"

全球化进程的迅猛发展，对德国外交政策的出发点影响极其深远。其中最典型的就是德国要"外交全球化"。"外交全球化"的提法最初见于1995年德国总统罗曼·赫尔佐克（Roman Herzog）在德国外交政策协会成立40周年庆祝会上的演讲[①]。在两德统一之后，德国国际地位发生了根本性变化，德国开始在外交上越来越采取明显的进取性姿态。1998年，施罗德领导的红绿政府上台伊始便正式提出外交政策"正常化"问题[②]。同时，德国还开始公开宣示自己的国家利益，强调该利益必须要在外交政策中得到体现。进入21世纪后，2005年和2009年连续两次政府更迭，黑红大联合政府、黑黄联合政府与红绿政府在外交政策上并无实质性变化，都是继续强调德国要在世界上承担更大的责任[③]。提出"外交全球化"和承担更大的责任，表明了德国外交政策在二战结束后的重大转折，其实质就是要争做世界政治大国。

---

① 在该演讲中德国总统指出："在一个日益变小的、机会与风险以同等程度全球化的世界上，德国外交政策的全球化也将是不可避免的。"Herzog, Roman, Ansprache von Bundespräsident Roman Herzog bei der Deutschen Gesellschaft für Auswärtige Politik in Bonn, Bonn, 13. März 1995. 自1949年联邦德国成立到1990年两德统一，德国的外交政策实质上只是在被动地适应当时尚处于冷战状态的外部环境，基本没有自主行动。在国家实现统一后，尽管在外交上德国表现出了一定的进取心，但如此明确地提出外交政策的全球化，还是第一次。

② Schröder, Gerhard, Die Regierungserklärung von Bundeskanzler Gerhard Schröder, Bonn, den 10. November 1998, Presse-und Informationsamt der Bundesregierung. 1998年11月10日，时任联邦总理的施罗德在联邦议院发表的第一个政府声明将这种"正常化"解释为："在任何人面前都不卑不亢，这正是一个成熟民族应有的信心，它面对历史、面对自己的责任；同时，也面对未来。"

③ Gemeinsam für Deutschland-mit Mut und Menschlichkeit, Koalitionsvertrag zwischen CDU, CSU und SPD, 11. 11. 2005, S. 125; Wachstum. Bildung. Zusammenhalt. Koalitionsvertrag zwischen CDU, CSU und FDP, 17. Legislaturperiode, 26. Okt. 2009, S. 113.

5. 全球化对德国经济的影响：全球化的受益者

作为多次连冠的世界第一出口国，德国经济当然应该是全球化的受益者[①]。全球化时代来临后，就更加促动了德国经济向国际化的方向上调整。德国国民经济的开放程度以及社会生产的进出口比例关系就反映了这个发展趋势[②]。1995—2005 年，10 年间德国的开放程度从 50% 提升到了 75%[③]。相对于其他工业国家，德国的国民经济是非常开放的[④]。同时随着全球化进程的加快，德国的出口份额在 G7 国家中也处在不断增长中[⑤]。在 2005 年德国的出口份额占到近 9%，与高速发展的中国几乎是平分秋色[⑥]。全球化对德国有利的一个证明是，新兴工业国家的出口在世界市场上与德国具有互补性，就如同发展中国家和发达国家之间的贸易往来一样。

[①] Matthes, Jürgen / Langhorst, Christina / Herzog, Bodo, Deutschland in der Globalisierung, Auswirkungen und Handlungsansätze für eine bessere Balance zwischen Gewinnern und Verlierern, Konrad Adenauer Stiftung, 2008, S. 19.

[②] Remsperger, Hermann: Globalisierung, Bedrohung oder Chance für Deutschland? Vortrag auf dem Neujahrsempfang der Hauptverwaltung Leipzig der Deutschen Bundesbank in Leipzig, am Mittwoch, 24. Januar 2007, S. 6.

[③] Remsperger, Hermann, Formen und Ursachen der Globalisierung, Neujahrsempfang der Hauptverwaltung Hamburg der Deutschen Bundesbank, Hamburg, 6. Februar 2006, S. 4.

[④] 在 2005 年美国和日本的国民经济开放度按照可比价值计算仅为 27%。Remsperger, Hermann, Globalisierung: Bedrohung oder Chance für Deutschland? Vortrag auf dem Neujahrsempfang der Hauptverwaltung Leipzig der Deutschen Bundesbank in Leipzig, am Mittwoch, 24. Januar 2007, S. 7.

[⑤] 而美国和日本的出口份额在 G7 国家中则处在下降的过程中，1995—2005 年，美国的份额由 13% 下降到 10%，日本则由 8% 降到 7%。Remsperger, Hermann, Globalisierung: Bedrohung oder Chance für Deutschland? Vortrag auf dem Neujahrsempfang der Hauptverwaltung Leipzig der Deutschen Bundesbank in Leipzig, am Mittwoch, 24. Januar 2007, S. 7.

[⑥] 当然在世界市场的份额中，除去日本，亚洲在 1995—2005 年的 10 年间从 9% 提高到了 27%，其中中国就作出了 1/3 的贡献。Remsperger, Hermann, Globalisierung: Bedrohung oder Chance für Deutschland? Vortrag auf dem Neujahrsempfang der Hauptverwaltung Leipzig der Deutschen Bundesbank in Leipzig, am Mittwoch, 24. Januar 2007, S. 7.

二、德国应对全球化的主要做法

(一) 德国对全球化的基本认识和判断

在德国,由于隶属的利益集团不同,对全球化的认识与判断也略有不同。总体来说,德国政府和雇主阶层的立场比较接近,都认为德国是全球化的受益者,因为德国本身的产业结构在全球化的大框架下可以实现更优的效益[1]。而对德国公众和学界的部分意见领袖来说,在情感上他们对全球化还是存有一种悲观情绪[2]。尽管他们承认德国的社会福利和开放的有活力的经济密切相关,然而他们又认为全球化的积极影响和负面作用并不能在德国社会内部以公平的方式进行分配。很多人担心全球经济转型的速度太快,德国部分产业部门的外迁将会造成德国国内就业市场的紧张,进而影响到他们自身的社会福利待遇。所以联邦银行首席经济学家兰斯柏格(Hermam Remsperger)教授将之归结为德国人对全球化的"混合式情感(Gemischte Gefühle)"[3]。

---

[1] Merkel, Angela, Rede der Bundeskanzlerin beim World Economic Forum, am 24. Januar 2007 in Davos; Remsperger, Hermann, Formen und Ursachen der Globalisierung, Neujahrsempfang der Hauptverwaltung Hamburg der Deutschen Bundesbank, Hamburg, 6. Februar 2006; Schröder, Gerhard, Die europäische Union in der globalisierten Welt-Herausforderungen und Chancen für Polen und Deutschland, Friedrich-Ebert-Stiftung Büro Warschau, 2010.

[2] Hamilton, Daniel S. & Quinlan, Joseph P. , Deutschland und die Globalisierung. Washington, DC: Center for Transatlantic Relations, 2009.

[3] Remsperger, Hermann: Globalisierung, Bedrohung oder Chance für Deutschland? Vortrag auf dem Neujahrsempfang der Hauptverwaltung Leipzig der Deutschen Bundesbank in Leipzig, am Mittwoch, 24. Januar 2007, S. 2.

（二）德国应对全球化的主要做法和效果

1. 德国在全球反恐运动中的做法和效果

（1）树立欧盟核心国家形象，与美国进行有限合作

德国积极参与欧洲一体化，对欧洲的政治一体化，尤其是统一的外交和安全政策方面做出了不懈的努力。在这个过程中德国树立了欧盟核心国家的形象。在参与全球反恐运动中，德国也极力推动相关问题在欧盟框架内解决，力争欧盟在国际反恐问题上有统一的立场和声音。在与美国合作的问题上，一方面德国对美国的反恐立场表示同情和支持，但另一方面德国又对美国滥用战争手段解决问题表达了激烈的反对。实际上，德国的参与全球反恐运动，是以本国的国家利益作为基点，在扩大自己国际政治影响力的同时，与美国保持有限度的合作。

（2）缩小打击面，争取最大限度的民意支持

如将打击恐怖主义与解决宗教矛盾区别开来，强调使用和平手段解决争端。联邦总理施罗德多次明确表示，反恐战争和文化冲突、宗教矛盾无关①。

（3）在技术上完善法律框架，依法反恐

基于联合国安理会的《1373号决议》②和欧盟的《打击恐怖主义的框架决定》③，作为其成员国的德国启动相关法律的修改程序，以履行有关预防和打击恐怖主义的法定义务。德国首先采取修法的形式来履行自己的国际义务，

---

① Die Regierungserklärung von Bundeskanzler Gerhard Schröder im Deutschen Bundestag, Donnerstag, 20. September 2001.

② "9·11"事件后，联合国安理会通过了《1373号决议》，在该决议中安理会要求联合国的所有成员国都有义务采取广泛的措施打击恐怖主义。UN Security Council, Security Council resolution 1373 (2001) [on threats to international peace and security caused by terrorist acts], 28 September 2001, S/RES/1373 (2001), available at: http://www.unhcr.org/refworld/docid/3c4e94552a.html [accessed 20 May 2012].

③ Council of the European Union, Framework Decision of 13 June 2002 on Combating Terrorism, 2002/475/JHA.

是由德国宪政制度的独特性所决定的。因为按照德国《基本法》的规定，德国政府被禁止实施战争①，这从宪法上就杜绝了德国仿效美国乔治·布什政府的可能性。对于宣告和实施"防御状态（Verteidigungsfall）"，《基本法》也设定了极端严苛的前提条件②，同时《基本法》对公民基本权利的规定③，也使德国无法比照英国采用宣告"紧急状态"来应对恐怖主义。

德国的反恐法律制度改革主要包括以下内容④。

第一，2001年9月，通过联邦政府提交议会的《第一个一揽子安全协议》⑤来修改德国《刑法典》，在《刑法典》中补充规定了对创立恐怖主义组织的行为进行惩罚⑥。

第二，2002年1月，通过联邦政府提交议会的《第二个一揽子安全协议》⑦来修改包括《联邦宪法保卫法》⑧《联邦情报局法》⑨《军事反间谍局

---

① 参见德国《基本法》第26条第1款，该款规定："可能扰乱各国人民和平相处和具有此种意图的行为，特别是准备发动侵略战争的行动，均属违反宪法，对此种行为应予以惩处。"Art. 26 Abs. 1 Grundgesetz für die Bundesrepublik Deutschland, GG, BGBl. I S. 944.

② 德国《基本法》在第10a章中规定了"防御状态"，涉及第115a，b，c，d，e，f，g，h，i，j，k，l共计12条。Art. 115a-l, Grundgesetz für die Bundesrepublik Deutschland, GG, BGBl. I S. 944.

③ Die Grundrechte, Grundgesetz für die Bundesrepublik Deutschland, GG, BGBl. I S. 944.

④ Müller-Heidelberg, Till: DasTerrorismusbekämpfungsgesetz-Ein Erfolg der Terroristen. in: vorgänge. Zeitschrift für Bürgerrechte und Gesellschaftspolitik Nr. 159, September 2002; Schulte, Philipp H.: "Terrorismus und Anti-Terrorismusgesetzgebung-Eine rechssoziologische Analyse"; Denninger, Erhard: Freiheit durch Sicherheit? Anmerkungen zum Terrorismusbekämpfungsgesetz. in: Aus Politik und Zeitgeschichte B 10 – 11/2002, S. 22—30.

⑤ Erstes Sicherheitspaket (Anti-Terror-Paket I).

⑥ 主要涉及德国刑法典第129b条的修改。Art. 129 b StGB, Strafgesetzbuch, BGBl. I S. 3322, BGBl. I S. 212.

⑦ Zweites Sicherheitspaket (Anti-Terror-Paket II).

⑧ Gesetz über die Zusammenarbeit des Bundes und der Länder in Angelegenheiten des Verfassungsschutzes und über das Bundesamt für Verfassungsschutz (Bundesverfassungsschutzgesetz-BVerfSchG), BGBl. I S. 2954, 2970, BGBl. I S. 2576.

⑨ Gesetz über den Bundesnachrichtendienst (BND-Gesetz-BNDG), BGBl. I S. 2954, 2979, BGBl. I S. 2576.

法》① 等在内的近 20 部涉及预防和反恐的法律。从制度建构的层面增强了情报部门之间以及情报部门和司法部门之间的协调合作；同时扩大了情报部门的权力，使之在反恐运动中可以发挥更大的作用。

从事后效果观察，德国这种努力将反恐限定在现有法律框架内的稳健做法堪称典范。修法后发生在德国境内的连续几起反恐案件，都充分证明了德国修法在实践操作中的正面效果。与之形成强烈反差的是美国的反恐战争模式以及英国的紧急状态模式，美国模式直接导致了灾难性的后果，英国模式也因差强人意的效果而广受批评。如何在保证不冲击宪政制度的前提下，有效预防和打击恐怖主义，德国寻找到了一个相对最优的依法反恐的答案，这很值得其他国家学习、借鉴和反思。

2. 德国应对金融和经济危机的做法和效果

本部分从宏观和微观两个层面来分析德国为什么在金融和经济双重危机的冲击下，几乎可以做到全身而退，还取得较好成绩。在宏观层面上重点介评德国的社会市场经济体制，因为德国在选择克服危机的总体战略方针上对该体制有制度依赖。在微观层面上侧重评析德国为应对危机而采取的具体应急措施。

（1）社会市场经济体制和制度化的宏观调控

德国的社会市场经济体制的制度设计基本遵循了德国弗赖堡学派的经济思想。弗赖堡学派所主张的社会市场经济理论对战后联邦德国创造经济奇迹起到了至关重要的作用。该学派认为社会市场经济要以实现"全民福利"为基本目标；强调经济秩序要以自由市场机制的调节为主；反对任何垄断形式存在，倡导国家必要的有限干预。这使得德国的社会市场经济具有以下特点：既反对"市场万能"的自由放任，又反对"全能政府"的国家干预；既保障私人企业和私人财产的自由，又限制资本的某些权利；相对完善的社会保障体系。

---

① Gesetz über den militärischen Abschirmdienst (MAD-Gesetz-MADG), BGBl. I S. 2954, 2977, BGBl. I S. 2576.

在社会市场经济条件下，德国采用世界上最严厉的《反限制竞争法》[1]来规范竞争秩序。这为德国中小企业的发展提供了制度保障，同时也有力地促进了中产阶级在德国社会中的形成。具有相当经济实力的德国中小企业和稳定的中产阶级是德国抵御经济危机侵袭并摆脱经济危机的中坚力量。

在20世纪70年代以前，西方发达国家大都是以凯恩斯主义为基础，追求两大目标的实现，即在充分就业条件下实现经济均衡。而在德国，通过《促进经济稳定与增长法》[2]，将上述目标扩展为经济持续增长、充分就业、物价稳定和国际收支平衡四个目标，也即所谓的宏观调控"魔力四边形"[3]。在具体的目标选择上[4]，德国政府一般将物价稳定和充分就业置于优先于经济增长的地位给予考虑。在保障社会基本福利的前提下，要努力实现政府财政收支平衡，反对赤字财政。在经济增长方面，又细分为优质增长要优先于以牺牲环境或其他重要价值为代价的增长，可持续的增长要优先于短期的增长。其中维持物价稳定是历届德国政府都不敢忽视的最具优先地位的调控目标，因为在德国历史上曾经两次遭受恶性通货膨胀[5]，民众对此非常敏感。各政党为获得选票，就必须保持物价稳定，否则就有失去执政权的危险。为使上述

---

[1] Gesetz gegen Wettbewerbsbeschränkungen, GWB. BGBl. I S. 2114; 2009 I S. 3850, BGBl. I S. 3044.

[2] Gesetz zur Förderung der Stabilität und des Wachstums der Wirtschaft, StabG. BGBl. I S. 582. BGBl. I S. 2407, 2422; Schmidt, Gerold, Der EG-Binnenmarkt und das Stabilitätsgesetz. Zur Außerkraftsetzung des "Gesetzes zur Förderung der Stabilität und des Wachstums der Wirtschaft" durch das Inkrafttreten des Binnenmarktes. in: RIW. 39. Jg., 1993, S. 921 – 928.

[3] Bofinger, Peter, Grundzüge der Volkswirtschaftslehre. Pearson Studium, 2003; Wildmann, Lothar: Module der Volkswirtschaftslehre. Oldenbourg Wissenschaftsverlag, 2007. S. 105.

[4] Cezanne, Wolfgang, Allgemeine Volkswirtschaftslehre. Oldenbourg Wissenschaftsverlag, 2005. 6. Auflage S. 275.

[5] Krohn, Claus-Dieter, Die große Inflation in Deutschland 1918 – 1923. Pahl-Rugenstein, Köln 1977; Holtfrerich, Carl-Ludwig, Die deutsche Inflation 1914 – 1923. Ursachen und Folgen in internationaler Sicht. de Gruyter, Berlin und New York 1980; Helmut Kersting Johänner, Die deutsche Inflation 1919 – 1923-Politik und Ökonomie. Peter Lang, Frankfurt 2004.

政策和原则得以顺利实施和贯彻，德国政府还成立了政府景气委员会①、财政计划委员会和宏观经济发展评估专家委员会②等机构。这些机构保证了联邦政府宏观经济政策制定的制度化和科学化。

(2) 经济救援措施

金融危机爆发后，德国政府先后通过了一项金融救市计划和两套经济刺激计划。

①金融救市计划

联邦首先出台金融救市计划的目的是稳定银行系统和金融秩序，确保所在地德国的金融机构的支付能力，避免信贷紧缩，使银行间的信贷往来正常进行，对此在 2008 年 10 月联邦议会通过了《金融市场稳定法》③。该法主要授权驻地在联邦银行的公法机构金融市场稳定局④掌管一笔救助基金。金融市场稳定基金⑤采用联邦特种基金的形式，其支出并不被直接列入联邦预算。该基金清算后所出现的赤字由联邦负担 65%，剩余 35% 则由联邦州负担，但最大金额不超过 77 亿欧元。因救助州立银行而出现的赤字，由各联邦州负担，各联邦州以相应的份额参股接受救援的州立银行。基金的有效期暂定为 2009 年年底，后又延长至 2010 年年底。自 2011 年起该基金不再有主动的固定业

---

① Konjunkturrat für die öffentliche Hand in Deutschland. 根据《促进经济稳定与增长法》第 18 条设立，是由联邦政府组织的经济政策协调机构和咨询机构，其成员主要有联邦经济与技术部（一般出任该委员会主席），联邦财政部，各联邦州代表，地方乡镇代表和在必要的情况下来自联邦银行的咨询顾问。

② Sachverständigenrat zur Begutachtung der gesamtwirtschaftlichen Entwicklung. 也即俗称的"经济五贤人"。该委员会成立于 1963 年，是德国政府最重要且最具影响力的经济政策智囊团。其五名成员由政府、经济机构和工会提名，最后由德国总统任命，任期 5 年。其主要任务是在每年 11 月就德国宏观经济发展形势提出一份评估预测报告，以作为各相关部门的决策参考。但报告对政府决策并无约束力，但五贤人的意见仍为政府所重视，一般都会对"五贤人"的报告予以回应。

③ Gesetz zur Umsetzung eines Maßnahmenpakets zur Stabilisierung des Finanzmarktes, FMStG. BGBl. I S. 1982.

④ Finanzmarktstabilisierungsanstalt, 2009 年 7 月 23 日改称联邦金融市场稳定局 Bundesanstalt für Finanzmarktstabilisierung (FMSA)。该机构虽然驻地在联邦银行，但在组织上独立。

⑤ Sonderfonds Finanzmarktstabilisierung, SoFFin.

务，而仅是对已经实施的救助措施进行管理和监督①。基金数额为 1000 亿欧元，其中 700 亿欧元以贷款形式获得，用于购买金融机构的问题资产和参与金融机构的资本重组；100 亿欧元经联邦议会的预算委员会同意亦可用于上述目的。剩余的 200 亿欧元被授权给联邦财政部用于满足相应的担保要求，因为该基金还被授权，为在 2009 年年底之前发行的债权和给企业②的优惠贷款提供最高额度为 4000 亿的国家担保。

作为《金融市场稳定法》的辅助法规，联邦政府还在同期制定并颁布了《金融市场稳定基金法实施规则》③。

应时任联邦经济部部长古藤伯格的建议，还成立了评估委员会作为咨询机构，就超过 3 亿欧元的担保和 1.5 亿欧元的贷款出具专家意见。此外委员会还可就部分具有原则意义的融资案例给出评判。同时还成立了由国务秘书 Walther Otremba 领导的督导委员会，专就资金的发放做出决定。三个来自联邦各相关部的代表和一个来自总理府的代表都属于督导委员会的成员④。评估委员会在做评判时也可依据其他专家顾问和咨询团队的意见。提交给评估委员会的申请还要由普华永道公司进行经济性审查。在一项关于贷款的申请提交后，发放贷款的金融机构还要再次进行审核。此外对于超过 3 亿欧元的企业资助联邦议会还保留了审批的权力。同时，面向企业的资助发放也要取得欧盟有关主管机关的同意。

---

① Aufgaben der Bundesanstalt für Finanzmarktstabilisierung ausgeweitet Pressemitteilung der SoFFin vom 29. Dezember 2010.

② 根据《金融市场稳定法》这些企业是指：符合德国《信贷银行法》第 1 条第 1b 款规定的银行和金融服务机构。Gesetz über das Kreditwesen，（Kreditwesengesetz-KWG），BGBl. I S. 2776，BGBl. I S. 206；符合德国《保险企业监管法》第 1 条第 1 款第 1 至 2 项规定的保险企业和养老保险基金。Gesetz über die Beaufsichtigung der Versicherungsunternehmen，（Versicherungsaufsichtsgesetz-VAG），BGBl. 1993 I S. 2，BGBl. I S. 462；符合德国《投资法》规定的资本投资公司。Investmentgesetz（InvG），BGBl. I S. 2676，BGBl. I S. 3044；证券和期货交易所及其母公司。

③ Verordnung zur Durchführung des Finanzmarktstabilisierungsfondsgesetzes（Finanzmarktstabilisierungsfonds-Verordnung-FMStFV），Finanzmarktstabilisierungsfonds-Verordnung vom 20. Oktober 2008（eBAnz. 2008，AT123 V1），该规则第 4 条在 2012 年 2 月 24 日被修改，GBGBl. I S. 206。

④ Ami, Guttenberg schafft einen Bürgschaftsrat, Frankfurter Allgemeine Zeitung, 4. März 2009.

事实上，虽然德国政府提供的国家担保数额巨大，但因相关手续严苛，成本较高①且需要银行自行申请②，故而国家担保的使用率并不高，在实际上也没造成相应的财政开支。德国政府对银行的救助不是无偿的，接受国家资金援助的金融机构，按规定必须在6个月内偿还并支付10%的利息，其职业经理人的年薪亦须限定在50万欧元以内，年终的分红亦被禁止。

②第一套经济振兴计划：通过强化增长来保证就业

该计划在2008年11月5日由联邦政府在柏林颁布。其背景是"鉴于在全球金融市场遭遇严重危机而导致的世界范围内的经济衰退，联邦政府将保证增长和就业视为优先任务"③。

该项计划最后总投资是311亿欧元④，其主要措施包括以下七个方面。

在全德范围内扩充专门针对年龄偏大的工人和低技术工人的培训项目⑤，通过在职培训使其免受解雇之威胁。

在各地劳动服务局内增设1000个中介机构，以改善求职者的信息获取条件。

实施短时工作制⑥，规定受困于金融危机而不得不减少生产的企业可采用短时工作制度纾困，这些企业仅需支付给工人实际工作时间的工资即可，其余部分由国家给予补贴⑦。补贴的最高比例可达到60%，有孩子的工人还可

---

① 对于接受国家担保的金融机构还要缴纳0.5%担保费，如担保期超过1年，银行还须缴纳附加费用。

② 与美国不同，德国银行要获取国家担保则需自行决定并提交申请，然后经过层层审核方可达到目的。大多数德国银行顾及自身的声誉而没有向政府提出申请。

③ BMWi/BMF, Beschäftigungssicherung durch Wachstumsstärkung: Maßnahmenpaket der Bundesregierung, Berlin, 05. November 2008. http://www.bmwi.de/BMWi/Redaktion/PDF/W/wachstumspaket-breg-november-08, property=pdf, bereich=bmwi, sprache=de, rwb=true.pdf.

④ 数据来自联邦财政部。

⑤ Weiterbildung Geringqualifizierter und beschäftigter älterer Arbeitnehmer in Unternehmen, 一般被简称为WeGebAU项目，是由联邦劳动服务局负责的一项继续教育计划。

⑥ Qualifizierung während der Kurzarbeit wird gefördert-Bundesministerium für Arbeit und Soziales; Agentur für Arbeit weitet Möglichkeiten zur Fortbildung während der Kurzarbeit aus-Presse Info 004/2009 vom 8. Januar 2009.

⑦ 主要是指社会保险和法定医疗保险。

达到67%①，补贴的期限最长可达18个月。根据联邦劳动服务局的调查，这项政策为稳定就业作出了突出贡献②。

德国复兴信贷银行可得到一笔最高额度为150亿欧元的特种基金。

允许企业加速提现折旧。

加速实施急迫的交通通信设施投资，追加投资额度为5亿到10亿欧元。

加大对地方的资助力度，改善区域经济结构。

其他减免税收和对中小企业的扶助措施等。

③关于就业和稳定的一揽子计划

第二套经济振兴计划在2009年1月由联邦政府制定，其目标是为了缓解国际金融危机对实体经济的影响以及克服在2008年和2009年冬春之交时出现的严重的经济衰退③。该计划最终实际投资为约499亿欧元④。

黑红大联合政府做出的主要决议如下⑤。

决议1：公共部门的直接投资

到2010年年底大约有100亿欧元要投资到地方乡镇政府和各联邦州，约40亿欧元要投资到联邦。其融资由联邦负责75%，各联邦州负责25%。投资重点是教育领域，特别是幼儿园、学校和大学，和公共基础设施领域，特别是公共交通、医院、城市建设和信息技术。此外，关于减少碳排放和提高能源效率的措施也被同样支持。

决议2：通过简化公共采购法来加速投资

到2010年年底，将《财务和服务业发包条例》和《建筑业发包条例》规定的招标期限缩短：在欧盟范围内的招投标程序由87天缩减为30天；通过有限制的招标来简化建筑项目招标的程序；在德国引入有限制的招标和议标

---

① Kurzarbeit und Fortbildung-Informationen aus dem Beitrag von Ute Schyns auf WDR 2.

② Schneider, Stefan & Gräf, Bernhard: Deutschlands Beschäftigungswunder: Kurzarbeit, flexible Tarifverträge & gesunde Unternehmen, Deutsche Bank Research, Frankfurt am Main, 27. April 2010.

③ BMWi: Schlaglichter der Wirtschaftspolitik 2/2009, S. 8.

④ 数据来自联邦财政部。

⑤ 以下内容全部来自于联邦经济和技术部官方网站。

的门槛值①；

决议 3：信贷和担保计划

附加德国复兴信贷银行专门针对大企业贷款的特别项目，通过高达 1000 亿欧元的担保工具来改善经济的信贷供应。通过担保工具来审核企业的外来融资，特别是对于信贷保险公司、租赁公司和保付代理公司。

在决议 3 中通过的针对德国经济的信贷和担保计划，由德国经济基金②负责实施。其中在 2008 年第一套经济振兴计划中被授予的担保金额 150 亿欧元，按照决议 3 被扩展到 1000 亿欧元。作为担保工具被租赁业务公司和保付代理公司引入。该计划还将对复兴信贷银行针对中小企业的特别项目贷款条件的处理更具有灵活性③。同时复兴信贷银行还设置了针对大企业④的特别信贷项目，其额度为 250 亿欧元⑤。

该计划在 2009 年 2 月 19 日被欧盟委员会批准⑥，对此计划主要负责的部门是联邦经济与技术部。

决议 4：在全德范围内扩展出口融资

决议 5：联邦推动创新

增加对中小企业创新项目中关于研发计划的资助额度并且该项目开始向雇工 1000 人以下的企业开放，而之前则只允许雇工在 250 人以下的企业申请该项资助。对此决定无需法律支撑或者联邦州政府同意。

---

① 对于建筑项目，有限制的招标的门槛值为 100 万欧元，议标的门槛值为 10 万欧元；对于服务和供货项目，有限制的招标和议标的门槛值都是 10 万欧元；低于上述门槛值，属于联邦的招标项目可以在不出具例外证明的情况下采用有限制的招标或者议标进行采购。而联邦州和地方乡镇政府则被要求，同样可以采用提高门槛值的办法来简化其招标程序。新的门槛值有效期到 2010 年 12 月 31 日结束。

② Wirtschaftsfonds Deutschland. 按原计划该基金存在的时间是 2009—2010 年，但考虑 2007 年金融危机引发的很多大中型企业的融资问题，该基金被灵活延续。

③ 参见联邦经济与技术部网站：http://www.bmwi.de/BMWi/Navigation/Wirtschaft/Konjunktur/konjunkturpaket-2, did=288138.html；http://www.bmwi.de/BMWi/Navigation/Wirtschaft/Konjunktur/konjunkturpaket-2, did=288150.html。

④ 主要是指年销售额在 5 亿欧元以上的企业。

⑤ http://www.bmwi.de/BMWi/Navigation/Wirtschaft/Konjunktur/konjunkturpaket-2, did=288146.html。

⑥ http://www.bmwi.de/BMWi/Navigation/Presse/pressemitteilungen, did=290556.html。

决议 6：联邦政府的宽带战略

大规模扩建宽带网络和支持导线连接和无线支撑的高速网络建设。特别是国内尚未有宽带连接的地区要在 2010 年年底全面覆盖。最晚到 2014 年要为全德 75% 的家庭提供每秒 50M 的宽带链接，到 2018 年则在全德都实现该传输率。

决议 7：以旧换新的汽车置换补贴

为扶持汽车工业，德国政府鼓励企业和居民将一辆保有 9 年以上的轿车不进入旧车市场而直接报废，对此政府提供 2500 欧元的补贴。这约相当于一辆普通新轿车价格的 10%～25%。这项措施在德国制造了一个轿车的产销高潮。截至 2009 年 9 月补贴停止，联邦政府为此支付了 50 亿欧元，报废约 200 万辆旧车。2009 年德国新车登记达到 1992 年以来新高，比 2008 年增加了 23%[1]。这使德国的私人消费较之 2008 年增加了 0.4%。

决议 8：汽车税的新规定

决议 9：鼓励促进在电动汽车领域内以应用为导向的研究

到 2010 年年底将追加 5 亿欧元用于资助上述领域的研究，特别是混合动力技术、燃烧材料和能量储存技术等。

决议 10：就业保险

决议 11：降低所得税

通过调整所得税，一些中小企业将从中获益。

决议 12：补贴法定医疗保险

决议 13：增加与家庭和儿童有关的福利

决议 14：引入新的债务限额规则

---

[1] http：//www.spiegel.de/wirtschaft/unternehmen/0，1518，683220，00.html.

在联邦制度改革 II①的框架内，联邦和联邦州就引入新的债务限额规则达成了协议，自 2009 年 8 月起，该协议已被写入联邦基本法。它规定：联邦政府要将其预算赤字限定在国内生产总值的 0.35%，该目标应在 2016 年实现。从 2010 年开始，联邦政府每年应从预算中节约 100 亿欧元，而各联邦州自 2020 年起则不被允许发行债券。②

关于该一揽子计划的立法过程：

黑红大联合政府就该一揽子计划在 2009 年年初进行两轮谈判，最终达成一致。在 1 月 13 日咨询各自的议会党团后，1 月 14 日即由联邦内阁通过相关决议③。1 月 27 日联邦内阁在与联盟党和社民党的议会党团进行协调后决定就该计划进行立法，并将之提交议院讨论。该计划主要涉及四部法律：即联邦《基本法》第 106、106b、107、108 条的修订④；汽车税的新规定以及其他法律的修订⑤；以及《德国保证就业和稳定法》⑥ 和《2009 预算法修正案》⑦。1 月 30 日该计划在联邦议院举行一读。2 月 9 日联邦议会预算委员会对此进行讨论并在 13 日由联邦议院通过。2 月 20 日联邦参议院表示同意，3 月 6 日该法生效。

---

① Baus, Ralf Thomas/Fischer, Thomas/Hrbek, Rudolf (Hrsg.), Föderalismusreform II: Weichenstellungen für eine Neuordnung der Finanzbeziehungen im deutschen Bundesstaat. Ergebnisse einer gemeinsamen Tagung der Konrad-Adenauer-Stiftung, der Bertelsmann Stiftung und des Europäischen Zentrums für Föderalismus-Forschung Tübingen. Baden-Baden; Buscher, Daniel, Der Bundesstaat in Zeiten der Finanzkrise. Ein Beitrag zur Reform der deutschen Finanz-und Haushaltsordnung (Föderalismusreform), Duncker & Humblot, Berlin 2010.

② Korioth, Stefan, Die neuen Schuldenregeln für Bund und Länder und das Jahr 2020, in: Martin Junkernheinrich et. al., Jahrbuch für öffentliche Finanzen 2009, Berlin 2009, S. 389.

③ BMWi, Schlaglichter der Wirtschaftspolitik 2/2009, S. 8.

④ Gesetz zur Änderung des Grundgesetzes (Artikel 106, 106b, 107, 108) vom 19. März 2009, BGBl. I, S. 606.

⑤ Gesetz zur Neuregelung der Kraftfahrzeugsteuer und Änderung anderer Gesetze-Kraftfahrzeugsteueränderungsgesetz-KraftStÄndG vom 29. Mai 2009, BGBl. I, S. 1170.

⑥ Gesetz zur Sicherung von Beschäftigung und Stabilität in Deutschland vom 2. März 2009, BGBl. I, S. 416.

⑦ Gesetz über die Feststellung eines Nachtrags zum Bundeshaushaltsplan für das Haushaltsjahr 2009 (Nachtragshaushaltsgesetz 2009) vom 27. Februar 2009, BGBl I, S. 406.

(3) 效果

如前所述的各项经济指标都已经充分证明德国在应对这次危机中所采取的措施是有力且得当的。虽然德国也推出了大规模的经济刺激计划，使用政府的财政政策来实现经济复苏，但是德国是在保持相对较低通胀率的前提下，很快恢复经济增长的。在此过程中，失业率并没有因为危机而上升，相反还出现了就业的高潮。增长率和就业率都达到了史上最好水平，这不能不说是德国在 21 世纪全球化时代创造的另一经济奇迹。

3. 创造担保国家理念，打造高效低耗政府

全球化的迅猛发展，客观上对国家主权提出了挑战，国家硬边界的渐趋消逝与地方力量的加强，造成了国家的新困难。在国家职能的问题上，除去以往重点讨论的国家与市场的关系之外，关于国家与社会的关系以及相应的政府治理也开始为政治家和学者们所关注。

伴随经济全球化和欧洲一体化的进程，德国传统意义上的国家功能和作用也在发生着变化。这种变化处处洋溢着法治精神的德国首先体现在《基本法》的修正之中，确切地说是《基本法》第 87f 条。该法条典型地反映了担保国家①的理念，它明确规定在邮政和电信领域自由化的过程中国家必须承负担保责任。根据德国基本法第 87f 条第一款，联邦在邮政和电信领域保证提供覆盖面广的、适当的、充足的服务。除此之外，第 87f 条第二款指令该服务可以在市场范畴内由原来的国营企业和私人部门提供。有关公共服务的履行责任和担保责任的分离，使国家开始有了更多精力承担其核心义务，即确立市场规则和规范市场行为，而不像以往对所有微观的经济活动都"事必躬亲"。政府的角色更多将是协调者而非控制者，是掌舵者而非划桨者，是公共产品和服务的提供者而非具体的生产者。

---

① 担保国家（Gewährleistungsstaat）是一种国家模型，意味着国家责任从履行责任向担保责任的简化。Schuppert, Gunnar Folke, Die neue Verantwortungsteilung zwischen Staat und Gesellschaft-oder: Wessen Wohl ist das Gemeinwohl? vhw FW 4 /Aug. – Sept. 2008, S. 189 – 193.

红绿政府上台伊始便提出"活力国家（Aktivierender Staat）①"的口号，借以取代 20 世纪联盟党提出新自由主义色彩浓厚的"瘦身国家（Schlanker Staat）"。与联盟党推行的"去管制化"、民营化和大幅削减社会福利政策不同，红绿政府在最大限度保持了瘦身国家的效率优势的基础上，尝试在政府治理策略中引入社群主义的合作思想并逐渐恢复国家在社会公共事务中的规制功能。伴随活力国家政策的实施，一种在事实上的公共部门、私人部门和公民个人之间新型的责任分配逐步形成。在 21 世纪政府更迭后，无论是黑红联合政府，还是黑黄联合政府，在实质上都没有改变由红绿政府确定的施政策略，即在政府治理中贯彻担保国家的理念。

这时，一个"全能"的政府被打破，政府将从自己不该干预或涉足的领域退出，还政于民。政府机构变得小而精干，且具有足够的灵活性。政府的职能更着重于向公众提供公共服务，政府集中精力于核心领域，其履职会更充分，其功效会更突出，其相应的预算却会大大降低。私人对公共事务的参与，既可以及时弥补因公权力退出而留下的空白，又可以通过自下而上的方式实现官民互动，避免了不必要的"博弈和消耗"，进而带动整个政府治理水平的提高。

在这个方面德国政府采取的策略主要就是大力推进公私合作制（Public Private Partnership，以下简称 PPP）。21 世纪以来，其相应的具体措施如下：

2001 年 5 月，德国社会民主党设立 PPP 工作小组；

2001 年 6 月，部分联邦部合作成立"公共基础设施私人融资"工作小组；

2001 年 8 月，部分联邦部合作成立"公共高层建筑的私人经济实现方式"工作小组；

2001 年 10 月，北威州作为第一个联邦州首创发起"PPP 国际研讨会"；

2002 年 6 月，联邦第一个 PPP 职能中心②发布通告；

---

① Bundesministerium des Innern, Moderner Staat-modern Verwaltung, Berlin, 1999.
② PPP-Kompetenzzentrum.

2002年7月,"公共高层建筑的私人经济实现方式"联邦督导委员会成立;

2002年8月,在萨尔森安哈尔特州成立跨部门的PPP项目组;

2002年10月,PPP被写入社会民主党和绿党的联合执政协议中;

2002年11月,黑森州立法通过在公共道路的建设和融资上可以允许私人部门参与;

2003年3月,柏林州和勃兰登堡州合作成立PPP职能中心;

2003年6月,交通基础设施融资法通过,交通基础设施融资公司成立;

2003年12月,联邦PPP联合会成立;

2004年1月,基民盟和基社盟成立PPP工作小组;

2004年2月,石勒苏益格-荷尔斯泰因投资银行的PPP职能中心成立;

2004年3月,在拜仁州内政部最高建设局启动PPP谈判回合;

2004年4月,柏林州和勃兰登堡州PPP区域论坛成立;

2004年7月,联邦交通部成立PPP特别行动组[①];

2004年11月,PPP促进法工作组成立;

2004年12月,黑森州跨部的工作小组开始挑选PPP实验项目;

2004年12月,图灵根州建设与交通部成立PPP工作小组;

2005年3月,黑森州PPP职能中心成立;

2005年4月,萨克森-安哈尔特州财政部成立PPP特别行动小组;

2005年5月,PPP项目经济可行性分析工作组在联邦成立;

2005年6月,PPP促进法[②]在联邦参议院通过;

2005年11月,PPP被黑红联合政府的联合执政协议接受;

2005年12月,下萨克森州成立PPP职能中心;

2006年4月,PPP实施简化法工作小组成立;

---

① PPP-Task-Force im Bundesministerium für Verkehr-, Bau-und Wohnungswesen.

② Gesetz zur Beschleunigung der Umsetzung von Öffentlich Privaten Partnerschaften und zur Verbesserung gesetzlicher Rahmenbedingungen der Öffentlich Privaten Partnerschaften, ÖPP-Beschleunigungsgesetz, BGBl. I S. 2676.

2006 年 5 月，联邦审计署对 PPP 发表立场意见；

2006 年 8 月，石勒苏益格-荷尔斯泰因州通过 PPP 简化法①；

2006 年 12 月，设立德国伙伴关系的初步方案出台；

2007 年 12 月，联邦内阁通过决议，设立德国伙伴关系股份公司②；

2008 年 11 月，德国伙伴关系股份公司成立；

2008 年 12 月，德国伙伴关系股份公司与 10 个联邦州、82 个地方乡镇和 33 个其他的公共采购人签订框架合作协议；

2009 年 2 月，联邦交通、建设和城市发展部撤销 PPP 特别行动组；

2009 年 5 月，德国伙伴关系股份公司第一次股东大会召开。

4. 德国移民政策的新变化

1978 年德国的《入境和居留法》为外国移民在德国居留规定了严苛的条件。该法的立法精神表明德国对外国移民基本上是采取排斥的态度。

全球化到来后，保守陈旧的德国移民政策已经不适应人才竞争的时代要求③。时任德国总统的约翰内斯·劳（Johannes Rau）一再呼吁，要简化外国人的入籍德国的手续④。为了提升德国在 IT 等新经济产业的国际竞争力，2000 年 8 月德国总理施罗德在汉诺威电脑展上倡导在全德范围内仿效美、加等国实施绿卡制度，主要发放对象为计算机和软件专家⑤。他在要求放宽 IT 人才的入境德国条件的同时，还呼吁允许完成了德国急需专业学习任务的外国留学生在德居留。但由于德国社会的保守势力强大，朝野各党在进行多番

---

① Gesetz zur Erleichterung ÖPP (Schleswig-Holstein).

② ÖPP Deutschland AG.

③ Hartmut, Wendt & Andreas, Heigl (Hrsg.), Ausländerintegration in Deutschland Vorträge auf der 2. Tagung des Arbeitskreises "Migration-Integration-Minderheiten" der Deutschen Gesellschaft für Bevölkerungswissenschaft (DGBw), Berlin 14. und 15. Oktober 1999, Bundesinstitut für Bevölkerungsforschung, Heft 101, 2000.

④ Landeszentrale für politische Bildung Baden-Württemberg (Hrsg.), Zuwanderung und Integration, in: Der Bürger im Staat, 56. Jahrgang Heft 4 2006.

⑤ http://www.bpb.de/gesellschaft/migration/dossier-migration/57441/hintergrund.

争论后，才在 2000 年勉强通过了一项从属于《外国人法》① 的《人才签证条例》②，该条例严重脱离实际，出台后即遭诟病③。在德国人口数量减少所带来的社会危机和专业人才匮乏所造成的国际竞争力下降的双重压力下，德国政府终于在移民政策的问题上艰难地向前迈进了一步。2004 年 7 月，在打破了一个长期困扰自身的禁锢后，德国《移民法》④ 出台，这标志着德国开始尝试承认自己是移民国家的现实，该法的通过在德国的移民政策上具有划时代的意义。

三、德国应对全球化对中国的启示

（一）凡事立法先行

作为一个法治国家，德国有深厚的立法传统。举凡政府一举一动，凡有必要立法的，必先立法，然后再在法律框架内解决相关问题。在应对全球反恐运动和全球金融危机，以及贯彻担保国家理念和调整移民政策时，德国无不是通过有关方面的立法来求解。立法过程有诸多必经程序，在反复争辩和商讨中，较之一时冲动式的拍脑袋决策，往往更会得出相对理性和成熟的方案，避免纯粹因为决策失误而带来的不必要的损失。而在法律框

---

① Gesetz über die Einreise und den Aufenthalt von Ausländern im Bundesgebiet, BGBl I 1990, 1354, 1356, zuletzt geändert durch Artikel 13 des Gesetz zur Bekämpfung der Schwarzarbeit und damit zusammenhängender Steuerhinterziehung vom 23. Juli 2004, BGBl. I 2004 S. 1842.

② 该条例一度被误读为德国的"绿卡"条例，但实际上该条例规定的严苛条件与惯常理解的美国"绿卡"存在着很大差距。如该条例硬性要求 IT 人才必须大学毕业，且年薪必须达到 10 万马克，在德国最长只允许居留 5 年等。Verordnung über Aufenthaltserlaubnisse für hoch qualifizierte ausländische Fachkräfte der Informations-und Kommunikationstechnologie vom 25. Juli 2000, BGBl I 2000, S. 1176, zuletzt geändert durch Art. 30 des Gesetzes vom 03. 12. 2001, BGBl. I S. 3306.

③ Franziska Schreyer, Zwischen Privileg und Prekarität: Green-Card-MigrantInnen in Deutschland. Aus: Fantomas Nr. 6 vom Winter 04/05.

④ Gesetz zur Steuerung und Begrenzung der Zuwanderung und zur Regelung des Aufenthalts und der Integration von Unionsbürgern und Ausländern, Zuwanderungsgesetz, ZuwandG, 30. Juli 2004, BGBl. I S. 1950.

架内解决相关问题，有章可循，有法可依，可使行为人对自己即将采取的措施或行为有充分的合理的预期，很有利于提升行动效率并享有必须的法律保障。

（二）政府有限干预

以应对金融和经济危机为例，德国政府始终坚持"有所为，有所不为"的原则。既采取了必要的经济刺激措施，又严格限定自己的投入规模、行为边界和时间长度。如德国的经济振兴计划所实际投入的资金数量远远低于美国的救市规模，也小于中国的 4 万亿。在救助资金用途上，德国都作了明确要求。同时对任何应急性的临时举措都固定了清晰明确的退出时间和相关机制。这样在最大限度发挥政府的调控作用的同时，又避免了对市场的过度干预，使经济的复苏更主要是靠市场的客观的自发力量，而不是政府的主观的人为推动，从而把政府调控的副作用控制到最少。

另外贯彻担保国家理念，强调国家不一定亲自履行公共给付，但可以承担保证给付的责任，也遵循了政府有限干预的原则。大力推行公私合作制，公共部门从传统领域大幅度退出，专注于自己的核心业务，也是德国政府"有所为，有所不为"的体现。

（三）尊重现有制度框架

德国推出新政策或新计划，都努力在现有的制度、政策或法律框架内，做适当的修补增删。而不是轻易地另起炉灶，推倒重来。这样一方面可以最大限度保持政策和规则的连续性，另一方面还可以避免不必要的资源浪费。如在第一套经济刺激计划中，曾有在全德范围内对低技术工人进行培训的安排，该安排就是在原来政府的培训计划上增设的，但总体上还属于原来劳动部门的工作框架，并非设立全新的项目。同时德国政府在确定应对措施时，都尽量采用已经使用过的、效果已经得到证明的成熟方案。如短时工制度，就是德国早有的相对成熟的调控手段。在确定救援资金分配方案时，一般也是在现有法律框架内，沿袭过往的分配原则，因为这些分配原则已早为各联邦州所接受，如此操作，可以避免不必要的争执和遭受不公的质疑，而且行动效率也很高。又如刺激计划中的很多项目都是在危机爆发前就已经存在，对这些项目追加资金或其他形式的投入，可以避免重复建设，还可以防止违规违法行为。

（四）重视独立知识分子的作用

德国在出台很多政策或法律之前，一般都要委托独立的专家团队做调研并给出专家意见，在决策时，这些专家意见将是非常重要的参考依据。作为政府最高级的公务员之一，德国的教授一般都有丰厚的薪金收入和崇高的社会地位，经济上的独立和极高的自我期许，使德国知识分子可以充当国家和民族的良心和智者，他们一方面从专业的角度对政府的决策给出合理化、科学化的建议，另一方面还从独立知识分子惯有的批判立场对政府的政策和行为提出批评，为弱势群体说话，为普通民众代言。难能可贵的是，德国政府有尊重知识分子的传统，非常重视知识分子在政府决策中的作用，这使德国的很多政策和法律在发布后都显示出严谨至无懈可击，精细到穷尽可能的特点。这也是德国多项制度设计在全世界都堪称典范的主要原因。

全球化进程中的日本

朱艳圣[*]

日本是一个资源贫乏、市场狭小的岛国。然而，就是这样一个偏隅亚洲大陆之外的岛国却一度是经济全球化的"宠儿"，创造了震惊世界的经济奇迹，并成为世界经济第二大国。进入21世纪之后，随着以中国、印度为主的新兴国家逐渐成为经济全球化的主要推动力，日本逐渐失去昔日的光辉。那么，在经济全球化背景下，日本是如何逐渐失去其发展动力，又是如何应对经济全球化所带来的挑战的呢？本文将就此进行探讨。

一、21世纪以来的经济全球化与日本

对于日本来说，所谓全球化，就是"世界各国处于一个统一的世界市场，在经济和社会等各个方面深入地进行全球的相互作用和相互交流"[①]。经济全球化，意味着各种经济主体（企业等）能在全球追求利润，市场经济机制能在全球形成，资源被更有效率的企业生产、使用，世界总体的生产率被提高，世界经济能持续发展。也就是说，世界各地形成了国际的分工，促进了竞争，

---

[*] 朱艳圣，中央编译局研究员。
[①] 日本经济产业省：《通商白书（2009）》，日经印刷2009年，第248页。

产业得到了发展。① 经济全球化使国家经济与世界经济融为一体，现代社会进入了一个新的历史发展阶段。

日本对于经济全球化并不陌生。在明治之前，处于幕府统治的日本实行"闭关锁国"的政策，自我孤立，与世界隔绝。但在明治时期，日本就采取"脱亚入欧"的政策，使自己融入以欧洲西方国家为主体的经济全球化，实现了工业化，一举成为世界上第一个非西方的强国。在第二次世界大战战败以后，通过日美同盟，日本融入以欧美国家为主的世界经济体系，实现了战后经济奇迹，曾经一度成为世界第二大经济强国。在很大程度上，日本一直是经济全球化的受益者。

自明治维新以来，日本就一直主动地参与和推动经济全球化，融入经济全球化进程。因而，日本的全球化程度一直就比较高。根据 KOF 全球化指数，日本在 1970 年的全球化指数为 34.43，1975 年为 39.84，1980 年为 41.31，1985 年为 44.62，1990 年为 46.91，1995 年 50.82，2000 年为 58.42，2005 年为 60.42，2009 年为 64.12。从这可以看出，日本全球化指数是逐年上升的，即使在某些年份出现波动。不过，在 KOF 全球化指数的 3 个指标中，日本经济全球化的指数是落后于政治全球化和社会全球化指数的。如在 2011 年，日本的政治全球化指数排名为 34 位，社会全球化指数为 48 位，而经济全球化指数只有 92 位。与中国相比，日本经济全球化指数在大多数时候也是比较低的。如在 2007 年，中国经济全球化指数排名第 55 位，而日本排名第 67 位；在 2009 年，中国排名第 83 位，日本只排名 104 位。经济全球化指数主要涉及资金的实际流动（国际贸易、直接投资等）与限制（贸易壁垒、关税、国际贸易税收等）。又由于日本积极参与国际贸易（力求出口）、开展对外直接投资等，因而，其较低的经济全球化指数在很大程度上说明了日本本土市场对进口商品的相对封闭性。尽管如此，日本仍然享受着其经济全球化所带来的利益。

不过，在冷战结束、经济全球化进入一个全新的时期之后，日本却在此

---

① 日本经济产业省：《通商白书（2009）》，日经印刷 2009 年，第 248 页。

时经历着"泡沫经济"破灭后所带来的经济停滞与萧条。在整个 20 世纪 90 年代，日本遭遇了所谓的"失去的十年"。进入 21 世纪以后，日本经济开始出现反弹，但这并没有明显改善其糟糕的经济表现。从 2002 年 1 月至 2007 年 10 月，日本经济经历了战后时间最长的经济增长周期，但是，这次增长周期的平均增长率仅为 2.1%。在此次景气过后，日本随即进入战后最严重的一次周期衰退。根据日本内阁府 2010 年公布的经济数据，2008 年度日本实际 GDP 增长率为 -3.7%，为战后历次衰退中最严重的负增长，2009 年度 -2.0%，仍是负增长。日本经济的不佳表现直接影响到其在世界经济中的地位。新世纪以来，日本经济在世界经济中的比重逐年降低。作为世界第二经济大国，日本在世界经济中的比重曾经仅次于美国，并在 1994 年达到最高的 18% 左右。不过，从 1995 年以后，日本在世界经济中的比重开始一路下滑。到 2007 年，日本经济在世界经济中的比重为 8.1%，为 1971 年以来的最低水平。在 2010 年，日本经济更是被中国超越，失去了保持 42 年之久的世界第二经济大国地位。此外，作为国民富裕程度的一个标志就是人均 GDP。在 2000 年，日本的人均 GDP 在 OECD（经济合作组织国家）高居第 3 位，到了 2007 年，这一排名就下滑到了第 19 位。这一排名在 G7 国家中垫底。到 2008 年，日本人均 GDP 甚至下滑至第 23 位。与此相对应，日本 GNI 的增长也比较缓慢。从 1996 年到 2006 年，日本 GNI 的增长在日、美、英、德、法 5 个发达国家中是最低的，其年均增长率仅为 0.96%[①]。而 2011 年 3 月 11 日的东北大地震以及由此引发的海啸和核灾难更是令日本经济雪上加霜。2011 年日本进出口贸易出现逆差。这是日本自 1980 年石油危机以来首次出现贸易逆差。此外，日元持续升值、石油以及铁矿石等自然资源的价格高昂等因素使得日本未来经济充满不确定性。

日本经济的长期低迷与糟糕表现还直接导致长期执政的自民党下台。在很大程度上，日本经济的好坏与自民党政权息息相关，并直接影响着自民党政权的稳定与否。在日本经济稳定或高速发展之时，自民党政权相对稳定，

---

① 日本经济产业省：《通商白书（2008）》，日经印刷 2008 年，第 167—168 页。

并在国会占据优势。自民党政权的三个长期政权均出现在日本经济发展平稳时期，如佐藤荣作政权、中曾根康弘政权、小泉纯一郎政权。在日本经济出现衰退之时，自民党政权就会出现危机，受到来自在野党的挑战。自民党在国会中的议席也会下滑，也不能完全掌控国会，从而导致自民党的执政能力下降。在迄今为止的日本战后全部14次周期衰退中，共有5次衰退出现了实际GDP的年度负增长，分别是1974年度、1993年度、1998年度、2001年度和2008年度。在这5次经济衰退中，自民党政权均为短命政权。在1993年，自民党甚至短暂地失去了政权。因此，日本经济的表现直接决定着自民党政权是否能继续存在下去。由于未能解决泡沫经济破灭以来日本经济的增长问题，再加上2008年世界金融危机给日本造成的冲击，不能再创造经济奇迹的自民党自然就会被选民所抛弃。2009年9月，民主党在大选中获得压倒性胜利，从而取代自民党成为执政党，实现了具有历史意义的政权更替。

二、日本经济全球化与"产业空心化"

日本的经济全球化就是指日本企业走出日本本土，在世界范围内进行投资，参与全球经济活动。作为一个资源贫乏的岛国，日本要实现可持续的发展，就必须融入全球分工体系，参与全球竞争，充分利用和有效地配置全球资源（包括自然资源和人力资源）。从某种程度上讲，一国经济的全球化是该国经济发展到一定水平的必然趋势。日本经济全球化很大程度上是在通过日本对外投资体现出来的。日本经济的全球化在20世纪70年代就开始呈现①。此时的日本主要是对亚洲、北美、南美和欧洲进行投资。在《广场协议》签订并实施后，随着日元的升值和国内生产、生活以及人力成本的增加，日本海外投资的步伐进一步加快。20世纪80年代前期主要是扩大对北美的投资，80年代后半期主要对亚洲和欧洲扩大投资。泡沫经济破灭后，日本对外投资出现趋缓。进入21世纪后尤其是2004—2008年，日本对外投资又出现了一个

---

① 高桥俊树：《迎接全球化第3波的日本》，载《国际贸易与投资》，2011年第84期。

高峰期。正是通过对外投资，日本仍然保持了强大的国家竞争力。

不过，随着日本经济的全球化，日本本土的"产业空心化"也随之而来。日本"产业空心化"的进程与日本经济全球化的步伐几乎是同步的、一致的。早在20世纪70年代石油危机后，为了实现产业结构的调整和升级，日本就开始将生产、制造基地转移到海外。随着海外投资的逐渐增加，日本本土"产业空心化"的问题日渐突出。产业空心化造成了一系列的问题，这主要包括日本本土企业的大量消失、雇佣员工的减少、本土企业的技术低下等。在21世纪前后，随着中国经济的崛起，这一问题在日本国内引起了广泛的讨论。为了解决这一问题，日本政府主要采取了以下措施。

首先，加大对国内的直接投资。对外投资是全球化的必然趋势，但日本在对外投资的同时对内投资明显不足。这在相当程度上加剧了日本本土的"产业空心化"。由于国内市场比较封闭，再加上对外来资本进行各种限制，因而日本吸收外来的直接投资并不是很多。如2001年末，美国、英国、比利时、法国、德国和荷兰吸引外来直接投资占其GDP的比重均超过20%，而日本只有1.2%。与此同时，这些国家在进行对外投资时对内投资的比重也非常高①。日本政府也认识到了这一问题。从2000年开始，日本逐步改善国内投资环境，扩大对内投资。2003年1月，日本首相小泉纯一郎在发表施政演说时就提出要在5年内（2001—2006年）使对内投资倍增。2006年，《对日直接投资加速计划》政策出台。随后几年，日本政府根据形势变化对该计划多次做出调整。根据日本总务省统计局的资料，在2005年，日本的对内直接投资还只有33190亿日元，到2006年就上升至53040亿日元，2007年更是达到79960亿日元，2008年为75419亿日元。世界金融危机后，对内直接投资一度下滑，但随后仍处于上升趋势。如在2010年，日本对内直接投资为49640亿日元，同年的对外直接投资为69720亿日元。这说明，日本在21世纪后开始平衡对外直接投资和对内直接投资水平，在加大对外直接投资的同时也扩大对内直接投资，确保国内的经济发展水平。

---

① 蒋敬东等：《对日本"产业空洞化"的冷思考》，载《苏州大学学报（哲社版）》，2004年第4期。

其次，在国内生产高附加值的产品。在20世纪90年代以前，日本经济在亚洲一枝独秀，但90年代尤其是21世纪以后，随着韩国、中国、印度等新兴经济体的出现，日本与这些国家的竞争日趋激烈。日本产品的优势来自其技术优势。曾以技术立国的日本在许多领域保持着领先的优势或者比较优势。在将生产、制造基地转移海外的过程中，日本将具有竞争优势的核心技术和研发基地留在国内。因而，一方面，日本在亚洲生产或制造大众化、平民化的产品，与新兴经济国家进行竞争；另一方面在国内生产高附加值的产品，提供给欧美等世界市场。2011年3月11日发生的日本东北大地震不仅给日本经济及社会造成重创，而且对世界经济尤其是全球制造业造成巨大冲击。由于日本本土生产的高附加值的产品是全球产业链中重要的一环，世界许多企业或公司对此高度依赖，而东北大地震造成这些产品的生产中断，就使得世界产业体系出现问题，如美国苹果公司推迟新产品的上市，一些欧洲汽车工厂开始停产等。这正是日本大力在本土生产高附加值产品的结果。事实证明，日本制造体系仍然非常强大，其在全球产业链中占据着非常重要的地位。尽管在竞争日趋激烈的今天尤其是日本东北大地震以后，日本开始将部分高附加值的生产基地和研发基地转移海外，但是，日本仍然会在本土保留高附加值的生产基地和研发基地，从而保持日本的国际竞争力和技术优势。

三、经济全球化与区域化中的日本

冷战结束后，经济全球化在广度和深度上进一步扩大，与此同时，经济区域化也不断发展。经济区域化与经济全球化是相互推动、相互促进的，经济全球化是建立在经济区域化的基础之上，经济区域化是推动全球经济一体化的发展要素。经济全球化与区域化并行不悖。20世纪90年代以来，欧盟和北美自由贸易区相继建立，并成为世界上最大的两个区域经济体。进入新世纪以来，南美国家共同体于2004年年底成立。而处于世界经济最活跃的地区之一的东亚地区在实现经济联合和区域经济方面却一直停滞不前。但这并不意味着日本、中国孤立于这些区域经济之外。相反地,由于中国、日本两国经济的规模,使得中国、日本与北美自由贸易区、欧盟、东盟和南美国家共同体成为世界上最大的 6 个经济体①。

不过,由于经济长期的低迷与不振,21 世纪以来,日本在世界贸易中的地位有所下降,并让位于中国。在 1990 年,北美自由贸易区—欧盟、北美自由贸易区—日本、欧盟—日本这 3 个发达国家和地区之间的区域贸易占整个世界贸易的一半以上(61.5%)。此时的欧盟、北美自由贸易区、日本主导着世界贸易。在 2000 年,处于前两位的仍然是北美自由贸易区—欧盟(27%)、北美自由贸易区—日本(14%)。欧盟—日本则下滑到第 5 位,取而代之的是北美自由贸易区—东盟和北美自由贸易区—中国。随着中国加入 WTO,中国在世界贸易中的地位逐渐上升。在 2008 年,北美自由贸易区—欧盟的比重进一步下降,只有 20.7%。而与中国有关的贸易迅速上升。北美自由贸易区—中国(13.2%)、欧盟—中国(13.2%)、日本—中国(7.5%)分别居第 2、第 3 和第 4 位。而北美自由贸易区—日本下降到第 5 位,欧盟—日本更是下滑至第 10 位②。这就意味着,在过去 20 年,世界贸易主轴的构造由北美自由贸易区、欧盟、日本三极演变为北美自由贸易区、欧盟和中国三极。这种变化使得日本产生了严重的危机感,从而对区域经济采取更为积极的姿态。

战后以来,日本奉行"贸易立国"战略,确立了以多边贸易体制为框架的贸易政策。在"一个更加自由而且非歧视的多边贸易体制"下,日本就一直是多边自由贸易的受益者。与此同时,日本极力回避包括自由贸易区在内的双边及少数国家间的经济合作。在日本看来,"区域经济合作有可能导致与世界经济的隔离,使之陷于贸易保护主义的壁垒中"③。在北美自由贸易区和欧洲统一大市场相继形成后,日本对区域经济合作一直持消极态度。到 2001 年末,日本没有参加任何一个经合组织或自由贸易区。但是,随着世界区域

---

① 日本经济产业省:《通商白书(2011)》,山浦印刷 2011 年,第 86 页。
② 参见日本经济产业省:《通商白书(2011)》,山浦印刷 2011 年,第 87 页。
③ 日本外务省:《外交青书(1998)》(卷一),大藏省印刷局 1998 年,第 88 页。

经济合作的迅速发展，日本逐渐改变原来的战略，转而积极参与地区经济一体化的进程之中。

2002年10月，日本外务省制定了"日本FTA战略"。2003年10月，日本经济产业省设置FTA谈判推进本部，研究和推进日本与其他国家和地区的FTA谈判。同年11月，经济产业省发表《日本加强经济伙伴关系的政策》，强调在坚持"国家整体利益最大化"的基础上，开展同其他国家特别是东亚的FTA谈判。2005年5月，日本内阁官房下设EPA对外谈判室，由首相负责，由经济产业省、外务省和农林水产省大臣为首的相关官员和民间人士参加，推动EPA/FTA的谈判。2006年4月，经济产业省出台《全球化战略》，明确了同东亚及资源生产大国和人口大国开展EPA的重要性，拟定了"EPA行动计划"，并提出了"东亚EPA构想"、"东亚EPA路线图"和"东亚版OECD构想"。正是在此战略下，日本在21世纪伊始就开始有计划、有步骤地推进EPA/FTA谈判。自2002年1月与新加坡签署首个双边FTA协议以来，到2008年年底，日本与新加坡、墨西哥、马来西亚等多个国家的双边EPA已经生效。2011年5月28日，欧盟和日本宣布，将为启动欧盟和日本自由贸易谈判做准备，争取尽早达成双边自由贸易协定。如果欧美—日本自由贸易定得以签署，将成为世界最大的双边自贸协定。此外，日本也积极促进东亚地区的经贸合作。2002年，中日韩自由贸易区在中日韩三国领导人会议上首次提出。经过10年的发展，经济总量占全球总量1/5的中日韩自由贸易区谈判也将在2012年正式启动，这意味着东亚地区的经贸关系将进入一个新的阶段。

在积极推进EPA/FTA、中日韩三国自由贸易区的同时，日本也在积极倡导和推动东亚共同体的建立。2003年年底，日本与东盟举行特别首脑会议，就建立"东亚共同体"达成共识。2005年12月，首届东亚首脑会议明确了"东亚共同体"的未来目标。2009年9月，日本民主党上台执政，首相鸠山由纪夫提出将按照欧盟的形式，建立一个东亚共同体的构想。这一提议得到了中国、韩国的积极回应。尽管建立东亚共同体存在一些障碍，但是，东亚一体化进程是大势所趋。因此，面对世界经济区域化、一体化的发展趋势，日本不再消极回避，而是积极参与 EPA/FTA，推动东亚共同体的建立。

尽管如此，日本在推进自贸区和地区共同体方面是比较落后的。直到目前为止，日本几乎没有与任何主要工业化国家签署过自由贸易协定。《日本经济新闻》甚至认为，日本企业竞争力的衰落与日本 FTA 的进展落后不无关系。就汽车产业而言，日本 FTA 签订对象国（墨西哥、智利、瑞士和东盟）的汽车规模仅为 810 万辆，而韩国 FTA 签署对象国（欧盟、美国、印度等）汽车市场规模高达 4100 万辆，韩国现代汽车集团在美国市场占有率（9%）正逐步逼近日本（丰田 12.8%、本田 9.6%）。即使是同意启动中日韩三国自贸区谈判，也是因为日本担心中韩自贸区先于三国自贸区建立而不得已加入。

四、日本与新兴经济体

与长期低迷的日本经济形成鲜明对比的是，以中国、印度、巴西等为主的新兴经济体在 21 世纪以来继续呈现高速增长的态势。自 1978 年实行改革开放政策以来，中国经济就以年均 9% 以上的速度增长。尤其是在 2001 年进入世贸组织后，中国的发展势头更加强劲，中国在地区经济和世界经济中的影响逐渐显现。与此同时，巴西、印度、俄罗斯、南非的经济在进入 21 世纪以后也保持着稳定增长的趋势。这 5 个国家也被称为"金砖五国"。无论是在国土面积、自然资源还是在人口规模、经济规模等方面，"金砖五国"在 21 世纪伊始就给世界经济形成强烈的冲击，并逐渐成为新兴经济体的领头羊。在 2008 年席卷全球的金融危机后，欧美等发达国家的恢复缓慢而艰难，而新兴经济体的经济活力却仍然十分强劲，并有望成为世界经济恢复和增长的发动机。

对于新兴国家经济体的快速发展，日本并没有因自身的发展缓慢而自怨自艾，反而是把新兴国家的发展看作是实现日本经济复兴的一种机遇。在日本看来，拥有 10 亿人口的发达国家与拥有 40 亿人口的新兴国家在 1997—2002 年的 GDP 年均增长速度相差不大，发达国家的年均增长速度为 1.3%，而新兴国家为 1.9%。而在 2003—2008 年，尽管发达国家与新兴国家都实现了较高水平的发展，但是，发达国家与新兴国家的 GDP 年增长速度却有很大差距。发达国家的年均增长速度为 8.2%，而新兴国家却高达 18.3%。随着新兴国家经济的高速增长，新兴国家占世界经济的比重在 5 年间从不足 20% 上升到 30% 左右，而发达国家的比重从 80% 下滑到 70%[①]。

新兴国家经济的快速发展，使得日本不再把眼光只是盯住拥有 10 亿人市场的发达国家，而是在保持与发达国家密切经济关系的同时，扩大、加深与新兴国家的经济关系。在日本看来，随着经济的高速发展，新兴国家的收入水平、消费水平也在迅速提高。新兴国家、发展中国家的人均 GDP 从 2000 年的 1288 美元上升至 2006 年的 2325 美元。人均 GDP 翻了一倍，意味着这些国家的购买力水平也在上升。其中，金砖国家人均支配收入在 5001 美元以上的人口在 2001 年只有 1.2 亿，而到 2006 年迅速扩大至 2.6 亿，增加了近 2 倍。与此同时，新兴国家的富裕阶层也在迅速扩大。如印度的富裕阶层在 2006 年同比增加 20.5%，达到 10 万人；印度尼西亚同比增加 16%，达到 2 万人；俄罗斯同比增加 15.5%，达到 11.9 万人；而中国的富裕层同比增加虽然只有 7.8%，但是，中国富裕阶层达到 34.5 万人[②]。收入水平的提高和富裕阶层的扩大意味着新兴国家的消费市场在扩大。此外，随着消费的扩大，新兴国家在基础设施等方面的投资也在扩大。如在 2006—2010 年，金砖国家在与基础设施相关方面的投资每年达到 3903 亿美元左右，是 6 个最发达国家（美、日、德、英、法、意）的 1.5 倍[③]。因而，加强与新兴国家的经济关系、开拓新兴国家的市场是日本在 21 世纪所面临的最为急迫的任务。为此，日本主要采取了以下措施。

首先，日本要在一些新兴国家和地区中心进行投资。根据日本财团法人国际经济交流财团的调查，日本企业到中国、东盟和美国的投资最多，尤其是重视中国的企业占一半以上。但是，日本企业对于新兴大国印度的重视显

---

① 日本经济产业省：《通商白书（2008）》，日经印刷 2008 年，第 52 页。
② 日本经济产业省：《通商白书（2008）》，日经印刷 2008 年，第 47、48 页。
③ 日本经济产业省：《通商白书（2008）》，日经印刷 2008 年，第 47 页。

然不够，到印度进行投资的企业也不多。因而，到中国以外的新兴国家进行投资将是日本下一步的重点和方向。

其次，提高日本产品的高附加值，确立日本产品定位于新兴国家的中间阶层。目前，购买日本产品的最大阶层占到富裕阶层和中上阶层的90%以上。到2020年，日本将把购买扩大日本产品的阶层扩大到中下阶层。实际上，一些日本企业已经朝这个方向努力，如AV产品。因此，日本企业要开发面向新兴国家中间阶层的产品，在保持日本产品高性能、高品质的同时实现低价化。

五、少子老龄化问题

少子高龄化是当今许多国家尤其是发达国家和经济高速发展的发展中国家所面临的一个主要问题。所谓少子老龄化问题就是一个国家出生率低下、儿童数量减少的同时，国民平均寿命延长，儿童占全国人口的比重减少，65岁以上的高龄者的比重增加，导致全国总体人口规模减少。少子老龄化问题在日本尤其突出。自1990年6月日本厚生省发表了1989年日本总合生育率下降到1.57%以来，少子老龄化问题就成为日本政府面临的重大课题。

21世纪以来，日本的总合生育率进一步下降，如2000年为1.47%，2001年为1.30%，2002年为1.17%，2003年为1.19%，2004年为1.16%，2005年为1.08%。也就是在2005年，日本总人口自战后首次出现了自然减少的现象。这意味着日本社会迎来了人口减少的时代。根据日本国立社会保障人口问题研究所在2012年1月发表的《日本将来推计人口》，2010年日本人口为1.2806亿，今后每年减少20万—100万人，半世纪后的2060年为8674万人。这意味着半个世纪后日本人口将减少32.3%。与此同时，日本高龄化也将加速。到2060年，日本65岁以上的人口将从2010年占全体人口的23%上升至39.9%，达到3464万人。这说明，日本的少子高龄化问题非常严重。

少子高龄化给日本带来了一系列的社会问题，并给日本经济造成了非常严重的影响。首先，日本劳动人口将减少。少子化最直接的后果就是人口减少，而高龄人口的增加就进一步加剧了劳动人口的减少。劳动人口是指14—

64 岁的人口。日本劳动人口在战后持续增加，在 1995 年达到 8726 万。此后，日本劳动人口开始减少。2010 年，日本劳动人口为 8173 万人，到 2013 年为 8000 万人。预计 2027 年为 7000 万人，2051 年为 5000 万人。其次，国民负担、日本社会保障的负担增加。日本国民负担主要是由租税和社会保障负担构成。根据统计，日本国民的租税负担率在 1988 年达到最高的 27.7% 之后就开始逐年降低，到 2011 年已经减至 22.9%，但是，日本国民的社会保障负担却逐年上升。在 2000 年，日本国民的社会保障负担率为 13.6%，2011 年就上升至 17.2%。由于国民的社会保障负担率上升较快，使得日本国民的整体负担在增加。在 2000 年，日本国民负担率为 37.6%，到 2011 年就达到 38.6%。此外，日本政府的社会保障支付费用（包括年金、医疗和福利等）在 2008 年达到 94 兆 848 亿日元，为历史最高水平。其中，社会保障支付费用中关于高龄人口的费用达到 65 兆 3597 亿日元，比上一年度增加 1 兆 7943 亿日元，占整个社会保障支付费用的 69.5%[1]。第三，少子高龄化对日本经济发展造成深远的影响。人口的减少将导致劳动力不足，这将造成企业人力成本增加，从而加速企业将生产基地转移海外的进程。而本土企业年轻人员的缺乏，有可能使企业的技术创新与革新缺乏活力，从而使企业的技术革新停滞不前。如日本松下等大企业员工的平均年龄为 40 岁以上。此外，由于少子高龄化，日本国民的负担率就在不断攀升，其消费水平将随之下降，这就使得原本就狭小的国内市场进一步萎缩。这无疑使得日本政府通过提高内需促进经济复兴的战略受挫。

对于少子高龄化给日本社会、经济等方面造成的严重后果，日本政府有着清醒的认识，也已经采取了一些措施，缓解少子高龄化所造成的影响。首先是在少子化问题方面，日本政府从 20 世纪 90 年代后半期就开始着手少子化的对策。2003 年，日本国会通过了《少子化社会对策基本法》《下一代育成支援对策推进法》。随后，日本内阁成立了由首相担任会长、内阁成员参加的少子化社会对策会议。从 2005 年开始具体实施《少子化社会对策大纲》。

---

[1] 日本内阁府：《高龄社会白书》（平成 23 年版），佐伯印刷 2011 年 7 月，第 10 页。

2005年9月，当时的小泉纯一郎内阁设置少子化担当大臣，具体负责和推进少子化对策。民主党上台后也是非常重视少子化问题。日本的少子化对策主要是在育儿、就业和家庭等方面，如让社会全体支持育儿；在经济上支持，如抚养费、育儿津贴以及免费的儿童医疗费用等；在服务上支持，加强幼儿园保育，并讨论如何在放学后保证孩子的课余活动；对于中学、高中和大学学生，充实奖学金制度，支持年轻人就业，支持女性就业，促进企业推动育儿支持措施等。其次是在高龄化方面，日本在1995年就制定了《高龄社会基本对策法》。随后，日本政府就出台了《高龄社会对策大纲》，并每年推出高龄社会年度报告。日本内阁府还特设"高龄社会对策会议"，专门推进高龄社会对策等。日本的高龄社会对策主要涉及就业与收入、健康与福利、学习与参加社会、生活环境和推进调查研究等5个方面。就业与收入是指确保高龄者的雇佣、就业机会，延长高龄者的工作生涯，确保年金制度的稳定运营，使高龄者通过自助努力确保高龄期间的收入。健康与福利主要是指综合推进健康计划，实施护理保险制度，充实护理服务，改革高龄者医疗制度等。学习与参加社会主要包括形成生涯学习社会、促进高龄者参加活动。生活环境是指确保安定的生活，建设舒适和充满活力的生活环境。推进调查研究就是推进为解决高龄化所带来的课题所要进行的各种调查研究等。

六、日本应对经济全球化的做法对中国的启示

21世纪以来，经济全球化已经进入一个新的发展阶段。随着新兴国家经济体的崛起，日本一方面既要面对欧美国家的竞争，另一方面又要面对新兴国家的追赶。在这种情况下，日本采取了一些措施来应对经济全球化新的发展形势，但是，日本持续低迷的经济发展势头并未得到根本性的扭转。尽管如此，由于日本在新世纪遭遇的这些挑战已经在中国显现，因而，日本的某些做法对于中国目前及今后一个时期的发展仍然有着重要的借鉴意义。

首先是在"产业空洞化"问题方面。由于日元升值、国内市场狭小、生产经营成本压力加大等原因，日本企业纷纷将生产基地转移海外，这导致日

本本土出现了"产业空洞化"的现象。这是日本在步入发达国家行列之后必然会出现的情况，但是，"产业空洞化"来势之快却是日本所未曾想到的。为了应对"产业空洞化"产生的压力，日本甚至一度出现了将"产业空洞化"归咎于中国经济的快速发展，而叫嚣减少对华投资等。但是，这种情绪从根本上无助于"产业空洞化"问题的解决。相反地，日本政府逐渐认识到对内投资不足可能是加速"产业空洞化"的主要原因之一。因此，21世纪之后，日本在扩大对外投资的同时也加大对内投资的力度，确保国内的经济发展保持在一定的水平。此外，日本在国内保留生产高附加值产品的基地。这是日本保持竞争优势的做法，也是无奈之举。毕竟，这是延缓日本本土制造企业继续衰落的有效途径。

由于人力成本和生产成本的快速上升，中国尤其是广东等东部地区已经初步出现了"产业空洞化"的现象。不过，由于中国国土广阔，且存在东部与中西部的发展不平衡问题，因而，由于经济发展而出现的产业升级和产业结构调整在中国内部就可以得到消化。这在很大程度上延缓了中国本土"产业空洞化"的进程。此外，与日本重视对外投资不同的是，中国非常注重国内投资和吸引外国投资。事实上，投资已经成为促进中国经济增长的三驾马车之一。只要中国国内的投资保持在一定的水平，中国本土"产业空洞化"进程就会被大大地延缓。即使如此，"产业空洞化"现象在中国迟早是会发生的。因而，有必要提前关注中国"产业空洞化"进程，并就相关问题进行探讨。日本在本土保留了研发基地，生产高附加值的产品，中国是不是也将走这条路呢？由于中国的国情与日本不一样，中国应当走一条不同于日本"产业空洞化"的道路。

其次，关于少子高龄化问题。日本的少子高龄化问题已经非常严峻，这给许多发展中国家提出了警告。日本少子化问题是在其经济高速发展期间出现的。1982年，日本儿童人数首次减少，自此以后，连续30年减少。日本儿童占总人口的比例持续降低，目前为13.2%。根据联合国人口统计年鉴显示，在人口超过4000万的26个国家中，日本儿童人口在全国总人口中所占的比例最低。与此同时，日本的高龄化问题也非常突出。目前，日本的高龄人口占总人口的23%，创造了历史新高。日本政府高度重视少子高龄化问题，也采取了一些措施。但是，人口结构的变化周期长。因此，这些措施是否会取得预期的效果还有待时间的检验。

中国是一个经济高速发展的发展中国家，面临着未富先老的问题，也即将面临着劳动力不足的问题。由于人口的压力，中国在过去30年一直实行独生子女政策，使得中国的人口压力有所减轻。但是，随着经济的高速发展，中国的少子化问题已经悄然出现。2011年4月底公布的第6次中国人口普查数据显示，0~14岁人口为2.2亿，约占全国总人口的16.6%，比2000年下降了6.29个百分点，仅相当于1982年第三次人口普查（33.6%）的一半；0~14岁人口的绝对数量也从2000年的2.8979亿下降到2010年的2.2246亿。根据人口学统计标准，一个社会0~14岁人口占比15%~18%为"严重少子化"，15%以内为"超少子化"。这意味着中国已经出现了严重少子化问题。而中国高龄人口在增加。根据第6次中国人口普查数据显示，中国60岁及以上老年人口已达1.78亿，占总人口的13.26%。正是由于少子化问题，中国劳动力人口的逐渐减少已是不争的事实，而近年来出现的"用工荒"也说明了这一点。而在中国成为发达国家之前，高龄化问题已经成为突出问题。"未富先老"也将困扰中国的未来发展。如何解决少子高龄化问题已经成为中国当前的一个重要议题。而日本的经验告诉我们，解决少子高龄化问题宜早不宜迟。

第三，在双边自由贸易与地区经济体方面。日本一直倾向于奉行多边贸易，而拒绝双边自由贸易，从不搞双边的自由贸易协定，也决不受制于次区域自由贸易组织。直到21世纪之初，日本才开始加强双边自由贸易的谈判。对于地区经济体，日本倾向于主导地区经济体，或在地区经济体中发挥领导作用，而这在很大程度上阻碍了地区经济一体化的进程。此外，即使推进双边自由贸易与地区经济体，日本也非常注重自身利益的保护。这本无可厚非，但是，任何一种贸易都应该是互惠互利的，而不只是单方面的受益。日本作为一个发达国家，具有技术和资金优势，而发展中国家如东南亚某些国家只在农产品方面有优势。但是，在本国农业利益集团的反对下，日本在开放其国内的农产品市场方面持消极态度。这在很大程度上延缓了日本的双边自由贸易进程。在发达国家之中，美、英、德、法、意等欧美国家都先后与他国签订了自由贸易协定或加入自由贸易区，只有日本是例外。因而，积极推进自由贸易区和地区经济共同体建设是中国未来的发展方向。

中国是积极融入世界经济体系的。在中国看来，双边自由贸易、推进地区经济体只是融入世界经济的途径。中国并不排除、也不拒绝某种贸易形式。2004年中国推出《对外贸易法》，2007年中共十七大提出"实施自由贸易区战略，加强双边多边经贸合作"。以此为基础，中国以灵活务实的态度推进自由贸易区战略，参与区域经济合作。正是在此基础上，截至2012年，中国已与10个国家和地区签署了自贸区协定，如东盟、新加坡、智利等，正在商建的自贸区已有5个，如海湾合作委员会、澳大利亚等。同时，中国还完成了与印度的区域贸易安排联合研究，与韩国结束了自贸区联合研究，正在开展中日韩自贸区官产学联合研究。尽管推进自贸区和地区经济共同体建设有很多挑战，但是，这就是世界经济发展的潮流之一。

第四，保持科技创新优势，生产高附加值产品。日本是非常重视科学技术的国家，曾经提出过"技术立国"的战略。21世纪以来，随着新兴经济体的崛起，这些国家逐渐缩小与日本等发达国家的技术差距。这就使得像日本这样的发达国家逐渐丧失在技术上的优势。当然，由于经过了长时间的积累，日本等发达国家仍然在许多领域保持着技术领先的优势。这就是为什么日本在经济低迷时期仍然保持着技术方面的竞争优势、仍然能够生产高附加值产品的主要原因。不可否认的是，21世纪以来，日本在保持科学创新方面并不突出。这主要体现在许多曾经以技术创新领先业界的日本企业逐渐衰落，如索尼公司等。长此以往，日本的技术优势确实令人担忧。但是，依靠长期的技术积淀，日本仍然保持着强大的竞争力。

经过30多年的高速发展，中国已经成为全球第二大经济体，也成为世界制造大国。但是，中国已经认识到中国仍然处于世界分工体系的低端链条，认识到科技创新的不足将制约中国经济的进一步发展。中国要从经济大国转变为经济强国，唯一的出路就是提高劳动生产率，降低成本，增加产品的高附加值，提升产品的技术水平。

全球化进程中的巴西

靳呈伟[*]

巴西是拉丁美洲最大的国家，其国土面积和人口目前均居世界第五位。"领土非常大，人口又非常多"的巴西拥有极为优厚的自然条件与丰富的自然资源——有着地球上最为丰富的生物多样性的亚马孙热带雨林、最大的淡水库、丰富的矿产资源，等等。今天，巴西引人注目的地方已不仅限于此，"金砖国家"、新兴经济体的代表、八国集团与发展中国家南北对话参与国、20国集团成员国、"三边委员会"成员、"四国集团"成员等愈来愈多的关注点充分说明，巴西成功地在更多方面、更大范围引起了世界更广泛的关注。

优厚的自然条件与丰富的自然资源曾经在很大程度上影响了巴西的经济结构（尤其是外贸产品结构）、巴西在国际经济体系中的位置，初级产品出口国、"外围国家"昭示着巴西经济的脆弱性及其在国际经济体系中的弱势地位。虽然经过努力，上述情况有所改观，但相关影响仍不容小觑。同时，优厚的自然条件与丰富的自然资源也为巴西经济取得成就——无论是军政府时期的"巴西奇迹"，还是今天的经济飞速发展——作出了不可替代的贡献，也使未来巴西经济的发展蕴含巨大潜力与无限可能。

---

[*] 靳呈伟，中央编译局副研究员。

关注点的增加、关注范围的扩大、关注度的提高表明，巴西的国际地位尤其是国际经济地位正在发生变化，其国际影响尤其是国际经济影响越来越大。国际地位的变化、国际影响的扩大，除了得益于国际环境的新变化以外，更得益于20世纪末以来（特别是劳工党执政以来）巴西增强自身自主性、降低自身经济脆弱性的努力，即努力减少全球化的消极影响，扩大全球化的积极效应。

一、21世纪以来巴西取得的经济成就

新世纪以来，巴西经济取得了不俗成就，主要表现在以下方面。

就在世界经济中的位次来看，按照汇率计算的国内生产总值排名快速上升——2004年为世界第十五大经济体，2005年为世界第十一大经济体[1]，2008年超过俄罗斯成为世界第八大经济体[2]，2011年超越英国成为第六大经济体[3]。随着其经济的继续增长，巴西的经济排名将继续上升。据英国经济与商业研究中心预测，巴西将在2016年超越法国成为世界第五大经济体[4]。

就各项经济数据而言，2001—2010年，巴西经济累计增长37.3%，GDP年增长率为3.6%，人均GDP年增长率为2.4%[5]。2003—2010年，巴西的家庭年均收入的增长高于国内生产总值的增长，大约有4870万巴西人脱离了贫困，半数贫困人口的收入增长了68%，而10%最富人群的收入仅增长10%，是金砖国家中财富分配方面做得最好的国家[6]。受惠于原材料价格的不断攀升，巴西的对外贸易额屡创新高，1999年，巴西的进出口贸易总额仅有972亿美元；2003年也不过1213.75亿美元；而2011年，仅出口额就高达2560亿美元，外贸总额为4823亿美元，实现贸易顺差297亿美元。巴西的金融市

---

[1] http://intl.ce.cn/sjjj/qy/200604/03/t20060403_6577506.shtml.
[2] http://www.xjftec.gov.cn/Family/Waimaoxinxi1/Waimaoxinxi/4028c28427d121890127d2b5c8f40393.html.
[3] http://news.xinhuanet.com/world/2011-12/28/c_122494873.htm http://www.mofcom.gov.cn/aarticle/i/jyjl/k/201112/20111207901323.html.
[4] http://news.xinhuanet.com/world/2011-12/28/c_122494873.htm.
[5] 曹芳：《巴西应对金融危机的经验与借鉴》，载《西部金融》，2012年第3期。
[6] 法比亚娜·弗雷西内：《新兴中的新兴》，载哥斯达黎加《今日报》，2011年7月5日。

场强劲扩张，股市资本总额占 GDP 的比重从 2000 年的 35% 增至 2010 年的 74%。在 2004 年前的 8 年中，仅有 6 家公司上市；此后 8 年，137 家公司上市①。巴西的外汇储备于 2011 年 7 月末突破 3500 亿美元②。

就经济发展水平而言，20 世纪中后叶的军政府时期，巴西即初步建立了较为完整的工业体系。从一个农业国转变为一个工业国，巴西用了不到 50 年的时间。目前，巴西农业实现了多元化发展，不仅实现了粮食自给，还是农产品和食品净出口国，是世界最大甘蔗、咖啡出口国；巴西工业是拉美地区最为发达的，其汽车、钢铁、航空等产业具有比较优势；巴西的服务业也较为成熟，并且多样。

就全球化水平来看，巴西经济与国际贸易市场、金融市场联系日益密切。在过去的 10 年里，巴西注重和不同的国家、地区和贸易集团加强往来，发展不同的贸易伙伴。换句话说，巴西的国际经济布局是全球性的，呈现出发展中大国和发达国家并重、贸易布局覆盖全球的特征。日益开放的巴西在 20 年中出口增长了 5 倍，贸易额占 GDP 的比重从 1990 年的 11% 增长到 2009 年的 18%。2007 年吸引了全球外国直接投资总量的 3.4%，成为仅次于中国的外国直接投资对象国。2004—2009 年，巴西平均每年向世界银行注资 2.53 亿美元。2003—2007 年，巴西还向联合国的各项行动提供了大约 3.4 亿美元经费③。巴西 2003—2007 年的 KOF 全球化指数排名分别为 58、53、57、52、52，与中国的相仿，略好于印度的排名，略低于俄罗斯的排名④。

巴西与中国经贸关系的发展，是说明巴西与世界经济联系日益密切的典型例证。中巴两国于 1993 年确立了"战略合作伙伴关系"。目前，中国是巴西最大的贸易伙伴国、第一大出口目的地、第二大进口来源地和投资国，巴西

---

① 马克·罗、若昂·保罗·瓦斯康塞洛斯：《资本主义共识吸引投资者前往巴西》，载《日本时报》，2012 年 4 月 22 日。
② 路易斯·曼里克：《新兴的全球"南南"轴心》，载西班牙《外交政策》，2012 年 3/4 月号。
③ 爱德华·戈麦斯：《巴西的欧洲梦》，载《外交政策》杂志网站，2012 年 3 月 20 日。
④ 中共中央编译局课题组：《新世纪以来世界主要国家应对全球化的经验和做法》，中国社会科学网，2013 年 11 月 20 日。

是中国在拉美的最大贸易伙伴 21 世纪以来，中巴双边贸易稳步增长。2008 年，双边贸易额较 2000 年增长 16 倍；2009 年，中国取代美国成为巴西最大的贸易合作伙伴；2010 年双边贸易额为 771 亿美元，同比增长 37%；2011 年两国的双边贸易额高达 842 亿美元（其中巴西实现贸易顺差 206 亿美元），同比增长 35%。两国的贸易商品结构互补性非常强，巴西供应农产品、矿石、能源等基础产品，买入制造业和其他工业产品。贸易收支结构方面，中国始终处于贸易逆差的位置。中国还在向巴西日益加大投资力度。根据巴西央行的数据，2005—2011 年间，巴西吸收自中国的外国直接投资额共计 30 亿美元。而巴西出口和投资促进局的非官方数据显示，2009—2011 年，包括来自香港和其他非直接方式的投资在内，中国在巴西生产行业投资额接近 170 亿美元①。

巴西经济的不俗表现，绝非幸致。在各种推动巴西经济发展的因素中，国家经济发展战略、国家经济政策至关重要。如何融入世界，是国家经济发展战略要解答的重要问题，是制定国家经济政策的前提。如何融入世界的问题，尤其是当今世界，也可以理解为如何应对全球化的问题。21 世纪以来，尤其是劳工党执政以来，巴西选择探索独立自主的发展道路。在国家经济发展战略方面，摒弃新自由主义，奉行发展主义。在如何融入世界即如何应对全球化方面，力求增强自身自主性，减少对外界的依赖，降低自身经济的脆弱性，充分利用全球化的积极因素，减少全球化的消极影响——这是巴西经济发展的重要依托。对巴西应对全球化的主要举措进行梳理，能够更好地认识巴西经济发展何以取得骄人成绩，也能够为发展中国家推进自身发展提供借鉴。

二、巴西对全球化的认识和态度

应对全球化的举措是植基于对全球化的认识和态度之上的。把握巴西应对全球化的举措，不能忽略其对全球化的认识与态度。

对巴西政府而言，"全球化"问题是"世界形势（特别是国际经济体系

---

① 法维雅娜·弗雷西内：《巴西已经感受到中国救生圈的问题》，智利美洲经济网，2012 年 3 月 28 日。

结构）"问题的重要内容，对"全球化"的认识在特定意义上是对世界形势的认识，对"全球化"的态度实质上是以"如何融入世界，以更好地引导社会和国家发展"为准绳的。

（一）巴西国内的主流经济思想

目前，巴西国内存在各种各样关于世界形势的不同观点以及关于如何引导社会和国家发展的不同战略。受其影响，巴西政府的认识与态度脱离不了巴西国内各领域、各层面政治社会力量在相关问题上的认识与态度。因此，为更好地把握巴西政府层面对全球化的认识与态度，需梳理巴西国内各领域、各层面的观点。

在解读世界经济形势时，经济主义分析在巴西最为流行、影响最广，对 21 世纪以来的巴西政府影响最大。经济主义分析中最为流行的两种经济思想是自由主义与发展主义。在"如何使巴西融入世界"的问题上，相应的是自由主义战略与发展主义战略。

1. 自由主义

自由主义观点将世界和人类视为一个整体，将其作为分析问题时的优先和正确角度，该观点在本质上具有全球性和商贸主义特性。自由主义的现代版即为所谓的"新自由主义"。1990 年，美国国际经济研究所所长约翰·威廉姆逊（John Williamson）在《拉美调整的成效》中归纳的"华盛顿共识"十条——加强财政纪律、重新确定政府的公共开支重点、税制改革、金融自由化、统一汇率、贸易自由化、放松对外资的限制、国有企业私有化、放松政府管制、保护私人财产权——是新自由主义的代表性观点。在"华盛顿共识"主要观点的基础上，巴西版的新自由主义在一些具体问题上作了调适。

巴西版新自由主义认为，今天的巴西经济在某些工业领域即"利基市场"①具有竞争力。实行有活力的贸易开放政策是寻找和确定巴西具有效率和竞争力的"利基市场"的最好政策。

2. 发展主义

发展主义认可外贸领域对巴西经济的重要性，但认为发展战略的核心是通过刺激扩大国内市场以及巴西本身工业体系的多样化。

发展主义又分为多种类型，但主要的有两种。一种类型认为，现代化的外国资本是以跨国形式出现的，没有祖国属性，表现得完全像民族资本，因此，与"外国资本进行合作"是不可或缺的。另一种认为，在战略领域和经济全球化环境下，由国家进行直接投资并在尽可能的情况下与民族资本相结合是不可或缺的，"民族资本"应该在巴西工业的建立过程中"扮演中心角色"。

（二）世纪交替以来巴西政府对全球化认识与态度的演变

随着世界形势或全球化进程、巴西自身情况的变化，巴西政府对全球化的认识与态度也不断变化，相应地推行的政策也不断作出调整。自20世纪90年代以来，受巴西国内主流经济观、有关国际组织机构等影响，巴西政府在全球化问题上不断在两个谱系之间摆动。

1. 奉新自由主义为圭臬的阶段

众所周知，拉丁美洲不仅是新自由主义最早的试验场，也是其主要试验场。20世纪80年代的债务危机为新自由主义在拉美的扩张提供了契机。

军政府时期，巴西长期奉行债务工业化战略。该战略引导巴西创造了年

---

① "利基市场"（niche market），指被市场中的统治者或有绝对优势的企业忽略的某些细分市场。企业选定一个很小的产品或服务领域，集中力量进入并成为领先者，从当地市场到全国再到全球，同时建立各种壁垒，逐渐形成持久竞争优势。

均增长超过 10%、经济总量由 60 年代的世界第 15 位跃升到 80 年代中期世界第 8 位的经济奇迹。但该战略也导致巴西外债不断累积，到 80 年代酿成债务危机。由于前期取得的经济成就，债务危机初期，巴西政府并未执行国际机构推荐的新自由主义改革方案，而是按照自己的计划进行经济调整，是当时抵制 IMF 等国际机构正统稳定计划的唯一拉美国家。遗憾的是，巴西政府自行制定的经济调整计划未能取得预期效果。

债务危机的压力、经济调整计划的无效，迫使巴西政府在 20 世纪 90 年代初（即科洛尔总统时期）开始接受新自由主义。科洛尔后的卡多佐时期，巴西政府开始全面拥抱、奉行新自由主义，并在新自由主义的指导下进行了贸易、金融、财政体制等方面的系列结构性改革，力图实现巴西经济模式的根本转型。卡多佐新自由主义政策的主要内容有依赖外资为主、削减公共开支、增加税收和实现国有企业私有化，旨在解除管制和实现贸易自由化。

卡多佐的改革表明，在国家层面，巴西放弃了国家发展主义，接受了新自由主义，并积极争取融入到美国主导的全球化进程中。

2. 劳工党执政以来的发展主义阶段

卡多佐的新自由主义改革历时 8 年。期间，巴西经济增长率仅为 2.2%，公共债务却增加了 10 倍，失业率也居高不下，两极分化也愈演愈烈。新自由主义改革并未救巴西于水火。人们逐渐失去了对新自由主义的期待与信任。伴随着劳工党的上台执政，执政党的理念出现变化，巴西政府对全球化的认识与态度也发生了变化。虽然卢拉时期仍保留、延续了许多卡多佐时期的经济政策，但总体而言他们选择的发展模式是不同的。相较于卡多佐的新自由主义战略，以卢拉为代表的劳工党选择了发展主义战略。

为了逐步削弱新自由主义的影响、走出美国的影子，使巴西从"未来之国"变成"现实之国"，劳工党执政的巴西政府有意识地提高自身的自主性，在很多问题上敢于发出自己的声音，在对与全球化有关的问题上也是如此。

关于全球化的特点。在全球化的时代，市场的力量完全自由，但全球化是不对称和排他性的，是由发达国家主导的力图维系其在国际经济结构中的优势的进程。

关于目前的国际经济体系。当今的国际经济体系是一个充满对抗、竞争和暴力并且权力日益集中的体系。

关于国际经济体系结构的发展趋势。认为，国际经济体系结构的主要发展趋势有：科学和技术进步加速发展，但科技进步的推广受到限制；企业、市场的重组；世界市场的一体化及日益增长的寡头垄断；经济、政治、军事和意识形态等权力在世界体系中心的集中；围绕重要的权力组建地区集团；世界体系的日益多极化。

关于巴西融入世界经济的过程及巴西在当前国际经济体系中所处的位置。认为，19世纪中叶以后，巴西出口型经济在英、美等国的插手和外国资本的渗入下，卷进了资本主义国际分工体系，并受到世界市场的制约。20世纪的外债造成的金融纽带使得巴西经济高度融入了世界经济。巴西的经济具有长期的对外脆弱性。经济活动中的对外脆弱性主要体现在：技术的依赖性；非民族化，尤其是金融业和公共服务的非民族化不断增加；外债特别是私人企业外债增加；难于扩大出口并使之多样化而"不减少国内消费"。当前，巴西仍是国际经济体系中的外围国家，是与国际金融市场联系密切的初级产品出口国。

关于现行的国际金融体系。认为，现行的以美元为中心的国际货币体系及国际金融机构在防范和化解金融风险方面的失职，导致对全球原材料的投机，导致货币战争频发。目前货币战争正在激烈地进行着。美元的不断贬值，给世界其他地区带来了不少问题。长期以来，巴西一直是货币战争的受害者。当前，美元贬值，雷亚尔出现巨幅升值，影响了巴西的竞争力。

关于跨国企业的作用。认为，经济活动全球化的需要使跨国大企业要求统一的规则来管理经济活动，同时政府方面为规则的统一而付出的自主努力也便利了大企业的全球活动。中小企业只是作为一个客体参与全球化进程，承受全球化的后果，但不具备影响进程的能力。

关于拉美地区20世纪实行的新自由主义改革。认为，在IMF等国际机构的监管下，拉美国家采纳了新自由主义性质的经济计划，其目的在于削弱国家的作用，对货物、服务和外资放弃管制并开放市场。经过新自由主义结构性改革，拉美和加勒比经济以不同程度融入了经济全球化进程，外部经济环境的变化对拉美经济的影响有所加大。这样的"全球化"过程是致使几乎所有外围国家在面对国际（和本国）资本投机行为时暴露出极端脆弱性的部分原因，拉美国家也不例外。

关于巴西本国20世纪90年代开始的新自由主义改革。认为，1990年开始的新自由主义改革使人神魂颠倒，由于鲁莽地试图将这种国际经济体系理想观"奉若神明"的东西付诸实践，结果导致1999年的危机。新自由主义加剧了巴西经济对内和对外的脆弱性，其影响将长期持续。

关于地区一体化。认为，南美洲是构成巴西国际参与、巴西对外政策行为、巴西经济利益和巴西安全战略最近的地理区域。鉴于其重要性，必须积极谋求推进南美洲一体化。随着南美洲一体化的推进，南美洲将"成为多极中的一极"，而不只是其他任何一个经济或政治一极的一个次地区。实现南美洲的一体化，是促进世界多极格局的一种重要努力。

关于当前的经济危机与经济形势。认为，由于美国的一些非常重要的银行未致力于让资本自由流动以创造就业机会和财富，而是从事投机活动，导致金融体系中的一些部门变为赌场，进而引发次贷危机，并波及全球。虽然巴西"不想成为这一赌场的受害者"，但巴西"对危机不能免疫"。当前，发达国家经济复苏缓慢，这影响到了全球需求的增长。另外，复苏的缓慢也使一些发达国家采取了十分宽松的货币政策，这是引发货币战争的原因之一。巴西会并已经在"努力应对"，以"维持宏观经济的基础"，确保"经济增长和社会融入政策不受到影响"。

关于全球化对民族国家的影响。认为，对某个民族国家而言，全球化进程是积极的还是消极的，取决于它对这个国家的"积极"效应之"和"是否大于"消极"效应之"和"。因此，每个国家，无论大国与否，都应根据各个进程对本国的影响来判定这一进程是积极的还是消极的，也可以将它们定义为威胁或希望。

关于如何使巴西融入世界即巴西对全球化持怎样的态度。首先主张巴西融入世界的战略应该能够使巴西在全球化进程中的积极方面获利,并防止消极面可能产生的影响。在经济方面,核心问题是减少对外脆弱性,减少社会内部的不平等,恢复自主制定并实施政策的能力。具体而言,首先对外脆弱性须逐步减少。从内部看,主要依靠将工业作为基础、努力发展科学技术。从外部看,巴西现代化与发展战略的首要目标应该是不断提高自身在国际劳动分工中的地位,并在世界财富分配中获取更大的份额。其次,巴西应该同其他南方共同市场和南美国家一道,共同提高自身在国际经济政治体系中的重要性,以便在国际经济政治秩序调整的过程中发挥更大影响力。总之,巴西不应该接受与其根本利益相对立的或对其设置障碍的国际规则;巴西不应继续以从前的、有损于国家经济利益和需求的方式谋求融入世界经济一体化。

三、21世纪以来巴西应对全球化的主要举措

要真正充分实现"利用全球化的积极方面,减少全球化的消极影响",仅有认识还远远不够,还要落实到行动上。为降低自身经济的脆弱性,提高自身自主决策能力,发挥自身经济潜力,改善自身在国际经济体系结构中的地位,劳工党执政的巴西政府有意识地探索适合自身发展的战略,并采取了系列应对全球化的举措。

目前来看,劳工党政府奉行的是一种以推动社会发展为核心的发展模式,推行将市场与社会计划相结合的政策①。大致而言,这种模式包含不可分割的两方面内容——一方面,通过降低利率、税制改革、加强基础建设、增加出口等举措刺激经济增长;另一方面,通过财富分配、加大社会投入、大力解决就业、治安及贫富差距等各类社会问题稳定局面。

以推动社会发展为核心的发展模式,不仅把巴西变成了经济强国,也使

---

① 也有观点认为,用"在市场经济的框架内提高社会政策的指数"来形容该模式更为恰当。这就涉及该模式的目的与手段,或市场与社会计划孰轻孰重的问题。就现在的情况而言,尚不是能下定论的时候。

发展成果得以较好地惠及民众，促进了微观社会的发展。鉴于其取得的成就，该模式不仅为巴西越来越多的民众认可，其地区、国际效应也逐步显现，市场与社会计划相结合的做法正在日益走向国际化。已有人称之为"巴西利亚共识"，或者"卢拉主义"。

在复杂、多变的国际形势下，国家的经济社会政策会不断调整。因此，很难对21世纪以来巴西政府应对全球化的所有具体政策加以梳理。下面仅就其中部分有代表性的举措加以介绍。

（一）加大产业振兴政策力度

长期以来，巴西在国际分工体系中扮演初级产品出口国的角色。为改变这种状况，巴西政府拟定并实施了产业政策。近年来，为减轻国际金融危机对巴西的冲击，巴西政府加大了产业振兴政策的实施力度，实施了拉美地区规模最大的产业政策，2009—2012年，巴西产业振兴计划的投资总规模预计高达4400多亿美元[①]。产业振兴政策的目标是促进重点产业的发展，提供重点产业的技术水平和国际竞争力。2008年，巴西政府颁布了新产业政策，根据这项政策，科技部负责振兴医疗、信息和计算机、国防、核能、生物技术及人力资源等6大产业；国家经济和社会发展银行负责扶持航天、石油、天然气和石化、生物燃料、矿业、钢铁、纸浆和造纸、肉类产品等12个产业；工业、贸易和发展部负责扶持汽车、资本货、纺织和服装、木材和家具、建筑、服务、造船、皮革、制鞋、农产品加工、生物燃料、塑料制品等12个产业。新产业政策显露出一个新的方向，即通过以间接产权取代直接产权，政府将资金集中于自然资源和电信等少数国有企业。

---

① 吴国平主编：《全球金融危机：挑战与选择》，当代世界出版社2010年版，第197页。

（二）鼓励研发与创新

20世纪90年代的新自由主义改革也包括对科研体制的改革。通过改革，巴西政府不仅减少了对高校和科研机构等科研主体的投入，也推动了相关科研机构的私有化。对科研体制的改革在一定程度上影响了巴西科技的自主性，降低了其创新能力。科技自主性的损耗及创新能力的降低，加重了巴西对国外科技的依赖性。为提高支柱产业和主要企业的研发能力，巴西政府采取了系列举措。

1. 实施科技计划，通过各种政策鼓励技术创新

2003年，巴西政府发布"工业、技术和外贸政策指导方针"，方针提出通过税收、补贴、信贷等优惠政策鼓励企业技术创新。2005年，巴西政府发布包括降低企业税赋和便于科研主体分配知识产权收益的一揽子计划，以促进技术创新。2007年，巴西政府公布"2007—2010年科学技术和创新行动计划"，不仅提出要增加科研投入，还大力鼓动、营造创新氛围，推广科普和技术创新。

2. 设立"研发基金"，为技术创新提供资金支持

巴西政府先后为电力、通讯、国防、航空、石油和天然气等产业设立了"研发基金"。

3. 扶持中小企业进行技术创新

巴西政府设立了中小企业服务中心，用来帮助中小企业采用新技术；还推出"小企业方便计划"，为中小企业提供各种服务。

4. 推动关于技术创新的立法工作，为技术创新提供法律保障

2004年，巴西颁布《创新法》，不仅对企业的技术创新给以税收政策、资金支持，还鼓励高校等科研机构与企业开展合作，共同推动科技转化与发展。

（三）推进金融业改革

金融领域是民族国家与世界经济联系的主要领域，受国际因素的影响甚大。在融入世界的过程中，巴西屡屡遭遇金融危机、债务危机，使巴西经济遭受重创。为更好地维护国家金融安全，劳工党政府进行了金融业改革。

1. 进行金融机构改革，整合金融机构力量，提高其竞争力

为进一步增强本国银行业的竞争力，2008年巴西金融业进行了大规模的合并重组。2008年11月伊塔乌银行以230亿美元收购了联合银行，并进而合并成立了巴西最大的金融机构伊塔乌联合银行，该银行一跃成为拉美最大的银行之一。

在整合金融机构力量的同时，增加了央行干预问题金融机构的权力。巴西银行和联邦经济储蓄银行获准收购经营困难的金融机构，包括银行、保险公司和社会保障管理公司等。如2008年第四季度，上市的巴西银行同私有的沃托兰蒂姆以及国有银行诺萨·卡伊科萨银行合并，就是一例。

2. 发展、完善代理银行制度

1999年以来，巴西政府积极发展、完善代理银行制度，取得显著成效。截至2010年，巴西共有各类银行代理机构约15万个，覆盖了全国所有城镇，占全国各类金融服务网点总数的62%。银行代理机构网点的广泛普及，为许多长期难以获得金融服务的低收入群体逐渐获得基本的金融服务提供了基本条件。

3. 利用先进的信息技术，提供风险防范保障

巴西银行业的信息技术应用居国际金融业的前列。为了能够充分掌握所有机构的各类信息，巴西央行设有全国金融机构监控系统，后来又设立新信

用风险中心，以实现对信贷风险的有效识别和监控。

4. 大力推进投资与信贷，通过国家贷款、银行注资等支持企业发展

虽然"巴西经济崛起的原因之一是一个国家银行承担了企业所需的所有流动资金"的看法多少有些夸张，但其却道出了一个为多数人所忽视的事实——巨额国家贷款对巴西经济的飞速发展居功至伟。

劳工党认为，国家贷款是实现发展国家在海外的经济实力等更长远目标的途径之一，希望能借此促进具有全球影响力的巴西大企业的诞生。在此观念的指导下，巴西政府大力推进投资与信贷政策：向出口企业提供专项贷款，用于建设或更新厂房，甚至用于购买建设用地；向企业提供市场营销贷款，帮助企业开辟海外市场；向出口企业提供"无差异化利率"贷款；成立专门的金融机构，促进落后地区的出口；成立"中西部基金"，专门资助中、西部落后地区的产品出口，等等。例如，2009 年，巴西银行、巴西国家开发银行等金融机构，共同为农业、工业、中小企业以及出口企业分别安排了 64.7 亿美元、80 亿美元、30.7 亿美元和 5.2 亿美元的援助性贷款。这些政策能够顺利开展的一个重要前提是，巴西政府通过向国有银行注入流动性或直接增加资本金的形式，向银行体系提供全面的流动性支持。

作为巴西联邦政府拥有的两家开发银行之一，同时也是拉美和加勒比地区最大的国家开放银行，巴西国家开发银行（BNDES）是贯彻投资与信贷政策的关键机构，肩负着提供基础设施建设贷款尤其是对落后地区的农业和某些特殊产业的发展提供信贷资金支持的职责。通过巴西开发银行的一些做法与数据，可以更好地理解巴西政府通过国家贷款支持企业发展的政策。巴西企业在南美地区的许多投资项目都得了巴西开发银行的贷款资助。巴西开发银行也会资助大宗兼并和收购案例，帮助有实力的巴西公司吞并竞争对手。例如，2007—2009 年，为了让食品加工企业 JBS 有限公司获得其他食品公司的控制权，这个国家银行提供了 28 亿美元的贷款。根据巴西开发银行提供的数据，2001—2010 年，巴西开发银行对巴西企业在拉美和加勒比地区的基础设施项目提供的贷款增加了 1000% 以上。2008 年 1 月—2010 年 6 月，巴西开发银行共发放了 2614 亿雷亚尔（1.8 雷亚尔兑 1 美元）贷款。2010 年的前 10 个月，该行的全部贷款达 1409 亿雷亚尔，同比增长 105%。巴西开发银行 2010 年向国内提供的贷款是世界银行在同期向 100 多个国家提供贷款总额的 3 倍。

5. 改革外汇市场管制

为进一步推进巴西外汇市场自由化，2005 年 3 月 4 日，巴西央行委员会发布 3265 号和 3266 号决议，对巴西外汇市场管制进行了重大修改。主要改革内容有：（1）统一浮动汇率外汇市场（主要用于外国证券投资转移）和自由汇率外汇市场（主要针对进出口交易和外国直接投资汇兑）；（2）取消外汇买卖的数额限制。

6. 稳步向外资开放金融市场

自 20 世纪 90 年代起，巴西政府开始向外资稳健地、渐进地开放本国金融市场。截至 2010 年 6 月，包括外资控股的私人银行和外国银行分行在内，巴西共有 60 家外资银行，占巴西银行业全部流动资产的 21.42%。在巴西全部金融机构中，外资参股的机构为 213 家，其中外资控股的机构为 133 家。近年来，巴西加快了金融开放的步子。2006—2010 年，新获准设立的 22 家银行中，有外资控股银行 8 家。

7. 与有关国家签署双边货币互换协议，加强应对危机的能力

2008 年 10 月，巴西和阿根廷推出双边贸易本币结算政策。2009 年 8 月，巴西通过与乌拉圭的谈判，确定 2010 年与乌拉圭签订类似协议。此外，巴西还与地区外的国家签订了货币互换协议。如与美联储银行签订了 300 亿美元货币互换协议[①]。

---

① 吴国平：《全球金融危机：挑战与选择》，当代世界出版社 2010 年版，第 165 页。

(四) 提高外贸产品的多样性,力图实现可持续多元发展

对巴西等拉美国家而言,初级产品曾经"既是繁荣的源泉,又是苦难的源头"。为避免拉美历史上曾出现过的"香蕉共和国"所特有的经济繁荣与经济崩溃交替出现的现象。巴西政府致力于调整外贸商品结构,推动工业出口的发展,以改变初级产品出口为主的模式。虽然目前巴西的出口模式仍是以初级产品为主,如2008年初级产品在出口中所占的比重达52%[①]。但相较而言,巴西的外贸出口结构已颇有改观,钢铁、航空等领域的工业制成品已打开并拥有较为广阔的国际市场。

(五) 推行社会救援政策和收入再分配政策

长期以来,贫富差距问题一直困扰着巴西。新自由主义改革更是加剧了两极分化的程度。为了改变两极分化的状况,劳工党政府采取了系列就业、社会救援和收入再分配政策。

1. 以扩大就业为主减少贫困

2003年巴西劳工党政府推行旨在帮助青年人早日就业的"第一次就业计划",政府从多个方面给16—24岁的青年以就业支持:给自己创业的提供低息贷款,给吸纳青年就业的企业补贴,对企业的青年人进行免费技能培训,等等。在第一年,"第一次就业计划"就惠及25万青年,成效显著。

2. 实施"零饥饿"计划

劳工党上台伊始,就成立了推动实施"零饥饿"计划的社会发展与反饥饿部。该部主要有三项职责:实施家庭救助金计划,对贫困家庭实施救助;

---

① 吴国平:《全球金融危机:挑战与选择》,当代世界出版社2010年版,第190页。

社会救助，给 65 岁以上老人和残疾人提供社会救济和最低生活保障；反饥饿，向所有贫困人口提供食品，在农村鼓励小农进行种植。

3. 实施家庭救助金计划

家庭救助金计划把贫困家庭分为赤贫家庭和贫困家庭两种。政府对这两种家庭实施有条件、额度不等的现金救助，以保障其基本生活所需。享受家庭救助金计划的家庭必须持身份和收入证明在当地政府登记，而且每两年重新登记一次。巴西政府还把领取救助金与儿童的教育和健康挂钩，规定 15 岁以下儿童的上课出勤率必须达到 85%，16 岁和 17 岁少年的上学出勤率必须达到 75%，7 岁以下儿童必须按卫生部规定的日期打预防针，怀孕妇女必须按期进行围产期检查。只有凭学校和卫生部门的证明才能继续领到救助金。至 2007 年，巴西全国享受家庭救助金计划补贴的贫困家庭达 1100 万个，惠及全巴西人口的近 1/4。

4. 实施教育扶贫

自 2001 年起，巴西开始实施"奖学金计划"，目标是使 6—15 岁的青少年入学率达 85%。根据该计划，人均收入较低的贫困家庭，每月可得到 15 雷亚尔的奖学金。2003 年，巴西又在全国范围内实施了成人扫盲计划，提高成年人的知识水平。

5. 建立和完善社保体系

巴西社保体系的特点在于对低收入群体实行较低缴费标准或零缴费。如农村居民享受非缴费、政府主导的公共养老金计划，农民无需缴纳养老保险费，只要有从事农业劳动 180 个月的记录，就可在男年满 60 周岁、女年满 55 周岁后，按月领取养老金。再如，无论是城镇还是农村居民，只要年满 65 周岁，且收入不足当地最低工资的 25%，均可免费申请政府的最低工资补贴。

为实施上述社会政策，巴西政府投入巨额资金。据估算，从 2002—2008 年，各种针对贫困人口的直接补贴总额为 GDP 的 6.9%—8.6%。虽然耗资巨大，但让发展成果惠及广大普通民众的政策取得了良好效果。据巴西应用经济研究所发布的研究报告预测，如果巴西能够继续保持2003年以来快速减贫的势头，到2016年，巴西的贫困率将下降到4%，基尼系数将从2008年的0.544下降到0.488，接近发达国家的水平[①]。

（六）在国际舞台上，积极构筑、利用多种平台，通过多种途径发出自己的声音，提高自身的形象，扩大自身影响，参与规则制定，谋求构建国际经济新秩序

随着巴西自身实力的不断增强，巴西谋求提高自身在国际经济结构中的位置，扩大自身在国际事务中的影响力。为此，打出了一套"组合拳"，主要如下。

1. 恰当处理与美国的关系

鉴于美国的"霸权"地位与影响、与美巴的贸易关系及独特的地缘关系等因素，巴西充分认识到与美国保持良好关系的重要性。在全球问题上，巴西极力避免与美国发生正面对抗。同时，巴西又坚持奉行一条独立自主的道路：极力削弱、摆脱美国对自身的影响，增强自身的自主能力；还积极寻求在全球和地区范围遏制美国的力量与影响。例如，在对美国发起成立美洲自由贸易区的问题上，巴西政府多数时候并不明确表态，既不积极响应，也不强烈反对。但在谈判的过程中，在一些具体协议尤其是有较大分歧与争议的问题上，巴西又能坚持自己的立场，不轻易妥协。美洲自由贸易区的根基——全方位贸易协定何时能够达成，目前看来遥遥无期。这意味着美国的全球战略在美洲受到了阻隔。形成鲜明对比的是，巴西支持建立了一个直接把美国排除在外的拥有12个成员国的南美洲国家联盟。

---

① http://news.xinhuanet.com/fortune/2010-03/04/content_13093565_1.htm.

2. 积极利用已有国际平台

世界货币基金组织、世界银行、世界贸易组织、联合国等国际机构在全球化过程中发挥着重要作用。对这些国际机构，巴西一方面积极参与其活动，发挥其平台作用。例如，巴西是世界贸易组织谈判中最为活跃的国家之一，力图借其更好地把本国经济融入到世界经济成长之中。巴西非常重视联合国的作用，积极谋求成为联合国安理会常任理事国，从而进一步增加自身影响，等等。另一方面，巴西也经常呼吁对这些国际机构的一些机制、做法进行改革。例如，在国际货币基金组织（IMF）的总裁人选上，强调必须按照候选人的能力而非国籍来挑选，国际货币基金组织总裁的任命过程必须是透明的。巴西还要求国际货币基金组织进行改革，增加新兴国家的相应权力与份额。

圣保罗论坛、世界社会论坛等也是巴西非常重视的平台。巴西借助此类平台表达对一些国际问题的看法与立场。圣保罗论坛和世界社会论坛都是拉美地区乃至世界范围内颇具影响力的左派进步运动和非政府组织的论坛，均反全球化、反新自由主义，倡导合法斗争、替代现行不合理的国际政治经济秩序、争取民主未来和全球善治。虽然是非政府组织的盛会，不代表官方声音，但从其对两大论坛的态度可以看出，巴西政府还是非常重视此类为世界的社会运动和组织讨论替代方案、交流经验和加强联系提供开放空间的平台的。

3. 以加强南共市建设为核心，推进地区一体化

劳工党执政以来，非常重视推进地区一体化建设，实施了包括加强南共市建设、巩固与南美国家的合作、拓宽南美地区一体化、实现南共市和安第斯共同体自由贸易等内容的地区战略。

劳工党地区战略的核心是加强南共市的建设。对巴西而言，南方共同体市场为其国际战略（包括地区战略）的实施提供了难得平台。因此，巴西将南共市的生存放在实现南美洲一体化核心的高度，置于"不可替代"的位置。为加强南共市建设，巴西除了主动分担了为解决成员国发展失衡、增强成员

国凝聚力而设立的南共市结构趋同基金的 70% 的份额外,还提议设立了两个以巴西为主的南共市新基金,即鼓励成员国中小企业实现生产一体化的南共市中小企业基金与为成员国政府间合作提供融资渠道的南共市家庭农业基金。此外,巴西还积极与阿根廷合作推动南共市内部机制建设,先后成立了南共市常设代表委员会、南共市仲裁法庭、南共市议会等机构,为解决日益增加的成员国贸易纠纷提供了相应机制。

4. 积极开展双边、多边合作,加强与各地区、集团尤其是新兴经济体的联系

为了避免对特定国家、地区产生依赖,巴西谋求在全球布局,既同发达国家发展贸易与金融合作,也同发展中国家加强联系与合作。目前来看,加强与新兴经济体的联系与合作是巴西的一个重点。

作为金砖国家中的一员,巴西定期参与金砖国家的会晤机制,不仅借助相关机制探索如何加强同其他金砖国家的交流与合作,也借助相关机制协调彼此的立场,表达对一些国际问题的看法与态度。

"危机加速了我们的战略。非洲将出现经济竞赛,巴西现在就应该抢位。"非洲也是巴西国际经济布局中的重要一环。据世界银行数据,2000—2010 年,巴西和非洲的贸易额从 40 亿美元增长到 200 亿美元。巴西对此并不满足。2012 年年初,巴西总统迪尔玛·罗塞夫访问了非洲多国,创建了专门针对非洲的公司,还下令创建由发展、工业和贸易部长费尔南多·皮门特尔领导的"非洲小组",以使巴西在这个地区的大规模攻势焕发新的活力,显出前所未有的力度[①]。

5. 组织搭建各种新平台

除了在本地区倡导一体化的过程中搭建各种组织平台以外,巴西也将视野转向其他地区,谋求建立各种新的平台。例如,巴西不仅在坎昆召开的 WTO 第五次部长级会议上倡导建立了 20 国集团,还与印度、南非结成"三

---

① 安娜·谢维亚勒:《新兴国家刺激非洲经济》,载《费加罗报》,2012 年 2 月 22 日。

边委员会"以谋求联合国安理会常任理事国地位,也与德国、日本、印度结成"四国集团",等等。这些平台的搭建,为巴西更好地融入到世界之中提供了重要支撑。

6. 重视国际双向传播

一方面,随着巴西融入世界程度的加深,巴西国内了解外面世界的需求大大增加,巴西对国际的报道越来越多。另一方面,为更好地让世界了解巴西,巴西政府也积极利用各种媒介向国际传播巴西文化、展示巴西的软实力。例如,2010 年 3 月,巴西政府打造了专门负责对外传播的门户网站 Portal Brasil,以方便各地人民了解巴西。

(七)采取反危机政策,降低经济危机的消极影响

与在以往危机中紧缩基础设施投资以保障财政平衡的政策不同,拉美和加勒比多数国家在此次危机中推出了货币政策和财政政策并举、社会和产业政策共同推进的反危机政策。巴西也是如此。金融危机爆发后,巴西政府迅速转移工作重心。为防止经济衰退,采取了五项举措:推行扩张性财政政策,拉动经济增长;执行较宽松的货币信贷政策,增强资本市场的流动性;采取有针对性的减税政策,鼓励生产和消费;增加对基础设施的投入,创造更多就业机会;以消费信贷为推动,拉动内需,提高最低工资标准,增加对贫困家庭补助。其中,加大基础设施投资是核心举措。

从历史上看,与世界发达国家和一些新兴发展中国家相比,巴西的基础设施投资水平较低。2001—2007 年,巴西基础设施投资占 GDP 的比重平均为 2.11%,基础设施投资率远远低于世界银行规定的经济长期增长所需的最低投资水平。为应对金融危机,巴西政府推行了规模巨大的基础设施投资计划。根据巴西《2007—2010 年加速增长计划》,巴西政府基础设施投资规模为 3440 多亿美元,计划修建 4.2 万公里公路、2518 公里铁路,扩建 12 个港口和

20 座机场,在主要大城市修建地铁①,等等。据预计,到 2016 年巴西将向 1.2 万项大型工程投资 9000 亿美元②。规模庞大的基础设施投资计划成为帮助巴西迅速走出经济危机的一把利剑。

四、巴西应对全球化的思考与启示

21 世纪以来,巴西在应对全球化的过程中成就斐然。其对全球化的认识与态度值得思考,其应对全球化的举措值得借鉴。

第一,只有对世界形势判断准确,对如何融入世界形成明确思路,给自身以恰当定位,民族国家在应对全球化的过程中才能趋利避害,更好地实现自身的发展,在国际体系中发挥更大的作用。在应对全球化的过程中,如果没有应对得当的举措,巴西不可能取得令人瞩目的成就。而巴西政府应对全球化的举措是以其对世界形势的认识与态度、对如何融入世界的明确思路、对自身的恰当定位为前提与基础的。对形势的判断,对方法的选择,至关重要。

进一步来讲,随着新兴经济体实力的增强,它们要求改变既有国际经济格局、构建新的国际体系的愿望也越来越迫切。不容忽视也无法回避的一个事实是,要在塑造国际体系和为国际体系作贡献方面承担更大的责任,新兴经济体必须首先要在全球贸易体系、金融监管、移民政策、发展援助、减缓气候变化等问题上形成自己的观点,即对世界形势或世界格局(尤其是经济形势、经济格局)应该向什么方向发展、如何发展形成思路,有所谋划。

第二,民族国家在应对全球化的过程中要坚持独立自主的道路。以 IMF 为代表的国际机构给拉美等地区开出的新自由主义药方不但未起到期待中的妙手回春的效果,反而使其沉疴日重。巴西也不例外。20 世纪 90 年代对新自由主义的全面拥抱并未帮助巴西摆脱债务危机,却使问题愈加严重;实施新

---

① 吴国平:《全球金融危机:挑战与选择》,当代世界出版社 2010 年版,第 200 页。
② 劳尔·西韦奇:《金砖国家与另一面墙的倒塌》,载《起义报》,2012 年 4 月 3 日。

自由主义也未能让巴西赢得美国的尊重。劳工党上台以后，坚持独立自主，探索适合自己的道路，不仅使本国经济迅速增长，国力大增，也改善了巴西在国际中的地位，提高了其国际影响。独立自主的重要性不言自明。

第三，民族国家在应对全球化的过程中要尽量降低自身经济的对外脆弱性。在不对称的全球化背景下，外围国家的经济很容易产生脆弱性。脆弱性会表现在各个领域的各个方面。民族国家需注意提高自身的自主能力，降低经济的脆弱性。具体而言，在贸易领域，要避免外贸出口产品的单一性，实现外贸产品结构的多元化；要增加外贸产品的出口附加值，不能过分依赖初级产品出口；贸易对象的布局要有国际视野，不能仅仅局限于个别国家、个别地区，避免出现过于依赖个别国家、地区的情况。在金融领域，要通过多元化渠道融资，减少对国际金融机构和发达国家的依赖；要加强监管机制，监控"热钱"的动向。在产业领域，要重视科技研发，提高自主创新能力，避免依赖外来技术；要重视扶持发展实业，避免产业空心化。

第四，在正确处理国家与市场关系的前提下，充分发挥国家的主导作用。政府与市场的关系处理的如何对一国的发展影响巨大。通常而言，在市场经济体制下，政府对市场起到的是管理的作用。经济市场化以后，政府要优化管理机制，而不是干预生产。同时，巴西的做法表明，充分发挥政府的主导作用，通过资金扶持、政策导向等途径扶持重点产业、重点企业的发展，会起到良好的效果。

第五，本国资本在国内金融市场中占据主导地位。在巴西最大的15家银行中，有4家为国有银行，6家为本地私人银行，5家为外资银行，其中前5大银行均为巴西本国银行，尤其是巴西银行和Brandesco银行通过重组，规模急剧扩张，牢牢占据着前两位的位置。巴西本国资本对银行体系占据绝对主导地位。国有银行在银行体系中占主导地位确保了央行的货币金融政策能得以较好的贯彻与执行，也有利于国内金融市场的稳定。

第六，将市场与社会政策相结合，使发展成果惠及民众。家庭年均收入的增长高于国内生产总值的增长，即"微观社会的发展优于宏观经济的发展"，是巴西应对全球化过程中给世界提供的宝贵财富，尤其值得新兴经济体学习借鉴。唯有将市场与社会政策相结合，让发展的成果惠及民众，才能为发展提供不竭的动力、稳定的环境，进而实现健康可持续的发展。

第七，充分利用相关平台，发挥联盟的力量。各种各样的国际平台为各民族国家提供了交流与合作的渠道。要更好地融入世界，发挥全球化的积极作用，借助国际平台不可或缺。另外，在全球化进程中，新兴经济体实力要有效地谋求自己的利益，也需要在观点相同、利益相通的国家中寻找盟国，发挥联盟的力量。

全球化进程中的印度

张淑兰　宋丽萍[*]

一、印度在全球化中的位置和受到的影响

（一）经济发展水平、在世界经济中的位次、全球化水平

1. 经济发展水平

1991年实行经济改革后，印度经济增长明显加快，1993—2002年年均增长率达6%，2006—2007年达到创纪录的9.7%，2007—2008年达9.0%。2008—2009年，受全球金融风暴的影响，印度的经济增长率回落至6.7%。2010年以来，印度经济复苏势头强劲。2009—2010年经济增长率为8%，2010—2011年为8.6%。据估算，2011—2012年，GDP增长率为6.9%。尽管如此，印度仍是世界上经济发展最快的国家之一。

2. 在世界经济中的位次

印度已经成为发展最快的经济体之一，这种趋势在未来仍将得以延续。

---

[*] 张淑兰，山东大学教授；宋丽萍，中国社会科学院副研究员。

据美国高盛公司预测，未来50年内印度经济增长率将达到年均5.8%以上，国内生产总值在2015年将超过意大利，2020年超过法国，2025年超过德国，成为仅次于美、日、中的第四大经济体；到2032年，印度的国内生产总值年增长率将达6%并超过日本；到2050年，印度经济增长仍会达到5%，并且有希望成为世界上最大经济体。但目前与中国相比，印度还有一定的差距。

3. 全球化水平

根据KOF数据，全球化指数2003—2006年，中国分别是53、57、54、51，稳定在50名左右，印度排名分别是57、61、61、61，稳定在60名左右，印度一直低于中国10名左右。但2007年中国位于37位，印度位于第82位，中国远远高出印度45个名次，差距拉大。2011年中国位于73，印度位于116，中国仍然高出印度43个位次。由此可以得出两点结论：一是2007年是印度融入全球化速度最快的一年；二是与中国相比，近几年，印度的全球化在加速，稍微快于中国。因为与中国相比，四年间，印度的全球化指数排名上升了2个位次。安永全球化指数同样证明了这一点：2010—2011年印度分别为57、55，中国分别为39、39，印度的排名上升，中国原地踏步。此外，就具体指标而言，即经济全球化指数、社会全球化指数和政治全球化指数，2011年印度的排名分别是122、150和22，中国分别是103、89和41。在经济全球化方面，中国稍微高于印度19个名次，在社会全球化方面中国高出印度61个名次，但在政治全球化方面，印度却高于中国，高出19个名次，与经济全球化的水平相比正好相反。因此，可以说，在全球化时代，中印参与全球化的发展模式有所不同。

（二）21世纪以来印度受到的主要全球化事件的影响

第一，2001年的"9·11"事件及随后的恐怖主义和反恐斗争。它促使印度与美国的关系大幅度升温，两国在国际事务中第一次有了强有力的利益契合点。印美关系的改变和印度国内恐怖事件的增多使印巴关系在21世纪反复无常，充满了变数。此外，"9·11"事件后，印度的积极反恐使印度与伊斯兰国家的关系紧张起来，同时，印度国内的印穆民族关系发生变化，社会矛盾激化。如2007年，三名富有的印度伊斯兰教徒卷入了苏格兰格拉斯哥机场的恐怖爆炸密谋，使印度政府极为震惊，打破了印度当局一直以来持有的臆想：没有印度伊斯兰教徒卷入任何全球性的恐怖网络。印度本土也出现了伊斯兰教徒激进团体，国内印穆冲突再次激烈起来。可悲的是，种族宗教冲突不仅仅发生在印穆之间，而且发生在极少数的基督教群体中，只占人口的2%，2008年在奥里萨和卡纳塔卡邦，他们遭到了严重攻击。

第二，21世纪国际舞台上大国权力发生变化，主要有三大变化。首先，美国在国际事务中时而活跃时而退潮。有四个特别活跃的年份：2002、2005、2008、2010，尤其是2010年美国的战略重点转向亚太，对印度的外交政策产生了重要影响。其次，中国崛起，在国际舞台上的地位越来越高，在全球外交中越来越突出。2003年可以说是中国的崛起年，各国对中国的态度较为矛盾，欢迎与压制并行；2004年中国在国际社会非常受欢迎；2005年开始各国对中国实施压制，突出表现在人民币问题、反倾销制裁等；2007年对中国的压制十分明显。印度与主要大国的对华立场和态度基本保持一致。最后，印度崛起。印度自身在国际舞台上的影响力增大，反过来，对其内政和外交也产生了很大影响。2006年可以说是印度崛起年，此后印度在国际社会日益受欢迎，与各国对中国的压制几乎同时开始。如2007年排除中国的印度巴西和南非的三国论坛、中印的太空争夺战。从2009年开始，中国、印度、美国同时成为世界的焦点，中美印的三角关系越来越重要。具有讽刺性的是，只有在印度1998年核试验后，中国和美国一样才开始认真对待印度。中印两国的同时崛起使得两国的相互关系对亚洲的和平和稳定起着关键性的作用。印美两国有着更多共同的安全考虑，包括全球反恐、防止塔利班返回阿富汗、保证巴基斯坦的稳定、限制中国在南亚的影响。而美国开始重视印度的重要目的是加强印度来抗衡中国，尽管印度官方否认印度发挥这样的平衡作用。

第三，21世纪政治领域的全球性发展特点和趋势有四个。首先，全球范围的左翼思潮回流。2001年巴西工党上台，拉美左翼政党力量强大，掀起了世界范围内左翼思潮回流的序幕。2003年南非革命党上台执政，2004年印度中左的国大党取代右翼的印度人民党。其次，2003年开始，各国政党的治理与改革问题突出，尤其是腐败丑闻不断被揭露出来。再次，各地区大国基本上进行了政权的和平转移，且没有外力干扰，最重要的是很多国家适应经济全球化的发展，由技术专家执掌政权，如印度中左政党国大党重新上台，经济学家曼莫汗·辛格担任总理。最后，世界各国纷纷重视法治建设，如印度通过信息法，埃及也进行了修宪，进行直选。

第四，21世纪经济领域的全球性发展特点和趋势有三个。首先，全球范围内流行、私有化和全球化改革浪潮，几乎没有例外。其次，2008年的全球金融危机全面冲击了各国经济，南非和埃及受冲击严重，经济增长率大幅下降，基本为3%—4%，但印度独特，受影响很小，经济增长率达8%，与中国的9%很接近。2009年全球应对金融危机，普遍不景气。最后，国际社会推行的发展态势的话语转变也影响到印度发展模式的调整。2005年开始世界各国积极推动自由贸易区和地区一体化的建设，2007年国际社会积极倡导可持续发展的新范式，尤其是清洁能源的发展成为新的经济发展热点。2009年国际社会开始积极倡导包容性增长，在追求经济增长的同时，注重社会公平。

第五，文化领域，21世纪以来全球公共外交和文化软实力的发展在全球流行。2002年公共外交在全球闪亮登场，一是体育外交，以巴西和南非的足球外交为代表。二是会议外交，南非和巴西成为世界性国际大会的圣地，尤其是南非。2003年是国际峰会年，如印度—东盟峰会、博鳌论坛、埃以峰会等。三是文化软实力的发展与扩大，2008年世界各国开始强调发展文化软实力，特别是发展中大国，如印度建立海外文化中心，中国建立孔子学院、奥运会的成功举办。2010年是全球公共外交和文化外交最突出的一年，运动会、世博会、文化节（文化年）等，可以说是异彩纷呈。

第六，社会领域，全球性社会问题越来越多，越来越突出，影响也越来越大，从而使全球治理越来越重要。首先，全球性卫生医疗问题突出，如2003年出现了非典，2004年禽流感，以及艾滋病始终难以有效遏制。其次，全球性重大灾难性事件不断发生，如2004年东南亚的海啸，2008年中国和印度的地震，2011年日本地震引起的核泄漏，世界末日之说流行。最后，21世纪全球范围内民生问题日益突出，如家庭债务、贫富差距；就业、老人和儿童等问题。2004世界反贫大会召开，国际社会开始强调社会福利，保障社会弱势群体的利益，特别是医疗保险、农业发展和粮食安全；2005年是各国政府强调社会福利的高峰年，到2009年各国纷纷开始宣传包容性的增长模式。

二、印度应对全球化的主要做法

（一）对全球化的基本认识和判断

1991年，随着拉奥政府新经济政策的实施，印度国内有关全球化的讨论也正式成为舆论的焦点，各派观点激烈交锋。概括起来，不外乎三种观点。

一种观点是坚决反对全球化。在这一问题上，左派和右派立场一致，但观点却不完全一致。双方都强调民族主义，反对西方国家通过世界银行、国际货币基金组织、跨国公司建立全球霸权，掠夺发展中国家，从而导致发展中国家对发达国家的严重依赖，引发一系列的经济问题，如经济发展不平衡、贫富悬殊、物价飞涨等。不同的地方是，左派认为全球化是"后资本主义"，将西方国家的霸权看做是世界范围内资本主义霸权的延伸，将反对全球化看做是反对资本主义世界的一部分。另外，针对全球化过程中国家作用的衰退，左派也坚决反对，强调国家在经济发展中起主导作用。而右派则认为可以控制全球化，玩弄资本和市场，办法是利用一些印度古老的概念，如司瓦德西或原教旨主义。此外，他们更多强调西方对印度的文化危害。印度教极端组织在全球化问题上，持极端民族主义立场，完全反对全球化。他们认为，从文化发展的角度来说，全球化会造成对传统文化价值和伦理道德观念的冲击；从宗教的角度来说，他们特别担心全球化的发展对印度教可能造成冲击。他们认为伴随经济活动而来的基督教传教活动，无疑会对印度教民族实体认同造成危害。还有一种极端的观点，对全球化持形而上学的看法，认为全球化不可避免，能在几个星期之内毁掉一种文明，而民族国家什么也做不了。

第二种观点则赞成全球化。这些人主要是经济改革的倡导者和支持者。他们认为尼赫鲁模式已经不适应发展的需要，计划经济、专利体制等都应该做出改变。

第三种观点则是趋利避害性的。他们认为全球化是一个客观的历史进程，是印度无法左右的外部环境驱动的结果，对印度来说，重要的不是讨论全球化是对是错，而是应该讨论怎样才能更好地从全球化中获得最大的利益，同时避免全球化的弊端。这方面的代表人物首推诺贝尔奖获得者阿玛蒂亚·森，他强调在实行全球化和自由化政策的同时，要兼顾社会福利开支，特别是在教育和社会福利方面的开支。他批评印度政府忽视社会部门和农业部门，从而使一大批人无法跟上经济发展的步伐。现在，第三种观点在印度政治和社会领域占据主导地位，成为历届执政党追求的目标。当初与曼莫汉·辛格一起倡导改革的自由派人士，也有一部分人转向支持这一观点。

从 2000 年至今，印度共经历了 3 届政府：一届印度人民党联合政府、两届国大党联合政府。他们对待全球化的基本观点没有本质的差别。印度人民党领导人瓦杰帕伊提出只有全球共同行动才能迎接消除贫困、环境保护和平衡发展的挑战。他强调，政府既要坚决执行使印度经济具有全球竞争力，并有助于印度融入到全球经济的政策。同时也要采取必要的措施保护本国利益，使本国工业免遭来自国外的不公平贸易和投资的损害。财政部长辛哈认为："司瓦德西、全球化和自由化并不是互相矛盾的概念。我个人认为全球化是实现司瓦德西的最佳途径。"2004 年上台执政的国大党政府是经济改革的倡导者，总理辛格是 1991 年印度自由化全球化改革的总设计师，因此国大党在新世纪重新执政后在全球化问题上，态度更为积极。但是与 20 世纪 90 年代初不同，辛格他们尽管仍然认为全球化和自由化是不可避免的，但是，他们现在更希望经济能够平衡发展，保持公平和社会正义；在推动工业和服务业发展的同时也关注农业，增加生产的同时也伴之以就业机会的扩大。他们意识到自由化进程主要使中上阶层获得好处，只要经济继续发展，他们就能继续获益。但是，中下阶层获益不大，甚至利益受损，因而，自由化全球化进程需要在中期进行调整，通过采取特殊的措施使农村和城市的穷人获益，使自由化和全球化的改革更加具有包容性。

(二) 主要做法及效果

1. 经济方面的做法及效果

宏观层面有三点：第一，将自由化、全球化和私有化的改革推进到第二代。印度人民党在2000—2001年的财政预算中，明确提出第二代经济改革的概念。与第一代经济改革相比，第二代经济改革加强了对农业部门、社会部门和基础设施方面的建设。第二，加强国家对宏观经济的管理和干预。从2004年开始，印度政府在这方面表现很突出。政府各部宣布成立委员会来监督私营部门，财政部门还给银行施加压力，让银行为政府制定的优先部门提供直接信贷。政府还任命一个委员会来提出积极行动的备忘录，促进表列种姓和部落的就业。第三，根据形势变化重新界定和完善公共目标。尼赫鲁时代印度的公共目标是建立一个人人平等的社会（消除贫困，社会平等、根除种姓障碍，授权给妇女、少数民族和贱民）。印度人民党在1999年12月29日的《钦奈宣言》中认为公共目标是"较为快速的发展，公正的发展和生活各个层面的发展"。2004年国大党辛格政府表述了对印度未来的设想：人性的发展，一个更加公正的发展。2008年辛格政府"十一五"计划中提出的发展口号是"包容性增长"，将富人和穷人分开，穷人包括表列种姓、表列部落和其他落后种姓、少数民族、性别和落后的地区（某些邦和某些地区），列出了一系列计划，包括印度建设任务、午餐任务、全国乡村卫生任务，贾瓦哈拉尔尼赫鲁全国城市重建任务、全国乡村就业保证计划、农民的债务减免计划、免费义务基础教育任务、对表列种姓、表列部落和其他落后种姓采取的优惠措施，给予落后地区的特殊补贴，等等。尽管印度的人类发展指数从1975年的0.412提高到2003年的0.602，但在2005年世界发展报告中印度名列127，而中国是85。尽管城市的基础设施一直在改善，但城乡和地区差别却一直在扩大，随着识字率的提高、大众传媒的扩展和随之而来的公众政治觉悟的提高，城乡和地区差异的扩大进一步激起了社会关系的紧张。

工业领域的发展涉及四个方面。第一，印度政府继续推进公营公司的私有化计划，工业许可证基本取消。与20世纪90年代不同，那时候是把公营公司出售给国有银行，21世纪的私有化计划是把几个关键的公营公司的绝大多数股份出售给私营部门，私人垄断财团非常感兴趣，但2000年就推出的计划，直到现在进展甚微。第二，从2002年开始印度政府解除了对国内工业实行的保护主义措施，促使印度工业迅速与世界连接起来。2000年的时候面对中国商品的涌入，印度经济界还一片悲观甚至愤怒，包括工业、农业、贸易等各行各业，保护主义占了上风。新德里和孟买的51%的年轻消费者积极支持司瓦德西的信条"做印度人，买印度货"。但是，到了2002年印度政府感到经过几年的重组，印度工业的发展较为强劲，能够迎接全球竞争的挑战了。所以，自此以后，印度不再害怕全球化，自信心大有增强，发起了"印度在闪耀"的运动。印度不少大公司不仅在国内与跨国公司进行合作竞争，而且在海外拥有一定的品牌和销售网，积极向海外进军，争夺海外市场。2003年印度企业出现了一个显著的变化就是各行各业的海外收购出现了前所未有的增长。知名的印度信贷评定与投资服务公司总裁拉维莫汉说："在印度每一个行业中，都有两三家具备国际竞争力的企业。"在2004年1月初公布的小型预算中，印度将最高进口税从25%削减到20%，废除了4%的特殊增值税；电信业等基础设施部门向外资开放等。2007年印度经济突飞猛进，不仅企业部门继续繁荣，而且拓展了其全球化的领域。例如，工业巨头塔塔财团等积极向海外扩张并购。印度跨国公司海外并购的特点有：将发展中国家作为对外投资的区位重点，亚太地区是印度跨国公司的投资重点区域，其次是英联邦国家；通过建立广泛的战略联盟，进行风险防范；加大优势产业的跨国经营，特别是信息产业中的软件业，其次是制药业；小投入大野心，与西方跨国公司只是利用金钱不同，印度公司更讲究战略。第三，设立和发展经济特区。21世纪之初，随着经济全球化趋势不断加强，同时又看到经济特区成为中国经济发展的引擎之一，印度政府正式引入了"经济特区"这个概念。2000年1月1日印度政府宣布建立经济特区（SEZ），除把过去的一些出口加工区改为经济特区外，还在其他一些地区设立了专门的经济特区。特区企业可从事制造业、贸易和服务业，可免除关税，进口货物可免除海关的常规检查，拥有净外汇盈余3年，简化会计审查程序等优惠条件。2006年《经济特区法》出台，在特区内，所有的手续在一个窗口就可以全部办齐，不必像过去要跑几十个地方，花3—6个月时间，而且特区内的企业可以在15年内享受减免所得税的优惠，其中前5年所得税全免。特区企业在服务税和进口税等方面也有减免优惠政策。此外，印度政府优先建立"技术研发"和"工业生产"两类经济特区，大力发展深加工工业和高新技术产业，调整经济结构，提升产品的国际竞争力，走创新发展的道路。第四，对于小型企业，印度政府在2000年8月颁布了新的小型企业政策。基本思路是：加强对小型企业发展的支持，放松对小型企业发展的限制。其主要内容是有：提高小型企业的投资限额；加强对小型企业的财政信贷支持；加强对小型企业的综合基础设施支持；加强对小型企业的技术支持；加速对病态小型企业的整顿。

  财政金融领域的改革涉及四个方面。第一，增加国家外汇储备。2000年印度政府实施了印度千年储蓄计划（India Millennium Deposit），允许印度国有银行向印度侨民发放硬通货形式的存款证明，存款利息非常高，超过美国的8%，计划筹集55亿美元的资金。根据印度主要的商业日报分析，卢比对美元每年以8%的速度贬值，所以这些存款的实际利息高达17%。第二，2000年印度人民党政府一再重申要加强财政纪律，削减预算补贴。2002年印度公共开支下降，影响了消费需求。但是，从2008年开始辛格政府强调包容性增长，公共开支大幅度增长。而2009年为了应付经济危机，辛格政府更是将财政赤字提高到GDP的6.8%。多亏中央的财政赤字在危机爆发时是2.5%，所以政府才有空间来刺激公共开支，而不致于严重影响宏观经济的稳定。但即使这样，印度政府的债务已经超过GDP的61%（加上各邦的25%），这是不可持续的赤字刺激政策，远超过亚洲主要经济体的公债水平。中国公债与GDP的比例是17%，韩国是32%，印尼是41%，泰国是42%，马来西亚是56%。印度必须迅速降低赤字和借贷，公债才能降低。第三，提高利息率。印度储备银行在2010年5月—2011年10月连续提高了12个百分点利息率，从而将借贷利率整整提高了3%，结果导致住房和其他不动产的投资停止，耐用消费品特别是汽车的购买量急剧下跌。第四，2005年辛格政府建立起共同的增值税制度，统一税率是4%~12.5%，4月1日在各邦开始实施。

基础设施涉及五个方面。一是公路建设。1998年瓦杰帕伊政府提出了以"黄金四角"工程为主的国家高速路发展计划，旨在全面连接新德里、孟买、金奈和加尔各答四大主要城市，总投资超过5500亿卢比，由印度国家高速公路局统一负责修建。辛格总理上台后，成立了自己任主席的内阁基础设施委员会，该委员会的具体事务将由国家计划委员会具体操作，旨在督促并落实国家重点基础设施项目的建设，以优良的基础设施吸引跨国公司的更多投资。2011年，辛格政府提出"每天让印度新增加20公里高速路"的宏伟计划，公路建设开支较10年前约增长了3倍。尽管如此，基础设施建设的进展非常缓慢，印度国家高速公路局的数据显示，自2007年4月起，印度高速路每天仅能修建12公里，远未达到每天20公里的目标。另据印度工商联合会的报告称，因修建工厂和高速路引发的土地征用纠纷已使印度全国投资额超过1000亿美元的工程处于停滞，其中"黄金四角"工程的全面竣工日期一再地被迫延后。二是海运发展。2005年印度政府表示未来10年将投资1500亿美元用于基础设施的改造，其中一个重点是借助世界银行的财务支持来实现其南北东西轴线的建设。2006年印度将14种集装箱搬运设备的关税峰值由20%削减为5%，从而加速搬运设备的更新换代，增强印度港口的货运能力。同年，印度向外国公司开放了之前因安全问题而拒绝开放的港口行业。三是空运发展。2003年印度单方面宣布开放天空，尤其放宽对货运业务的限制。印度和欧盟之间的航班数量从2003年的每周70班上升到2006年的204班。结果，在高油价和没有政府补贴的不利因素下，印度航空公司声称它的2005财政年净利润为1480万美元，比前一财政年增长48.5%。四是铁路发展。2006年印度开始向私营企业开放铁路货运集装箱业务，打破了国有印度集装箱公司近20年的垄断。五是电信基础设施的发展。1999年颁布的电信政策将电信局公司化。2000年长途电话向私营和外商开放。2002年4月电信公司私有化，塔塔财团获得25%的股票，并接管管理权。"十五"计划（2002—2007）中政府为建设一流的信息基础设施而投资2000亿美元。作为全球化的一部分，印度加强了与各国的信息技术合作，在世界上首先提出了建立信息和电信论坛的主张，得到新加坡和美国等的支持响应。

农业方面。印度是世界上唯一的一个最大的穷人集中区，成为其经济成功的最大污点。印度农业提供 22% 的 GDP，但全国 60% 的人依靠农业为生。1999 年印度人民党政府出台了新的农业政策，提出今后 20 年印度农业发展的长远目标就是要使印度在经济全球化的情况下能够保证粮食安全。该项政策提出农业年增长率为 4%，政府采取的具体措施包括：政府将确保首先大量增加对农业研究与发展、农村基础设施和灌溉方面的公共投资，灌溉方面将得到最优投资而且所有在建项目将严格按进度完成；加大农村地区的信用贷款范围和额度，农业信用合作制度将再度健康发展，将使农畜产品保险计划更有效；政府将在所有 WTO 谈判中充分保护国家利益，特别是农民的利益。通过这些措施，改变印度农业单一依赖谷物的局面，发展高附加值的商品农业，实现农业战略的转变。2001 年农业减负取得了巨大的成就，农产品的出口限制也被取消。2004 年辛格政府上台后，通过为小农提供全部或部分的低利息银行贷款来提高农村收入。这非常受欢迎，因为印度的大部分农民是小土地所有者。2008 年政府还取消了 4300 万农民的债务，约占 GDP 的 1.6%。

信息技术服务业。与中国模式不同，印度的经济进入快车道是由现代服务业推动的，服务业在印度 GDP 中的比例从 1990 年的 41% 上升到 2005 年的 54%。在过去 10 年中，中国和印度的制成品和服务出口均实现了快速增长，但中国在世界制成品出口中的地位和竞争力要远超印度，而印度则在服务出口增长方面具有相对优势。印度服务外包的拉动作用尤其显著。瓦杰帕伊在 1999 年提出印度要在 2010 年成为"信息技术超级大国"，政府为软件业制定的发展战略是以出口为导向，提出"所有的软件企业，不分大小、强弱，都应该是国际化的"。为此，印度历届政府通过减免税、提供信贷和设立软件园等优惠政策大力扶持软件业的发展。2000 年 7 月信息部实施 13 点计划，内容有：在未来 3—5 年信息部门减免税收。中央对光纤、硬件、互联网装置、电视教育计划降低关税和消费税；政府允许互联网供应商自由铺设光缆，信息部同时要求互联网供应商对教育机构降低收费。2001 年 8 月印度全国软件和服务公司协会又向信息部提出10点行动计划,要求政府通过法律保证电子商务有序进行。2005年信息产业部制定了硬件远景规划,要使电脑普及率从目前的6%提高到26%,出口从2700万美元增加到50亿美元。为了提高电脑普及率,政府推出了新计算机教育计划,耗资300亿卢比,旨在向6万所小学在5年内提供60万台电脑,即每年需60亿卢比执行计划。与信息技术相关,印度还实施了"发展全球性城市"的战略,例如,印度政府给班加罗尔的定位是"印度的硅谷"。

进出口政策方面采取三大措施。一是吸引外资。为了吸引外国投资者,印度很多邦都提供了不少投资鼓励政策。如喜马偕尔邦政府对工业提供了多种优惠,包括在一定期限内对一般营业税和中央营业税实行豁免、优惠税率或延期、电力优惠、资本投资补贴等政策。印度已经成为了仅次于中国的世界第二大吸引外商直接投资的国家。二是发展外贸。2001年印度对进出口政策作了重大调整,即进口自由化转向促进出口。把促进出口视为国家战略并努力为促进出口提供有利的环境,并采取一系列措施来扩大出口,主要有:制定方便出口生产的进口政策;实施各种税收优惠措施来扩大出口;设立出口加工区;实施面向出口企业的计划。为了加强对外经贸合作,印度在全国成立了38个贸易促进机构,还通过相关法律规定对进出口贸易实行管理。2002年1月30日,印度宣布了2002—2007年进出口政策,扩大出口的措施包括多元化市场战略;简化出口手续,降低交易成本等,同时放松进口限制,包括取消商品进口数量的限制、大幅度降低商品进口关税。简化进口程序、加大反倾销力度。

2. 政治方面的做法与效果

第一,发起强调印度民族主义的国家运动。1999年印度发起了一场"我们的瓦杰帕伊"运动,把印度人民党的参政野心、全球主义和民族主义结合在一起。正是这一情绪使得瓦杰帕伊在1999年大选中获胜。执政后,印度人民党接着在全国发起了"司瓦德西"运动。在意识形态和国家政策上,人民党提出了"政治应以价值为基础"的主张,所谓的"价值"具有很强的宗教色彩，意味着只有印度教的价值才是医治印度政治弊端的灵丹妙药。印度人民党坚持用民族主义的观点认识印度的复兴，在他们看来，在当今全球化时代，一个民族只有具备自己的特征，才能被国际社会所承认，才能在世界上获得应有的地位。一个在意识形态上缺乏凝聚力的国家，在外部的冲击下难免不出现解体的危险，因此复兴印度教可以增强民众对民族和国家的认同。

第二，法院积极行动，全面涉入政治生活的各个领域，努力发挥三权分立中的制衡功能。首先是环境保护领域。从20世纪90年代开始，高等法院就积极介入环境保护问题，基本站在人民一边，2000年高等法院史无前例地判决那些"污染性的"工厂搬离德里市区。其次，公共生活中的腐败。2003在环境运动团体的强烈呼吁下，印度高等法院命令印度调查局调查两项与泰姬陵有关的建筑工程，结果证实北方邦首席部长兼BSP领导人Mayawati及其同伙在工程开始前就购买了大量相关土地，从而谋取暴利，最后该首席部长被迫辞职。最后，与社会政策有关的立法领域。高等法院发布了大量的命令，要求德里市和德里区执行空气清洁条例，要求中央和邦政府释放食品储存来防止饥饿死亡事件的发生，通过提供午餐和日常护理设施来促进教育发展。法院在许多方面积极参与立法行动，也表明了印度政府立法部门的瘫痪。其实自1989年以来，历届政府均不能控制上议院，人民院的立法已经陷入僵局。

第三，21世纪印度政治界尤其是各政党普遍接受了联合政治和联合政府的政体形态，印度彻底进入联合政治和联合政府阶段，联合政党的体制实现了制度化。2004年百年老党国大党为了大选终于决定接受联合政治和联合政府的政治发展趋势。国大党以前拒不接受联合组阁。联合政治和联合政府的特点有三个：首先，政府的代表性更加开放、更加能够包容社会不同的身份和利益。尽管政府是通过联盟的形式进行运转，但还是基本能够采取大胆的决策，而一些基本政策特别是外交、安全和经济方面，是不可更改的，从而在政权发生变化时保证治理的连续性。其次，民众政治逐渐让位于有组织的政治。在联合政治下，民众对不同问题和政府政策的不满基本上是分散的，不仅大规模的群众动员变得困难，而且即使以种姓、种族或宗教来发动民众也无法超越其临界点。新的联合政体使民众运动领导人常常受挫。最后，印度联合政党体制经过 1989 年、1999 年和 2004 年大选，最终完成了制度化过程。其基础性的构成是地方的、地区的、种族的小政党。他们在联合体制中的两大政党之间发挥平衡作用。这种联合政党体制更加靠近社会。表明在全球化时代必须重新界定和重构"国家"这一概念及国家与地方和地区的关系。代议制政体必须适应联邦政体的需要和多种族、多文化社会的需求。

第四，进行与选举有关的宪法修改。为反映由于家庭发展计划的执行而出现的全国人口分布发生变化的社会现实，2001 年印度的一条宪法修正案规定将人民院席位的分配冻结 15 年，终结此前冻结 30 年的规定，同时允许各邦根据国内移民的变化来重新划定人民院和邦议会的选区。

第五，政党的变革。自 20 世纪 80 年代中后期开始，以身份为基础的政党在印度大量产生，势力也不断上升，使封闭的政治体系向各种庶民团体开放，但是，进入 21 世纪，随着全球左翼的回潮，最重要的是因为这些具有特殊色彩的政党一直没有能够为其选民带来实实在在的好处，所以逐渐被民众抛弃。21 世纪，印度政党发生了如下变化：首先，右翼政党的右翼思潮退潮。2002 年印度人民党提议卡拉姆任总统，以达到两个目标：一是卡拉姆是穆斯林，印度人民党借此告诉民众它愿意卸下其教派的外衣，改变其形象；二是卡拉姆是印度核计划的设计者，印度人民党借此强调印度正努力在国际上崭露头角。2004 年大选印度人民党失败后，进一步自我蜕化。相应的，左翼政党更左，且占领了右翼政党的反对党空间。2005 年印共（马）领导人换代，年轻的、意识形态更正统的一派在全国掌权，他们急切地建立意识形态的信条，反对西孟加拉邦的较为倾向于改革的派别。为了反对经济自由化和私有化，他们在 9 月领导了城市大罢工。印共（马）领导的左翼，其基础是公营部门中享有特权的"工人贵族"，激烈反对关闭公营部门。印共（马）还干涉政府的外交政策，即对美政策，威胁说要发动群众抗议政府的外交政策。由于左派的反对，印度自由化、全球化和私有化的经济改革基本陷入瘫痪，相反公共开支不断上涨。其次，极端派政党更加发展壮大。2004 年印共（毛）成立，获得了贫穷的部落和农村无地农民的支持，影响了印度中部地带的 12 个邦，600 个地区中的 150 多个，有 5000 左右党员，其活动严重威胁印度的经济发展。2007 年辛格政府宣布纳萨尔暴动是印度国内最严重的威胁。最后，中左政党的群众基础扩大。经过 2004 年大选，国大党开始重新复兴。2009 年印度 15 届大选国大党获胜，清楚表明民众对那些狭隘的以种姓、地方和其他身份为基础的政党的失望。

3. 社会方面的做法与效果

2004 年，以曼莫汉·辛格为首的统一进步联盟政府根据《最低共同纲领》，在强调继续以自由化、全球化为导向的经济改革政策之外，突出对社会弱势群体权益的保护，提高教育和社会保障投入，力图缩小贫富差距，保持社会和谐与地区平衡发展。

第一，构建社会保障体系。印度民众的居住条件、卫生条件和健康保障都相对较差，婴儿死亡率和妇女死亡率相对较高。针对这一情况，2004 年，国大党领导的 UPA 政府最低行动纲领中提出如下建议。（1）在今后五年内把用于卫生事业的公共开支增加到至少占 GDP 的 2%~3%，重点是基础卫生保健。政府将引入一项为贫困家庭设立的国家医疗保险计划，特别关注贫困人群，采取一切措施确保人民以合理的价格买到救命药物。对于在生产大宗紧缺药物上恢复公营部门的作用是否可行，将重新予以评估，目的是降低和控制药品价格。（2）加强公共分配制度，尤其在最贫困落后的地区。将推出针对最贫困和最弱势群体的特别粮食计划。还将在长期缺乏食品的地区建立粮库，向所有需要粮食的家庭发放粮食卡。（3）所有拨付各邦而由村委会用于缓和贫困和实施农村发展计划的资金，政府将确保其不被拖延和挪用。（4）政府承诺制定一项城市改造综合计划，大规模增加城镇社会住房供给，尤其要关注贫民窟的居民。大规模增加对农村弱势群体的住房供给。将停止对贫民窟的强制拆迁，进行城市改造时，应注意为城市与半城市地区的穷人提供距其居住地较近的住房。2005 年辛格政府启动了全国乡村就业保证计划，主要由中央政府提供资金，为一个乡村家庭的一名成员提供 100 天最低工资的就业机会。包括限时就业计划和 15 天内工资支付（否则政府受罚），禁止使用承包人和机械,为工作场所提供设施,妇女的参与者达到33%。第一年的开支为1300亿卢比,覆盖330个地区,到2012年1月开支4000亿卢比。2008年辛格政府在"包容性增长"的旗帜之下,提高城市工人的最低工资,特别是大幅度提高公务员的工资,使工资的增长速度快于物价的上升速度。2010年9月初内务部长奇丹巴拉姆公布了全国的种姓数据(根据姓名和地址),宣布到2011年6—9月政府将专门为低等种姓提供约300亿~400亿卢比(6.45亿~8.6亿美元)的救济。2007年审计总署的报告认为全国就业保证计划在工作卡的分配、任务的指派、选择的规则、项目的设计和执行以及财富创造方面都是失败的,但是该计划明显增加了穷人的收入。

第二,加强对社会的管理。2009年1月辛格政府在计划委员会内设立了UNDAI(Unique Identification Number),准备实施身份证制度。2010年政府开始资助这一行动计划,但到现在为止,这一工作的管理及其规范一片混乱。

第三,公民社会积极行动,日益成熟,促进了印度民主政治的发展与完善。首先,在政府和法院反腐无力的情形下,从2010年开始印度民众掀起大规模的反腐运动。该年度三名联合阵线政府的部长面临腐败和行为不端的指控,包括联邦运动会丑闻、住房丑闻和电信丑闻。几个公民社会组织联合起来在2010年10月发动了一场较为广泛的"印度反腐"运动。2011年反腐运动达到高潮,印度反腐运动声称是印度的第二次独立运动。安纳·哈扎尔(Anna Hazare)在2011年4月开始了无限期绝食。政府被迫同意由五名政府成员和五位著名的公民社会组织的成员组成联合起草委员会。但五大争议问题使得草案一直没有起草成功,问题仍然没有得到解决。同年,国大党第83届全国代表大会通过决议,清楚表明政府不愿意率先解决腐败问题,使得民众对国大党和总理迅速失去了信任,结果该年度四个邦的选举中国大党在三个邦失利。其次,反对政府的土地征收。根据统计,2011年1月印度正在进行的由中央政府提供资金的大规模基础设施项目超过140多项,资金总额达1000亿美元。其中的一半是延期没有完成的,延期从几个月到六年不等,主要是因为土地征收引起的冲突造成的。2011年在土地所有者和邦政府之间发生的三大冲突事件将土地征收问题上升为焦点。最后,2005年后,公民社会运动由人权转为法权，积极争取食品权、工作权、健康权、教育权和信息权。这些运动的特点是要求只有通过最高法院才能命令国家制定相应的政策来实施，因此，所有这些运动都是指向国家，国家成为公民社会政治战略的中心。但是，这些社会运动不是希望重组现存的权力结构，只是希望塑造新的公正合理的社会关系结构。这是由公民社会干预的性质决定的。以权利为基础的公民运动得到了左翼政党的支持，争取信息权、就业权、森林原住民权、免费义务基础教育权、食品权等。2010年全国咨询委员会起草了全国食品安全条例的草案，形成备忘录，提议为75%的人口提供粮食补贴，覆盖90%的乡村和50%的城市人口。

第四，民众的反全球化运动此起彼伏，反映了印度社会的"全球化焦虑症"。2000年，前总理V.P.辛格在马德拉斯港口领导农民举行抗议活动，试图阻止卸载那些根据WTO要求而进口到印度的西方农产品。这掀开了全国各地农民团体抗议WTO的序幕，旁遮普、安德拉、喀拉拉、北方邦的农民都起来抗议。不仅仅是农民感到了全球化的影响，工人同样如此。2002年印度无组织部门的工人首先起来抗议政府的私有化、全球化和自由改革。2003年4月21日印度爆发了独立以来最大的一次工人大罢工，5000万工人参加，目标就是反对新自由主义的全球化经济政策。

4. 文化方面的做法与效果

第一，加强对教育的投入与发展。印度政府促进教育发展的政策包括小学阶段全国女童教育计划；教育保证计划和替代教育、创新教育；地区小学教育项目；午餐计划、教师培训计划等。就不同层次的教育而言，2002—2007年的"十五"计划期间，印度政府在初等教育上投入2875亿卢比，比"九五"计划高出75%。2009年启动的"十一五"计划期间印度将拨款2000亿卢比给中等教育。为了发展高等教育，政府采取的措施有：首先，迅速加大私立院校的扩展，主要是附属于邦一级的院校尤其是职业教育。其次，中央政府通过立法扩大对全国高等教育机构的投入，特别是技术教育，2010年通过了两个议案——技术研究所议案和全国技术研究所（修正）案，前者新增 8 所印度理工学院（IIT），后者新增 5 所。最后，辛格政府通过各种立法来改善高等教育的质量，2010 年以来通过了禁止技术教育中不公正行为法案、医学教育和大学法案、教育特别法庭法案、全国委派监管局法案、全国学院存放处法案。为了解决地区教育发展不平衡的问题，中央政府启动了地区教育计划，意在提高地方机构的参与程度，规划、推行和监督本区域范围内的教育情况，还启动了一个计划，要在全国教育落后的地区设立 374 所示范院校，中央政府负担 1/3 的投资，特殊邦负责 1/2。就教育的开放性而言，2010 年印度政府通过了外国教育机构法案。外国大学可以与印度同伴合作来提供学生教育课程，但不能独立进行。据估计，2010 年初有 140 所印度机构与 156 个外国教育机构进行了 225 项学术合作，25% 是管理和商业管理，22% 是工程，20% 是旅馆管理，主要来自英国和美国。

第二，赋予教育以道德的色彩。印度人民党统治时，为了使教育具有一种道德（印度教）的色彩，教育部重组了每一个重要的教育委员会，重新设定学校的课程、编写教科书，使它们符合官方的理念。而且，限制外国学者。规定地方的研究机构举办会议邀请国外学者时，必须提前申请，以保证被邀请人对国家的安全不会形成威胁，然后才能给予签证。内务部规定每一名外国人都必须到就近的警察局注册。

第三，形成印度特色的媒体发展模式。20 世纪 90 年代以前，印度媒体报刊的发展模式是西方发达国家的发展模式，但是从 1994 年开始，印度首先不再追随西方模式，到 2002 年在印度媒体界，既不追随东亚模式，也不复制西方模式，而是形成了完全崭新的印度特色的发展模式。首先，抛弃美国模式，即一个地方一份主流报纸，而是发展全球品牌的、且覆盖全国的报纸，地方报纸的日子比较难过。其次，抛弃英国模式，即市场分成大报和小报，而是全国性报纸兼具大报和小报的特色，从而获得广泛的支持率。最后，就报纸的内容来说，不像西方那样迎合青年人的口味，而是迎合 35 岁左右的中产阶级的口味，并且，不像西方那样很少探讨精神或宗教问题，而是把精神当作是报纸的根本了，必有富有哲辩意味的传统话语和印地语的俚语等。

第四，重视国歌，尤其重视民间的国歌。在印度，关键的国家节日如共和国日的庆典上，除了播放国歌外，还都要播放穆罕默德·伊克巴尔的 *Sare Jahan Se Achcha* 这一民间的国歌，平抚人们记忆中印巴分离的伤痛。巴基斯坦同样如此。这种非官方的国歌与官方的国家相提并论的做法在印度 Rukmini Bhaya Nair 看来是在"全球"文化中表达民族骄傲、民族光荣的重要方式。

第五，重视民族语言。印度学术界自 2007 年以来展开了一场关于双语问题的热烈讨论。英语的国际化扩张是从 1980 年以后开始的，与全球化同步。印度许多社会科学家掌握两种以上的语言，这是由于多样统一的印度文化造成的，但是，在印度社会科学的研究中，英语以外的其他语言研究数量也不多，很难看到用其他语言出版的著作，那些使用本土语言工作的人很难接触到国际性的作品，这严重限制了学术领域的探索，也无法形成有质量的本土研究。有学者呼吁：印度的中产阶级不肯放弃英语，难道英语是印度的未来吗？难道印度不像中国等国家那样坚持自己的民族语言吗？

5. 外交方面的做法

21 世纪以来，印度外交政策有三个长期目标：与中国平等，高于巴基斯坦，核武器大国的地位被认可，到 2009 年都基本上实现了。2000 年是印度外交风暴的一年，给世人的印象是印度终于登上了世界大国的舞台。2000 年 3 月，20 多年来美国总统第一次访印。同年 10 月，俄罗斯总统普京对印度进行了长达一个星期的国事访问，使俄罗斯再次成为印度的主要武器供应国和外交伙伴。印度与以色列达成联合反恐的协议，从以色列购买军事武器。印度外交部长贾斯旺特·辛格（Jaswant Singh）访华，与中国的贸易扩大。印度彻底地开放了自己，与所有经济有联系的国家进行了外交互动，经济外交日益突出。从 2001 年 7 月开始，与国内事务相比，外交事务变得最为突出。尤其是"9·11"后，印度的重要性上升，与美日韩等国的关系急剧升温，同时保持与俄罗斯和欧盟等的传统友好关系。2005 年可以说是印度的又一个外交年。在四个国际及地缘战略方面，印度的政策制定者采取了新措施。（1）印度与美国形成了战略伙伴关系，极大地增强了印度在重要的国际政治、经济和安全问题上的影响力。（2）印度加速了从 2003 年开始的与中国的政治合作，从而使两个亚洲大国在经济上实现共赢，确保两国在边界争议、能源资源和贸易市场的全球竞争保持非白热化。（3）印度开始了新的"前进政策"来改善它在"邻近国家"的形象——印度日益认识到它在这一地区的利益，覆盖整个印度洋，包括部分的非洲、波斯湾和中亚、西南和东南亚。（4）对于周边的国家——尼泊尔、斯里兰卡、孟加拉和巴基斯坦，印度开始放弃各种极端的和不稳定的方式。借此，印度在长期的大国抱负方面向前迈进了一段距离。2005年印度与所有主要国家都建立了战略合作伙伴关系。印美关系改善的最大成果是2005年7月宣布，2006年3月正式生效的民用核能合作协议，其次是2005年6月签署的安全框架协议，规划了10年的联合军事演习和交流，扩大国防交易，增加新的国防技术转移、合作和共同生产的机会。2006年2月美国五角大楼发布的《2006年国防概要》指出，印度是"一个大国和关键的战略伙伴"，一个新兴的大国之一，其选择"将是决定21世纪国际安全环境的关键因素"。因此，2006年是印度追求大国之梦的重要一年。在印度历史上，这是印度政府第一次较好地像历史上的大国那样利用其军事和外交策略。以往印度一直在"口头上谈谈"大国，而现在开始在"行动上践行"大国。而世界各国，无论大国还是小国，都开始明显地尊重印度。这样，到2009年印度实现了21世纪头10年的外交目标。具体做法如下。

第一，自1991年经济改革以来，经济外交一直是印度外交的重点，进入21世纪，印度政府在保持经济外交的优先同时，凸显安全外交和文化外交，追求各个外交领域的全面开花。

首先，2001年，印度人民党政府明确宣布将1991年经济改革开始时实行的"东向"政策正式推进到第二阶段。与第一阶段相比，东向政策的目标由东南亚推向了东亚，积极发展与中日韩朝等国的关系。2004年印度与东盟签署了和平、进步和共同繁荣的东盟—印度伙伴关系，在贸易和反恐等不同领域共同合作，2005年与新加坡签署了全面经济合作协议，加入了东盟"10 + 1"的框架体系。同年，印度还参加了东亚峰会第一次会议，成功融入亚太圈。东向政策的内容也由第一阶段的经济外交为主转为经济、安全和文化外交全面推行。印度重振东向政策的高招是强调安全伙伴关系并提供安全方面的合作。从 2002 年开始，印度加强了与东盟国家的海上安全合作。2007 年印度与美国、日本，以及澳大利亚和新加坡在 9 月初举行了 6 天的海军联合演习，以提高海军力量的国际友好合作。目前，印度与东盟在军事安全领域的合作已经发展到包括军售、联合军演等领域在内的"全面防务合作"阶段。与此同时，印度与东亚国家如韩国、日本、澳大利亚等的防务合作也已展开，而且，目前，安全合作由之前的低层次海军联合演习上升到了全面的军事合作的新阶段。文化外交方面，2007 年印度在外交和官方领域举行了一系列的庆祝活动，如娱乐表演"不可思议的印度"，印度的公众评论员洋溢着一种对未来的乐观情绪。2008 年印度纷纷在各国建立海外文化中心。

其次，除了东向政策外，继续发展与西方传统大国的密切合作。2005 年印度与英国、德国和法国、俄罗斯都签署了伙伴关系协议；7 月印度与其他几个发展中大国参加了 G8 峰会，两个月后，印度举办了欧盟—印度峰会，进一步推动了已有的战略伙伴关系。

最后，辛格政府在 2009 年开始了外交政策中的"西向"政策，将印度与大中东连接起来。该政策包括与该地区重要的国家建立起高层次的联系，包括沙特阿拉伯、伊朗、土耳其和埃及。还聚焦于与海湾合作委员会的集体地区合作，大力发展与伊斯兰国家的联系。印度与波斯湾国家有很多年的经济联系。在海湾合作组织国家里有近 500 万印度工人，每年汇回国内的款项达 40 亿美元。此外，印度在中东的最紧密合作伙伴是以色列。

第二，在全球外交方面，印度不仅积极参加，而且原则性很强。印度认为应当在两个层面上采取行动：一是强烈要求改变全球化的游戏规则；二是要充分做好迎接挑战的准备，而不是一味强调从世界经济中获取利益。例如，在世界贸易组织、国际气候谈判和核不扩散等全球性问题的协商时，印度政府一直坚持从南北关系的视角出发，采取有原则的立场和态度，当然一开始比较僵硬，但 21 世纪以来印度表现得越来越灵活。如 2000 年，在世贸组织的多哈部长级会谈上，印度坚持其在环境和劳工标准方面的立场，认为西方的知识产权增加了第三世界的医药成本。在坎昆部长级会议上，印度联合 21 个其他发展中国家提出，欧洲的农业和农场贸易政策必须改革，实现自由化。

印度要求美国和欧盟应该大幅度削减对棉农的补贴。因为这些补贴已经导致印度的棉花出口商要求政府提高10%的棉花进口税。

第三,将英国殖民统治的遗产现代化,发展睦邻友好关系。自由化、全球化的经济改革之前,印度一直在强化英国殖民统治的遗产,如解放孟加拉、吞并锡金、干涉斯里兰卡内政、约束尼泊尔、利用武力干涉马尔代夫政变等,处处昭示印度的地区霸主地位。直到1996年古吉拉尔主义出台,提出新的地区主义,强调睦邻友好。瓦杰帕伊政府继续实行这一政策。2000年印度人民党认真磋商,努力结束克什米尔战争,解决边境问题。但是,直到辛格2004年执政以来印度关于南亚的新思维才正式成型。靠着日益增长的经济和新的政治自信,辛格政府公开表示要对邻居采取单方面的主动姿态。强调南亚次大陆共同繁荣的重要性,真诚地努力解决与邻居之间长期存在的政治问题,不求回报地提供经济让步。印度努力让邻居相信印度代表的是机会而不是威胁。随着手中掌握的经济资源日益增多,印度能够说话算数。最近几年印度对其邻居的援助支出和奉献达到极高的比例,给阿富汗20亿美元,给孟加拉10亿,斯里兰卡5亿。除了经济之外,印度还推出了庞大的政治框架来吸引邻居。2007年与不丹签订了新条约,对缅甸军政权采取了和缓的姿态,2011年末向尼泊尔表示了修改旧条约签订新条约的想法并被接受。同年,印度与孟加拉、阿富汗和马尔代夫三个国家连续签订了新的伙伴关系协议。有一个协议是辛格最希望签订但也最为遥远。2006年他表示希望与巴基斯坦签订一个全面的和平、友谊与安全的协议。在地区层面上,辛格政府努力加强南亚区域合作联盟的发展(SAARC)。在2011年南盟峰会上辛格强调,"贸易关系的完全正常化能够在南亚创造出巨大的贸易互惠的机会",在推动地区经济联合方面由于"我们地区的地理形势和我们的经济和市场规模",印度负有"特殊的责任"。在达卡的演讲中他还强调"没有南亚邻国的伙伴关系,印度不可能实现它自己的命运"。

应该说,21世纪的印度政府,无论印度人民党还是国大党,在外交方面都非常果断而且自信,这不仅表现在其外交行动方面,而且体现在国内方面。在涉及外交政策问题的国内争论时,无论有多大的反对力量,都无法改变印度政府的既定外交方针和政策。在 21 世纪，最大的典型的争议问题是印美核协议。作为反对党的印度人民党反对印美核协议，尽管有违其作为执政党时的外交方针，但也与其反对党的角色相配，只不过变成了为了反对而反对，失去了一个政党应有的政治功能。关键的问题在于，印美核协议受到团结前进阵线里的左翼阵线的激烈反对，印共（马）等左翼政党直接撤销了对辛格政府的支持。但辛格政府还是通过了议会的不信任投票，从而完成了争论三年多的印美核协议。当然，这一争议不仅仅是在国内，印美之间关于核协议的一些问题也在不断较量。

三、印度应对全球化的启示

全球化、民族本土化和地方化是一组无法分开的概念。就民族国家而言，实际上要处理好两对关系：内政与外交（全球化与民族化）、经济增长与社会公正（民族化与地方化），要在两个层面解决好两条腿走路的问题。从 21 世纪印度的做法和效果来看，印度在应对全球化方面较为成功，十年里印度政府一直重视外交甚于内政、2007 年以前重视经济改革甚于社会公正，结果导致 2006 年以来国内政治和社会等问题日益突出，迫使印度政府改变发展模式，经济改革基本陷入停顿。由此可见，面向全球必定有利于国家发展，但还要随时关注国内各个领域的发展，及时调整，才可能不会由于内乱而导致前进的步伐被迫停顿。总体来说，印度在应对全球化方面，经验有两条，教训有一条。

第一条经验是充满自信，真正践行大国，展示大国的外交风范。具体来说，首先，软、硬实力紧密结合。即经济先行，政治安全紧随，文化配合。印度外交部部长穆克吉认为，"靠着这种软实力和硬实力的独一无二的结合，印度将成为本地区以至世界上加强和平、稳定和繁荣的必需力量"。其次，秉承"文明共存"的亚洲理念。2005 年辛格在全国团结大会上指出："国家之间可以相互冲突，但文化和文明是能够共存的。21 世纪不是'文明的冲突'，而是'文明的交汇'。"最后，倡导"印度理念"。2005 年辛格在访问日本的时候讲到："如果有一种'印度理念'是印度应该明确的，那就是兼容并蓄的、开放的、多文化、多种族、多语言的观念。我们对历史和人类都有义务来证实多元主义的正确性。自由民主是当今世界政治组织的自然秩序。所有其他的制度，各种程度的威权主义的和多数主义的制度，都是一种背离。"总之，经济先行、政治安全紧随、文化配合的亚洲战略理念，既使印度的崛起成为事实，又使世人为不可思议的印度文化所着迷。而"文明共存"的理念在战略上成功地让亚洲人了解并接受了别样的"和平崛起"。至于富有特色的"印度理念"，它使印度获得了良好的国际形象，为印度大国战略的顺利推进创造了良好的国际环境。

第二条经验是较好的经济发展模式，即"适度的全球化"。萨勃拉曼尼亚（Subramanian）认为"印度一直不是一个卖力的全球化者"，他把印度的特殊方式称作是"最适度的全球化"，即一种"既不过分依赖外资也不过多依赖出口"的战略。这一战略可以解释印度为什么能史无前例地在 2008 年全球危机中实现经济的复兴，因为金融危机蔓延的两个渠道——金融和贸易——在印度只有适度的影响。印度严重依赖外国直接投资而不是有价证券投资和其他形式的资本流入来参加国际资本市场。卢比不是完全可兑换的（在印度之外几乎没有使用的），这也起了减震器的作用。其次，与那些依赖出口的国家不同，印度的增长一直主要靠国内消费和投资的驱动，遭受外部需求降低的影响不大。就商品出口而言，外部需求占印度 GDP 不到 15%。最后，与 1991 年危机不同，印度有健全的现金储备，足以支付其债务。最关键的是印度金融部门没有遭受美国次贷证券的危害。印度中央银行、印度储备银行，采取了保守的方法保护印度的银行业不受全球金融市场的影响。印度银行的国际性成分属于适度。因为印度不允许不偿还贷款债务的交易，也非常不鼓励把资产转化为证券的有害做法。而且，印度储备银行帮助并强迫公营和私营银行进行更好的资本化。印度银行的资本风险的资产比重为 12.6%，高于 9% 的调整标准和 8% 的巴塞尔协议标准。印度银行部门受保护是因为印度的国有银行仍然占国家银行资产的 70% 左右，因此，金融保护主义无意识地变成了对外国银行的控制，外国银行只占印度银行资产的 8.4%。而且，2008 年金融危机期间,在印度的外国银行不能像在其他国家那样随意撤走他们的资产。2009年是印度国家发展里程碑式的一年。不仅跨越了前所未有的全球金融危机,只受到适度的消极影响,而且成功地运行了世界上最大的民主实践——大选顺利进行,辛格政府继续执政。这应验了印度古老的谚语:好的经济就是好的政治。除了受外部冲击小的原因外,印度经济恢复得比预期的还快,还因为国内消费的强劲、公私投资的扩大、制造业的急剧弹升和农业产量的增长。2010年印度经济继续保持了强劲的、富有弹力的增长,印度成为世界上增长速度最快的经济体之一,表明辛格政府在处理经济方面非常成功。总之,"印度已然形成了一种独特的、与东亚尤其与中国截然不同的经济增长模式:主要依赖国内市场而非出口,依赖消费而非投资,依赖服务业而非工业,依赖高技术而非低技能制造业"。

但是,2011年印度经济急剧下滑,原因是什么呢?一个是这种适度的全球化也有其代价,那就是"印度从来没有享受到较为深入的改革带来的好处——如较为高效的生产力带来的较高速发展"。另一个原因是自2008年以来辛格政府迫于国内政治压力(为了大选和实现选举诺言)、国内各种与公共政策有关的危急问题的困扰和经济危机的影响,采取了社会公正优于经济增长的做法,而且经济改革基本停止。这是印度的最大教训,因为国内问题影响了印度发挥全球大国作用的野心。

在国内问题方面,印度尚存不可忽视的因素。第一是贫困问题。经济改革20年,印度政府基本上是把经济增长放在第一位,把社会公正放在第二位。当然,印度政府并没有完全忽视社会公正,可是,印度政府总是主要集中于改进穷人的生活条件,并没有更多地注意到体制结构和改革问题。如国家复兴基金(NRF)本来是要对下岗工人进行就业培训的,2000—2001年开支306亿卢比,但其中92.8%被用于为自愿退休计划提供赔偿金,再就业进行培训进展得很慢。所以,尽管印度经济发展很成功,但约30%的人生活在贫困线以下,40%多的人是文盲,世界银行估计印度的10名工人中有9人无法获得改革的益处。所以,减贫要与发展相连,引入创新政策,提高社会部门发展的投资。第二是基础设施的薄弱问题。从中期来看,印度基础设施的缺乏和关于土地问题的严重冲突将可能继续影响着印度的发展。印度基础设施的薄弱是政府执政失败的一种体现，政府一直没有修改土地征收法，来满足土地所有者和传统使用者的最低愿望。第三是联合政治和联合政府的弊端：政治的罪犯化和政治的极端化。近些年，随着具有犯罪记录的强人进入政治领域，印度政治的罪犯化日益明显。全国性的政党如国大党、印度人民党和印度共产党还好些，那些小的地方性政党特别明显。政权的和平转换是值得称赞的，但近年来印度的选举带来了政治的两极化：早些时候，几个相互竞争的团体之间已经不存在政治和意识形态的斗争，而现在却日益明显，结果强化了相互冲突和诋毁，各方都有极端化的行动。这种政治的极端化造成公民社会以党派归属而不是以职业来划分群体。再次是国家行政体制的行动能力差，明显地不能根据印度的现实和外部世界的变化来进行机构的变革。每每危机爆发，印度政府总是手忙脚乱，因为印度的行政体制矛盾重重，官员非常多，但决策权却高度集中。而三个决策部门国家安全委员会、总理办公室、内阁秘书处领导的危机管理小组的责任分工又不明确，权力基本都集中在总理和总理办公室。印度在21世纪的发展取决于它是否拥有改革和重组其关键的国家机构部门的能力。最后是过度的平民主义政策阻碍了印度经济的大踏步发展。2011年辛格政府试图将零售业向外资开放的政策没有能够通过国会的批准而流产，这表明国大党联合政府的政治态度是：快速的经济增长到此可以停下了；产生的剩余要用来帮助那些还没有从改革经济或快速增长获益的普通人；经济改革只能获得少数城市精英的支持，但对选举来说这些少量的政治选民太微不足道了。

其实，2006年国内问题已经开始突出，如贫困和能源环境等问题，2007年发展的绝对不平等已经成为学术圈和政治圈讨论的重要问题，但联合政治和联合政府的局限性导致政府迟迟没有作出强有力的政策决定。直到2008年印度国内局势急剧动荡，包括系列恐怖袭击事件，种族和宗教的暴力，毛派游击队的复兴运动，农民反对土地征收的群体性事件，等等。当然，全国经济的下滑在客观事实上恶化了这些事件。辛格政府的精力几乎全部消耗在处理联合政治的各种紧急状况上，根本无力同时处理各种各样的公共政策问题，所以在经济方面几乎没有采取新的行动。2009年印度民众有两大期望：保障人身安全和自身温饱。然而，自2008年以来庞大的公共开支使中央政府的财政赤字持续增长，2010年占GDP的7%，是发展中国家中最高的之一。同样，通货膨胀也没有得到遏制，连续几个月徘徊在8.5%~10.5%。如果任由其继续增长，再加上高额的国债，特别是如果没有继续改革，那么印度经济扩张的潜能就会停滞，印度政府将很难满足国内的教育、卫生、减贫和现代基础设施开支的需求。

全球化进程中的越南

郭伟伟[*]

自20世纪80年代中期以来,全球化成为国际社会普遍关注和各国研讨的一个热点问题。本报告重点研究越南作为社会主义改革中的国家应对全球化的经验与做法,将研究对象聚焦到国家层面,注重分析全球化与越南国内发展、全球化与越南国家竞争力、越南参与全球化的阶段性与越南应对的有序性等重要的关系,以便为同样社会主义国家的中国应对全球化提供有益的借鉴与启示。

一、越南在全球化中的位置和受到的影响

自1986年起,越南开始实行革新开放。为适应经济全球化的发展,越南采取各项措施,日益广泛参加国际经贸活动,发展与各国和国际组织的经济、文化、科技关系,一步步地融入国际经济体系。

---

[*] 郭伟伟,中央编译局研究员。

(一) 越南的经济发展现状与全球化水平

1. 经济发展现状

从总体特征来看，越南经济正处于快速工业化的进程之中，经济总量不断扩大。2006 年，越南正式加入 WTO，并成功举办 APEC 领导人非正式会议。此后，越南政府采取措施调整经济结构，增加工业、建筑和服务业比重，降低农业、林业和水产品业比重。完善市场经济体制，改善投资环境。经济保持快速增长，主要经济指标均已完成有些甚至超额完成。2011 年 GDP 总量达 1190 亿美元，人均达 1300 美元。产业结构趋向协调，对外开放水平不断提高，基本形成了以国有经济为主导、多种经济成分共同发展的格局。[1] 从财政收入来看，据越南《经济时报》网站 12 月 24 日报道，2011 年，越南财政收入预计达 674.5 万亿越盾（约合 321.19 亿美元），财政支出 796 万亿越南盾（约合 379.05 亿美元）。财政赤字为 121.5 万亿越盾（约合 57.86 亿美元），约占年度 GDP 的 4.9%，低于 2010 年的 5.8% 和国会提出的 5.3% 的目标。[2] 从外贸情况来看，根据世贸组织驻越南机构统计，2011 年越南进出口总额超过 2000 亿美元，在东盟国家中进出口金额排名第五位，在全球进出口贸易排名中居第 38 位。2011 年越南超过菲律宾，成为东盟第五大贸易国。越南已有 23 类商品出口金额在 10 亿美元以上。[3] 从外资情况来看，外国直接投资（FDI）猛增是越南加入 WTO 后取得的最显著成果。据越南计划投资部外国投资局统计数据显示，2011 年前 10 个月，越南全国吸收外资近 113 亿美元，同比下降 22%，但是，越南实际利用外资 91 亿美元，同比增长 1%。而且相关外资项目均是那些有潜力及可实施的项目，且进入不动产领域的外资明显下降，进入加工制造领域的外资大幅增长，增

---

[1] http://baike.baidu.com/view/4205.htm.
[2] http://www.foods1.com/content/1393199/.
[3] http://www.mofcom.gov.cn/aarticle/i/jyjl/j/201112/20111207899484.html.

幅居各领域之首，占协议投资总额的50%。这表明越南外资在朝正确方向流动，且质量日益提高。[1]

处于发展中的越南经济也面临一些问题。越南国会经济委员会委员陈皇银认为，2012年越南经济发展仍将面临2011年遗留的"三高"考验：一是通货膨胀高。2007年以来越南年均通胀率达13%，为东南亚国家平均值的3倍。物价持续上涨削弱了人民对政府调控能力的信心。引发通胀有货币政策、财政政策等方面的原因，但更重要是物价管理问题，政府需在物价管理和调控上下更大功夫。二是贷款利率高。贷款利率高使内在经济发展和企业生产经营更加困难，贷款利率如不大幅下调而继续维持目前的高位，就将在自家院内"杀死"自家企业。三是经济开放度高。越南的经济开放度已高达166%，对世界经济的"气候变化"十分敏感。国际金融危机发生后，东南亚各国纷纷降低本国经济的开放度，泰国、印度尼西亚和菲律宾分别降至100%、36.7%和53.6%以下。上述三国均为贸易顺差国家，而越南却是贸易逆差国，2001—2005年共计逆差为190亿美元，2006—2010年逆差升至630亿美元，2011—2015年的逆差为680亿美元。[2]

针对上述情况，越南提出了相应举措。越共中央十一届三中全会提出今后工作重点是推进经济结构调整，转变经济增长方式；[3] 越南国会也通过了《2011—2015年5年经济社会发展计划决议》，将5年发展计划的主要指标进行了调整和设计，将GDP年均增长设定为约6.5%~7%，将全社会投资总额设定为约占GDP的33.5%~35%，并决定自2012年起，逐年减少贸易逆差并在2015年贸易逆差占出口总额的比重控制在10%以下。[4]

2. 全球化水平

越南积极参与全球化发展进程，取得了较为显著的经济和社会成效。这

---

[1] http://www.mofcom.gov.cn/aarticle/i/jyjl/j/201110/20111007778303.html.
[2] http://vietnam.caexpo.com/jmzx/2011/12/07/3548089.html.
[3] http://vietnam.caexpo.com/jmzx/2011/11/25/3547323.html.
[4] http://finance.ifeng.com/roll/20111109/5020678.shtml.

表现在以下几方面：首先，越南以贸易为纽带，积极融入世界经济体系。通过双边和多边的协议，迄今越南已与世界 154 个国家和地区建立了经贸关系。越南的出口总额已从 1986 年的 67.78 亿美元增加到 2011 年的 957 亿美元。同期进口总额从 18.3 亿美元增加到 1044 亿美元。20 世纪 80 年代末存在的严重贸易逆差问题已有缓解，现今贸易赤字减少，进出口比重已相对平衡。[①] 其次，越南确立对外开放原则，积极引进外资带动内资发展。从《外国在越南投资法》正式颁布以来，截至 2010 年年底，来自 92 个国家和地区对越直接投资项目存量达 12213 个，协议投资总额达 1229 亿美元。[②] 与外国直接投资进入的同时，越南引进新的工艺和技术装备，如邮电、远程通讯、油气、电子设备、纺织、制鞋等相对先进的工艺和技术装备。尽管一些技术装备在欧美和日本等发达国家已显落后，但在越南这样的发展中国家仍有效用。再次，越南实施全球化战略，促进了越南众多的人力资源开发。越南拥有 7900 万人口，其中小学以上文化程度占 97%，但技术水平低，缺乏市场经营与管理经验。越南城市的失业率高，农村的剩余劳动力多。通过全球化战略，推进对外开放经济交流，不仅增加了就业人数，而且通过每年对外劳务出口，减轻了国内就业的压力。同时，通过开办出口加工区、工业园区和引进高技术的人才，学到了先进的技术和企业管理经验。[③]

图 1 显示的是各国的全球化指数，从中可以看出越南的全球化指数较低，世界排名较为靠后。表 1 显示的是 KOF 项目给出的最新全球化指数排名，越南的社会全球化指数和政治全球化指数排名较为靠后，分别为第 147 位和第 131 位，但是，越南的经济全球化指数排名较为靠前，为第 83 位。综合上述分析，同时联系到近年来越南的经济发展绩效，我们认为，通过扩大对外经济联系，与国际经济接轨，越南不仅带动了产品进入国际市场，发展了对外贸易，而且吸收了大量外国直接投资，引进了新的工艺和技术，填补了某些

---

① http://www.taiwantrade.com.tw/CH/bizsearchdetail/6024616/C.
② http://www.mofcom.gov.cn/aarticle/i/dxfw/cj/201104/20110407478343.html.
③ http://db.sdxlib.gov.cn/detail?record=642&channelid=8390.

技术的空白，还培养了一批科技和管理人才，掌握了现代管理经验，从而推动了产业结构的更新，加速了国家的工业化、现代化的发展。同时，在对外开放和融入国际经济的过程中，越南的经济体制开始转轨，废除了官僚主义集中与包给的体制，建立了多种经济成分并存的、国家管理下的、社会主义发展定向的市场经济体制，国民经济也摆脱了恶性的通货膨胀和停滞衰退的危机，进入相对稳定和持续增长的时期。

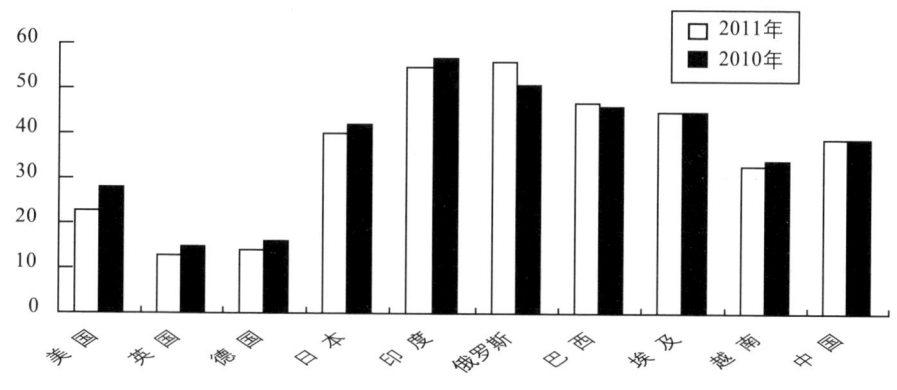

图1　安永全球化指数

资料来源：Ernst & Young, Winning in the Polycentric World: Globalization and the Changing World of Business, 2010; "The World is Bumpy: Globalization and the Strategies for Growth", 2011。

表1　2011年项目对应各国的全球化指数排名情况

	全球化指数	经济全球化指数	社会全球化指数	政治全球化指数
	排名	排名	排名	排名
美国	27	50	25	15
英国	21	22	7	90
德国	16	28	12	18
日本	44	92	48	34
印度	116	122	150	22

续表

	全球化指数	经济全球化指数	社会全球化指数	政治全球化指数
俄罗斯联邦	52	110	39	47
巴西	78	100	126	17
埃及	76	109	110	16
越南	125	83	147	131
中国	73	103	89	41

资料来源：2011 KOF Index of Globalization，http：//globalization.kof.ethz.ch/static/pdf/rankings_2011b.pdf。
注释：这里参与排名的共有 208 个国家。指数是根据 2008 年数据。

（二）21 世纪以来越南受到的主要全球化事件的影响

进入 21 世纪，越南先后遭受一系列全球化事件的影响。其中，首当其冲的就是加入世界贸易组织（WTO）。

1. 加入世界贸易组织

2000 年 7 月，越南签订了与美国的贸易协定。此后，摆在越南面前的艰巨任务是加入世界贸易组织（WTO）的谈判。在加入 WTO 谈判期间，越南批准了多项新法律和监管措施，意在使其商业环境与国际标准一致。历经数年的谈判和期望后，越南于 2007 年 1 月 11 日正式加入 WTO，成为其第 150 个成员国，这为越南贸易和投资进入新时代打开了大门。[①] 越南按要求削减关税并且向海外投资者开放先前受限制的经济领域。其中多数改革几乎是立即生效，而其他一些则按阶段进行。例如，越南将增加海外市场准入权，并在与贸易伙伴产生争端时由中立的仲裁者进行审理。

加入世贸组织对越南来说是一把双刃剑。从积极方面来看，越南可以借此获得更广阔的发展空间，特别是贸易、投资和技术方面的机会将大大增加。

---

① http：//finance.sina.com.cn/money/forex/20070111/14051149941.shtml.

除了制造业领域外，金融等服务业领域吸收的直接投资也有望增加。如作为入世的一项承诺，越南将允许国外银行在越南开设全资控股银行，这给予国外银行涉足越南银行业绝佳的机遇。但是，入世带来的挑战也显而易见。越南必须严格地履行各种承诺，包括大幅降低各种产品的关税，逐步开放一向处于垄断地位的服务、金融市场，严格执行国际知识产权保护等。当然，对越南的普通百姓而言，入世的好处随处可见。如越南汽车业长期受高关税保护，汽车价格一直居高不下。入世后，越南百姓将能用上包括汽车在内的更多价格便宜的进口货，住房的建造成本也会随之下降。①

为了应对以上挑战，越南在各个领域制定了具体的应对措施。在农业领域，政府正在大力调整农业产业结构，提高农产品的竞争力，发展农村基础设施，出台更多与国际惯例接轨的政策，加强劳动力培训。在工业领域，越南将大力促进私人企业的发展；加快国有企业股份制改造进程，降低私营企业借贷门槛。与此同时，越南逐步完善各项法律法规，改善服务质量。这些举措对越南在未来一段时期内维持经济的高速增长十分有利。

2. "9·11"事件以后的越美双边贸易协议

美国"9·11"事件的经济影响不仅局限于事件本身的直接损失。更重要的是影响了人们的投资和消费信心，使美元相对主流货币贬值，股市下跌，石油等战略物资价格一度上涨，并从地域上波及欧洲及亚洲等主流金融市场，引起市场的过激反应，从而导致美国和世界其他国家经济增长减慢。

"9·11"事件推动美国政府加强和国际社会的合作，严厉打击恐怖活动。美国和越南在经贸方面的合作也随之加强。2001年12月10日，越美双边贸易协议生效，这可以看作是越南经济融入世界经济的一个里程碑。越美双边贸易协议的签署，使得越南在没有完成加入世贸程序的情况下可以享有WTO成员国的实质收益，把平均关税从大约40%降至3%，极大地提高了越南产品在美国市场上的竞争力。自获得最惠国待遇地位后，越南向美国出口的纺

---

① http：//www.foodqs.cn/news/gjspzs01/200822711927801.htm。

织品及服装数量大大增加。在 2003 年的前 9 个月中，越南对美国的出口总量上升了 30%，这主要得益于服装出口的增长。然而，越南出口的进一步增长却被美国依据 2003 年 7 月签署的双边纺织品协议而实行的进口配额所限制。作为越南产品进入美国开放市场的交换条件，越南允许美国公司和服务商更方便地进入其国内市场。

3. 国际金融危机对越南的冲击

2007 年至 2009 年全球金融危机，又称世界金融危机、次贷危机、信用危机，是一场在 2007 年 8 月 9 日开始的金融危机。这次国际金融危机迅速由美国蔓延至全球，由发达国家蔓延至发展中国家，没有哪一个国家能在这场危机中独善其身，也没有哪一个国家不需要国际合作而渡过难关。越南作为国际游资青睐的新兴市场，由于其经济外向型程度较高，不可避免地受到冲击。2006 年越南股市曾跻身于全球最火爆的市场之一。到 2008 年金融市场的表现犹如"坐过山车"。越南经济体系正暴露在风险之下，金融市场急剧动荡，多项经济指标亮红灯。2008 年，越南证券市场一落千丈；与此同时，越南物价一路飙升，其中食品价格上涨最多，达到 42.4%，核心 CPI 中的房屋费用也上涨 23%，通货膨胀大有失控的风险。这次金融危机，越南政府难脱干系。为了刺激经济发展，越南政府大量引进外资，但又不希望大量的财富流失，所以竭力扶植国企做大做强，确保它们获得低利率贷款，结果导致金融信贷政策过于宽松，摊子铺得太大，经济过热难以遏制。

深究其理，国际金融危机对越南的冲击之所以如此之大，还是和越南的生产模式和经济发展模式有关。越南是人口学中所谓的"青年国家"，在越南，25—27 岁的青年人口占 50% 以上，大量的青壮年人口，识字率比较高，稍加培训可直接进入生产环节。但是，越南的产业基础比较薄弱。20 世纪后期，外包产业开始从中国迁移过去。这些"世界工厂"发展起来之后，随着生产成本抬高，一部分自己生产没有效率的产业，通过资本输出和转移的方式向其他周边的国家迁移。像越南这样有一定劳动力优势的地方，就负担了部分"车间"的职能，由此形成的利润微薄型产业抗压性较差。在以前国际经济环境相对稳定，外需比较强，美国和欧洲的国家青睐"越南制造"的时候当然可以，但是，一旦有诸如国际金融危机的突发情况，外部资本纷纷开始撤退，则进一步冲淡了越南宏观调控能力，导致越南的国家银行对经济控制能力相应削弱，冲击和影响也随之产生。

（三）全球化对越南产生的主要影响

越南融入全球化，是本国内政外交面临困境下的选择。20世纪80年代，越南国内经济状况不佳，人民生活水平下降，国际上树敌颇多。1986年成为越南历史进程中一个重要的里程碑。这一年的7月，在越南执政长达12年的一个强势领导人黎笋去世了。同年12月，越南召开了越共六大，在六大上，被称为"越南的邓小平"的阮文灵上台。他上台后实行了大刀阔斧的改革，对内改革经济体制、政治体制，对外实行全方位的开放政策。20世纪90年代初，随着苏东剧变和冷战结束，原经互会成员国对越南提供的援助、投资和优惠贸易大大减少。内外交困的情形促使越南深入革新开放，对内继续发展多种成分的经济，对外致力于改善国际关系，结束孤立的局面，融入国际经济体系，以吸引外资和技术，发展对外贸易，促进本国经济的发展。进入21世纪以来，越南融入全球化的进程加快。2006年11月，经过12年的谈判，越南加入了WTO。2007年1月1日成为WTO的正式成员。

全球化对越南经济、政治、社会、文化以及国际地位等产生了广泛而深远的影响。其中既有正面的，也有负面的。

1. 经济方面

自越南实行革新开放政策、融入全球化以来，其经济得到较快发展，迅速摆脱危机，并成为亚太经济中的一个亮点。越南经济体制也逐渐市场化，经济结构非农化；越南经济全面融入世界经济，开展全方位的经贸合作和区域经济合作；对外贸易快速发展。此外，私营经济投资和国内消费需求进一步扩大，法律进一步健全，投资政策得到进一步改善，行政审批手续逐步简化，这一系列变化，使得越南获得了世界投资者的青睐。外国直接投资对越南经济产生了深远的影响。当然，经济全球化在为越南经济提供了新的发展机遇的同时，也增加了越南经济安全的风险。

2. 政治方面

如今的越南是东南亚地区政局稳定、社会安全系数较高的国家。但是，20世纪中叶的越南曾饱受战乱沧桑，人们物质文化生活极其匮乏。这一情况随着全球化发展而发生改变。从政治改革方面来看，越南已实现权力平稳交接，越南共产党在坚持对外开放政策的同时，注重加强执政能力和组织建设，始终牢牢把握政权。当然，全球化进程中也出现了官员贪污腐化现象。正如越共总书记农德孟所说："一些干部生活方式不受约束，腐化堕落，且不能保持他们的政治信念和道德准则，我们不得不为此付出沉重的代价。"虽然越南国内目前存在贪污腐败、地区发展不平衡、居民收入差距扩大等问题，也会引发一定社会不满，但其程度相对有限，并没有严重到影响越南共产党执政及社会稳定的程度，且会促使越南共产党加强其执政基础和控制能力。

3. 社会与生态环境方面

全球化造成了越南国内贫富差距扩大。由于外国投资地区分布的不平衡，以及原有基础的差别造成越南南北、城乡之间、山区老根据地和少数民族地区与平原开发区的收入差距拉大，贫富之间两极分化加速。

在环境方面，越南在全球化过程中也存在着牺牲环境资源换发展的问题，并为此付出了高昂的代价。越南是世界上生物物种最丰富的国家之一，享有"世界动植物研究博物馆"的美誉。然而，世界银行《2002年越南生态环境监测报告》却向越南的生态保护工作敲响了警钟。这份报告说，在过去的10年中，越南国内许多物种的生存环境遭到灾难性破坏。据统计，目前越南全国28%的哺乳动物、10%的鸟类和21%的爬行类和两栖类动物濒临灭绝。另外，在维系生物物种多样化中发挥着独特作用的红树林被成片地砍伐，面积比 10 年前减少了约 80%。报告还说，10 年前越南农民还经常在山里见到白颊猿等十分珍贵的动物，但现在再也难觅这些动物的踪影了。报告分析了造成越南生态环境恶化的主要原因。指出近几年越南采取了粗放型的经济发展模式，许多地方大力发展小染料、小电镀、小农药以及炼焦等工业项目，而从事这些工业项目的工厂大多只注重经济效益，不注重环境保护，对自然资源进行了破坏性开发。报告还说，越南一些地方开始毁林开荒，结果植被受到极大破坏，造成水土流失、土地沙漠化及水源短缺等问题。因此，越南最终不仅没有增加高质量的耕地，反而使当地生态环境越来越恶劣，人们的生活越来越贫困，形成了恶性循环。

4. 文化方面

在全球化进程中如何保持民族文化本色，也是摆在越南面前的一个严峻挑战。越南学者认为，当某一超级强国将自己的文化价值视为优越至上，并企图采取露骨的或隐蔽的各种手段把自己的价值观强加于其他民族的情势下，越南仍然不能拒绝与外部交流。相反，要有信心主动选择和接受东西方各国文化中的科学、进步的因素，以便丰富民族文化的本色，并把它视为在国家工业化和现代化事业中建立的新的物质文明和精神文明，以及发挥创造潜力的极其重要的因素。同时反对不分好歹地一概接近所谓"新鲜的"外来文化，以致失去文化的根本，给各阶层人民的思想、道德和生活方式带来不良的后果。总之，只有在保持和发扬民族文化的优秀价值的基础上，同时吸收人类的文化精华，越南文化才可能在发展经济社会的事业中起到应有的作用。因此，越共"九大"报告在阐述"越南迈向社会主义的道路"时提出：应把"经济增长与文化教育的发展以及建设先进的具有浓厚的民族本色的越南文化的事业相结合"，并提出发展教育和培训、科学和技术、文化和艺术，以及扩展国际文化交流的措施。①

---

① http：//db.sdxlib.gov.cn/detail? record=642&channelid=8390.

5. 国际地位方面

越南坚持革新开放，对外实行全方位、多样化、与各国交朋友的外交政策，主动与世界接轨，对外形象逐步得以改善，国际地位日趋提高。越南的外交路线表现出以下特点：一是继续加强周边外交，巩固与东盟国家的关系；二是注重对大国的外交，推动双边务实合作；三是进一步密切与社会主义国家的关系，越南除了高度重视发展越中传统友好合作关系外，也注重同其他社会主义国家加强关系；四是积极参与国际事务，扩大自身影响力，越南积极争取承办各类大型国际会议、体育和文化赛事。越南领导人在各种国际会议和论坛上表现积极，为自身树立了良好形象，也使越南的声音逐渐清晰。总之，积极主动的外交政策，使越南对外交往的范围日益扩大，推动了与各国在政治、经济、文化和科技等方面的合作。与此同时，越南的国际地位也不断得到提高。2007年年初越南正式成为世界贸易组织成员，为其经济腾飞创造了契机。而当选为联合国安理会非常任理事国将使其有条件更为深入、有效地发展各种国际关系，进而在世界政治舞台上发挥更大作用。

二、越南应对全球化的主要做法

1986年越共"六大"将革新开放作为党和国家的整体发展战略正式提出来，开始由闭关锁国走向对外开放，由"一边倒"向全方位、多样化发展，从此越南走上逐步融入全球化及世界经济体系的道路。随着革新开放的不断深入，越共领导人对全球化有了自己的认识和判断。他们认为："融入""开放"，当然是从我们的利益出发，在我们的原则基础上的"融入"和"开放"。但是"融入"而不是"融化"，要注意原则性，即应该把生产力、技术层面和生产关系、政治层面区别开来。因为在生产关系层面，由于受资本主义主导，因而对我们是一个极其严峻的挑战，迫使我们在融入的过程中必须主动，必须立足于自己的实力，不能放松警惕，不能忘却斗争。越南以积极姿态应对经济全球化带来的诸多挑战。2001年举行的越共"九大"指出：

"经济全球化是吸引许多国家参与的客观趋势",其中既有积极性,又有消极性。融入国际经济必须建立在保持独立、自主和社会主义定向的原则之上。这是越共"九大"提出的最高政治要求。越南在《2001—2010年经济社会发展战略》的报告中阐述"战略目标和发展观点"时指出:"经济全球化既促进合作,又增强竞争压力及经济上的相互依赖性";越南在主动融入国际经济的过程中,应将"经济增长与实现社会进步、公平和环保同时并行",并贯彻"建立独立、自主经济与主动融入国际经济必须紧密结合"的原则。2001年越共中央政治局颁布了《关于融入国际经济的决议》,提出融入国际经济的五条指导思想和融入国际经济进程中的八项任务,体现了越南加快融入国际经济的重大决心。2011年,越共"十一大"进一步总结了越南25年革新开放的经验,通过了《2011—2020年经济社会发展战略》。为应对全球化的挑战,越南在政治、经济、社会、文化、外交方面都采取了行之有效的做法,并取得了良好的效果。

(一)政治方面的做法及成效

21世纪以来,面对西方"和平演变"的威胁和本国政治改革的呼声,越南的政治革新在坚持共产党执政、坚持社会主义方向的基础上,坚定地向民主化方向迈进。切实提高人民当家做主的权利,增加人民参政的途径,密切执政党、议会代表与人民的联系,同时加强执政党自身建设,积极反腐,在政治体制改革上取得了实质性的进展。

民主化是越南应对全球化的首要政治战略。2001年,越共九大报告在越南的社会主义奋斗目标中第一次加上了"民主"一词。越南民主化建设的主要路径是国会实职化、选举差额化和直接化、政治参与的大众化等。

国会实职化通过扩大国会职责和国会代表实职化来推进。2001年12月,越南国会批准了一项宪法修正案和《国会组织法》,允许国会对国家和政府领导人进行"不信任投票",并赋予国会据此罢免国家主席、国会主席和政府总理等领导人的权力。例如,2010年,国会代表因越南船舶工业集团严重亏损案，首次提出了对政府领导人进行信任投票的动议。2002年，越南国会开始实行质询制度，每位国会代表都有权对国家主席、国会主席、总理、部长和政府成员就其各自的职责范围内的事项向他们提出质询，被质询者必须做出如实回答。2003年5月，十一届国会第三次会议通过了《国会监督法》，对国会及其常委会、民族会议和委员会、代表团、代表的监督权限、监督方式、监督责任做了具体规定，明确指出国会监督国家主席、国会常委会、政府、总理、最高人民法院、最高人民检察院实施宪法、法律和国会决议的活动，并监督他们发布的法律规范性文件。国会职责扩大要落到实处，必须依靠国会代表活动。越南国会原来专职代表很少。2006年的越共十大决定要增加专职国会代表，重组国会的一些专门委员会。2007年，越南第十二届国会代表组成中，专职代表比例大幅提高至25%。① 专职代表比例的提高，有利于国会独立地行使职能。2010年6月，越南国会否决了政府提出的南北高速铁路项目。越共总书记农德孟事后评价说，此事体现了国会代表"高度的责任感和民主精神"。②

在选举制度的改革上，21世纪以来越南继续推广直选和差额竞选。越南于1987年开始实行国会的差额选举，1992年通过的新宪法规定国会代表和各级人民议会代表均由直接选举产生，并允许个人自荐参选。政治改革的进一步深入将差额选举的原则从国会推广到政党体系。2006年越共十大上，两名旗鼓相当的候选人农德孟与阮明哲竞逐总书记职位，虽然最后的正式候选人仍然只有一位，但前期的差额酝酿过程已经体现了选举的竞争性原则。2007年5月的越南第十二届国会代表选举被认为是越南选举制度革新的里程碑。在这次选举中，共有875位候选人，计划选出代表500名，实际选出493名。越共中央推荐的165名候选人中，有12人落选。选举结果表明选民能够独立地表达其选举意愿。2009年，越南又实现了地方党委书记由党员直选，推进

---

① 张树焕、崔桂田：《越南国会改革的原因、措施及其借鉴意义》，载《信阳师范学院学报（哲学社会科学版）》，2008年第4期，第30~34页。

② 吕余生、农立夫：《越南国情报告（2011）》，社会科学文献出版社2011版。

了党内民主和基层民主建设。2011年初的越共十一大实现了中央委员的差额选举，差额比例为24.57%。

在政治参与的大众化方面，越南着力推动公众对政治生活的参与，促进政治人物与公众的对话，并为公众监督政治人物创造制度条件。国会代表选举改革之后，国会代表候选人的提名需经过所在单位、居住社区和祖国阵线的3轮无记名投票，候选人的简历和财产等情况均在新闻媒体上予以公布，之后候选人需与选民直接对话，接受选民质询，并陈述行动计划。越南于1998年颁布了《关于制定和实行基层民主制度》的文件，实行民知、民谈、民做、民检的基层民主。之后相继颁布了《乡坊民主条例》《国家机关民主条例》《国营企业民主条例》等，具体明确了应向人民公开的事项、应由人民参与讨论和直接决定的事项、应由人民参与讨论由政府直接决定的事项和应由人民监督检查的事项①。2002年越南国会质询制度实施以来，质询过程均进行全国的现场直播，提高了公众对政治过程的认知。2006年越共在召开十大之前提前公布了政治报告草稿，先党内、后党外上下反复多次广泛征求意见，以集中全党、全国人民的智慧。2010年，越南建立了官员财产申报制度，规定党政军及社会组织、国有企业副科级以上干部均需公开个人财产。越南国会代表的信息也是公开化的。

越南政治改革的第二项重要内容是加强党自身的建设，积极反腐。2005年11月，越南国会通过了《预防和反对腐败法》。2006年越共十大将提高党的领导能力和战斗力作为大会首要主题，对反腐工作作了特别强调。同年，越共中央成立了以政府总理为首的反腐败指导委员会。2007年1月，越共十届四中全会作出禁止党政机关、人民团体和军队经商办企业的决定，以铲除滋生贪污腐败和灰色经济的土壤。同年2月，越南正式组建反腐败警察局。同年6月，越南的反腐败网站"反贪网"正式开通，网民可通过该网举报腐败分子信息。2008年11月，越南政府通过了《到2020年防止贪污腐败战

---

① 崔桂田、王韶兴：《越南共产党巩固执政地位的战略举措》，载《当代世界与社会主义》，2007年第6期，第10—15页。

略》草案，提出制度反腐、建立廉洁奉公的公务员队伍，建设为人民和社会服务的行政体制等。越南的反腐败工作取得了一定的成效。①

（二）经济方面的做法及效果

2001年，越共九大将"社会主义定向的市场经济"确定为越南社会主义过渡时期总的经济模式和经济革新的目标。"社会主义定向"一词表明，越南当前所建设的"由国家管理、按照市场机制运行的多种成分的商品经济"，并非严格的社会主义市场经济，它也采取非社会主义的经济运行方式来发展生产力，但其最终目的是为越南过渡到社会主义作物质准备，其前进方向仍然是社会主义。九大结束后，当年12月召开的越南十届国会第十次会议将"发挥各种经济成分的潜力""多种生产经营形式"写入宪法。2002年，越共九届五中全会规定党员也可以发展私有经济，可以成为私有企业主。多种经济成分和生产方式并存的立法，调动了民间发展非国有经济的积极性。2001—2005年，越南年均经济增长率为7.5%，且非国有经济部门的产值增长和投资增长都要高于国有经济部门的增长。

2006年的越共十大报告再次强调要"继续完善社会主义定向的市场经济体制""发展多种所有制形式和多种经济成分的经济"，包括"国有经济、集体经济、私人经济、国家资本主义经济和外资经济"，强调"要创造环境和条件促进各种经济成分共同发展"。改革方向和经济政策的稳定促使越南经济保持良好增长势头。2006年越南经济增长8.2%。

2006年是越南经济的开放之年。2006年年初，越南加入东盟自由贸易区。同年11月，经过12年的谈判，越南加入了WTO。2007年1月1日成为WTO的正式成员。为了"入世"，越南修改了50多部法律法规，并作出了2008年正式开放货物贸易市场、大幅下降进口关税、给予外资企业国民待遇、

---

① 崔桂田：《越南在经济转型中处理社会矛盾的举措》，载《当代世界社会主义问题》，2009年第1期，第12—20页。

确保政府出台政策的透明度等多项承诺。加入 WTO 后，越南已履行部分承诺，包括废除大部分进口配额限制，遵照 WTO 规定限制商品出口，取消了非农业出口的直接出口补贴，高调打击和严厉处罚走私。此外，越南政府还通过精简海关程序、推广电子结关等措施加快与国际市场接轨；通过加大基础设施建设、修改法律条文提升政府工作效率等方式改善投资环境，吸引外资。2006 年 12 月 20 日，越南取得了美国的永久正常贸易关系地位。

在全球经济状况良好的 2007 年，越南经济继续高速增长，增长率达 8.44%。然而，2008 年越南经济增长率降至 6%，同时通货膨胀率却大幅升高，CPI 高达 23%。2009—2011 年，越南仍然保持这个相对 2000—2006 年来说"低增长、高通胀"的势头，国会和政府为稳定物价，防止通货膨胀恶化，一再调低经济增长预期，希望实现软着陆。

越南经济在 2008 年来遇到的挫折，部分地反映了越南经济在全球化背景中的脆弱性。在全球经济衰退这个大环境的影响下难以独善其身，似乎自然不过，但此次挫折仍然暴露了越南自身经济结构和政策的弱点。

越南的对外贸易一直呈逆差状态，近年来虽得到一定控制①，但仍占其出口总额的 16%～20% 左右。越南的出口产品主要为原材料（包括原油、原煤、木材等）、农产品（包括大米、咖啡、海产品、橡胶等）以及服装、鞋类、电子零部件等技术含量不高的资源型或劳动密集型工业品，主要进口商品则包括机器设备、成品油、钢铁产品、纺织品和服装、电子器件、电脑和备件、塑料制品、化学药品和机动车辆等。农产品出口增长有限，而越南的工业又停留在组装加工的水平，出口的工业品基于原材料、零部件等半成品的进口，因而工业品的出口额总是随进口额一同增长，这使得越南贸易逆差的状况难以得到大的改进。在对外常规项目逆差的同时，越南保持着资本项目的巨额顺差。21 世纪的前 10 年，越南一直引进大量外国投资，10 年来协议外资总额达 1659 亿美元，为 20 世纪最后 10 年的 3.8 倍，平均每年协议外国直接投资在 100 亿美元以上。引进外资对越南的经济增长、产业结构调整、技术和

---

① 2008 年越南贸易逆差为 170 亿美元，2009 年为 122 亿美元，2010 年为 132 亿美元。

管理升级等方面起到积极作用,但越南常规项目与资本项目之前的相互平衡使其外汇储备增长处于微妙的脆弱状态。2007 年年底的越南金融危机以来,由于外部资金的流入速度放缓,出口增长又由于国外经济环境的恶化而放慢,越南的外汇储备由 2008 年的 236 亿美元急剧下降到 100 亿美元左右,不足以支付同时期一年的对外贸易逆差。为了扭转巨大的外贸逆差所造成的困境,越南在 2008 年以后曾经 6 次调整其货币的汇率,越南盾累计贬值达 25%,但外贸逆差仍然巨大,而货币贬值又可能加剧国内物价的上涨,使通货膨胀更难抑制。①

越南进入 21 世纪的经济发展状况表明,发展多种所有制形式的经济是调动民间人力及资金的生产积极性的必要途径,是解放生产力、发展生产力的有效方式。但解放生产力不等于放松对经济的管制和引导,更不等于照搬西方经济学家的建议步入全球化。越南政府在经济结构调整、产业结构升级等方面作为有限。2000 年,越南第一、第二、第三产业占国民经济的比重分别为 24.53%、36.73% 和 38.74%;2009 年的数据分别为 20.91%、40.24% 和 38.85%,经济结构的变化很小。同时,与凭借"东亚模式"获得成功的其他国家相比,越南政府在出口导向、产业培育等方面所下的功夫不足。② 而在资本市场的放开方面,越南又过度服从国际金融机构的建议。加入 WTO 后,越南就对外资银行的进入采取了比较开放的政策,过快地将本国薄弱的金融体系开放给国际金融市场。可以说,外贸逆差、产业结构低级、外汇储备薄弱、金融监管不力是近年越南经济增长放缓并且前景不容乐观的主观原因。

近年来,越南政府已经开始重视并应对以上问题。首先是指导产业结构的升级。一批旨在培育高新技术企业的技术园区如和乐高技术园区、岘港高技术园区、越侨科技园开始建设或投入运行。越南还于 2010 年出台了《关于外国投资合作科技领域规定的决定》,鼓励外国组织、个人在越投资自然科学

---

① 中国社会科学院经济研究所赴越南考察团:《越南学术交流和考察报告》,http://ie.cass.cn/yjlw/01.asp?id=827。

② 越南在扶持 IT 产业发展上花费了较多心思,但成效止于电子零部件成为越南出口大类,越南的 IT 业限于组装加工的水平,并未掌握核心技术,并未取得稳固的优势产业地位。

领域或新兴科技领域的研究，培养科技人才，发展高科技企业，从事科技服务等。在《关于指导实施 2012 年国民经济与社会发展计划和国家预算的主要措施的决议》中，明确提出要"以提高经济效率和竞争力为主线推进经济结构调整和增长方式转变""推进将经济结构调整与经济增长方式转变相结合"。其次，针对外贸逆差问题，越南出台了一系列降低进口、扩大内需的政策，如严格控制奢侈品的进口，"越南人优先使用越南货"运动、商品下乡运动，等等。再次是加强对金融市场和国有资产的监管。2011 年 11 月，越南出台了五项措施防止美元化。2012 年 4 月，越南政府着手制订经济结构重组总体实施方案，以指导金融机构、证券市场和财政体制、国有企业、投资结构、产业结构和区域经济结构重组，提高产品国产化水平和附加值。① 越南《经济时报》2012 年 5 月的报导还称，越南政府拟于 2015 年之前对各集团和总公司进行清理整顿，严格限制企业在本行业内开展生产经营，不允许跨行业开设银行等金融机构。并拟成立类似中国国资委或新加坡淡马锡的机构，专职管理国有资产。这表明越南政府已经从 2007 年来的经济状况中吸取教训，正在加强对经济的宏观监管和引导。

（三）社会方面应对全球化的主要做法

前已述及，贫富分化和生态环境破坏是全球化对越南在社会方面产生的主要负面影响。因此，越南在社会方面应对全球化的主要做法是：扶贫减困、保护劳工、发展民族经济和保护环境，力图把全球化带来的负面影响降至最低点。

越南是社会主义国家中较早拥有民生意识的国家。早在 1991 年，越共七大就提出，要使人们"享有温饱、自由、幸福的生活，并拥有个人全面发展的条件"。从社会主义民本思想出发，越共一直将贫困问题作为社会政策的优

---

① 据中华人民共和国商务部网站：http://www.mofcom.gov.cn/aarticle/i/jyjl/j/201204/20120408088961.html。

先议程。进入 21 世纪,劳工权利和薪资的保障是越南为防止全球化带来贫富分化的重要举措。2006 年 10 月,越南政府颁布实行了《关于到 2010 年的国家劳动保护及劳动安全卫生计划》。该计划的投资总额为 2420 亿越盾,涉及的主要内容是关注和改善工作条件、减少环境污染、防止劳动事故和职业病的发生、照顾劳动者的健康、提高劳动保护的知识和执法水平、保证劳动者的生命和国家财产、企业财产的安全以及为国家的可持续发展做出贡献等。2006 年、2008 年、2010 年,越南政府连续实施劳工加薪方案,每次最高工资标准的提高额度在 10 万—30 万盾,对外资企业的加薪要求要高于本地企业。但是,总的来看,越南的劳工工资水平仍然很低。劳动力成本低廉,仍然是越南吸引外资的主要原因。越南近年来罢工事件多发,每年有几百次,大多数发生在外资企业。引发罢工事件的原因多为工作条件差、工资低、对员工规定苛刻等。越南在劳资关系、劳工安全和福利保障方面仍有很长的路要走。

越南的改革晚于中国,经济增长率也没有中国快,居民的总体生活水平低于中国。面对当代世界发达国家与发展中国家贫富差距日益拉大的现实和发展中国家进程中的经验教训,越南重视解决发展过程中经济增长与社会发展的问题,提出"在每个阶段和整个发展过程中,经济增长必须与社会进步和公平联系在一起",并提出要"鼓励合法致富,积极消饥减贫,逐渐缩短各地区、各民族、各阶层居民之间在发展及生活水平等方面的差距"。越南政府将社会民生保障作为经济社会持续发展的重要因素和首要任务。2011 年,越南政府将全年财政预算的 20% 用于保障民生,用于民生项目的优惠信贷同比增长 17%。全年新增就业岗位 154 万个,城镇居民失业率降至 4%,贫困率降至 1.5%。

与世界银行全球减贫的关注相匹配,越南在全国开展了"消饥减贫"运动。1993 —2009 年先后推出并深化"消灭贫困工程"、"贫穷户生产融资信贷计划工程"和"发展山区和偏远地区特困乡经济与社会工程",发展社会慈善扶贫工作,促进落后地区经济发展。据 2008 年 5 月世界银行与国际货币基金组织联合举行的 2008 全球监控报告公布会的数据,越南的贫穷比例已从 1993 年的 58% 下降到 2006 年的 19%。2008 年 4 月,部分是为减轻 2007 年年底以来金融危机的困境，越共中央政治局通过了决议，决定将发展经济与推动社会福利相结合。同年 8 月，越共中央政治局又强调了五个重大问题，其中包括针对穷人、少数民族、受灾地区人民等在内的社会福利保障制度问题。同年 11 月，越南政府的例会重点讨论并出台了关于开展落实持续和快速脱贫计划的政策。根据本次会议确定的政策，2009 年年初，政府向每个贫困县拨款 250 亿越盾，用于投资建设学校、就业培训中心、医院、交通、水利系统等。越南的扶贫工作取得了显著的成效。联合国对此予以肯定，认为越南提前 10 年完成了原定 2015 年完成的脱贫目标，是世界上减少贫困、消除饥饿最快的国家之一。

此外，民族和宗教问题是西方发达国家实施和平演变的常用幌子。因此，处理好民族和宗教问题、支持少数民族发展，是越南防止全球化对思想领域和社会稳定带来负面影响的必要举措。越南在发展社会福利、推动社会公平的工作中非常重视对少数民族地区的经济社会发展的扶持。2001 年越共九大在《越南 2001—2005 年社会经济发展方向、任务计划》中提出，要将西原少数民族聚居区建设成经济发达、国防稳固、可推动区域经济发展的地区。越共积极发展少数民族地区的文化、教育和医疗卫生事业，并为少数民族地区建设及发展实施了一系列计划和项目，如"135 章程"、"132 章程"和"134 章程"[①]。这些计划的实施已为少数民族地区的发展带来显著的效果。在宗教方面，越共九大提出要发挥宗教在文化道德方面的美好价值。越南党和政府鼓励各种宗教创新发展有益于社会主义建设的新教义，将国家命运与宗教命运相结合。

在环境保护方面，越南将自然生态环境的保护与经济发展并重，寻求可持续发展。越南在 1993 年就通过了《环境保护法》。除了加强对新上马工业项目的环保审查，加大环境保护和治理的资金投入之外，还注重国际合作及

---

① "135 章程"的内容是扶助边远地区的贫困居民振兴经济；"132 章程"的内容是投资建设基础设施，帮助农民处理好土地问题，扶助人民盖房修房；"134 章程"的内容是扶助少数民族改造生产用地、住房等生产生活条件。

发挥民间非营利组织在环保中的作用。

（四）文化方面的做法

为应对全球化带来的文化方面的挑战，21世纪以来，越南的文化工作以建设全面发展的人为立足点，围绕三个方面展开：一是保存和发扬民族文化；二是加强与外部世界的文化联系，加强国际文化交流与合作；三是改进教育事业，培养与时代要求及社会主义建设事业需求相符的人才，为越南在坚持社会主义方向下融入全球化奠定人才基础。越共十一大报告将"建设先进的、富于民族特色的文化"作为建设社会主义的八个基本方向之一。

民族文化是全球化背景下各国巩固国民认同、加强本国国民文化自信心和凝聚力的首要工具。作为民族文化气息浓厚的东方国家，对本国物质和非物质文化的保护和弘扬是越南文化工作的重要内容。近年来，越南投资修建了一批大型的历史文化遗迹，如雄王庙历史遗迹区、貉龙君祠庙。推进建设各民族文化旅游村，举办多种民族文化节，开展一系列具有民族特色的文化活动，继承和弘扬本民族文化遗产。2007年，越南国会通过决议确定越南人祭祀雄王的日子——农历三月初十为法定节假日。1999年，越南开展了"全民团结建设文化生活"运动，一直坚持不懈。通过广泛的群众运动，建设文化家庭、文化乡村、文化街区，塑造文明生活习惯，鼓励锻炼身体、倡导好人好事，保持和发扬了民族的美好传统价值观，培养了公民文明的生活习惯。

在文化的国际交流中，越南积极与各国开展文学、电影、体育等方面的交流，并在国外建立了一些越南文化中心，以扩大越南文化的影响力。2009年，越南在中国、老挝、缅甸、马来西亚、俄罗斯、英国、日本、南非、委内瑞拉、巴西、西班牙、瑞典、意大利、美国等国举办了系列专题文化和国际文化交流活动，该年是越南的"文化外交年"。此外，越南积极开展申遗工作，提高越南民族文化的世界知名度。截至2011年年底，越南已有16个文化和自然景观被联合国教科文组织列入世界文化和自然遗产名录。

人力资源是参与全球竞争和建设社会主义事业之本。依据全球化对人才的需求，越南着力提高教育质量，促进教育部门与就业市场的衔接，同时注重提高年轻人的道德素养，以塑造德才兼备的接班人。

在基础教育方面，越南通过开展反对舞弊行为和"成绩病"的"两不"运动，切实提高基础教育质量。在中等教育方面，着重发展专业教育和职业教育，以配合国家工业化和现代化进程，满足新的劳动力结构性需求。2006年，越南通过了《职业教育法》，为职业教育的健康发展提供了法律保障。在高等教育方面，通过学习国外先进大学的课程设置等方式，力争把国内部分大学建成有国际水准的大学，并创造条件吸引留学生。在本国学生的培养上，创新了"就地留学"方式，在国内以国际标准的教材培养人才。这种方式既能培养具备国际视野和国际水准的学生，又缓解了越南的外汇储备压力，较为符合越南的国情。

为促进文化与科技事业的繁荣，越南大力资助文化生产活动，优待知识分子，为知识分子的活动创造便利环境和条件。2007年，越南政府批准在2007—2010年投入140亿越南盾以资助文学深度创作。2008年，越南设立了国家科技发展基金，资助科研课题和项目。2008年8月6日，越共十届七中全会通过了《关于在推动国家工业化、现代化时期建设知识分子队伍的27 - NQ/TW号决议》，以激发知识分子的智慧潜能，激发越南软实力。

此外，针对经济改革带来的道德滑坡问题，越南开展"学习和践行胡志明道德榜样"运动，同时在青年中间开展"越南年轻一代学习和践行胡伯伯的教导"运动，以提高年轻一代的爱国热情和责任意识，促使他们成为既具有良好专业技能、能融入国际经济，又忠于革命事业、能够建国卫国的新型青年。

（五）外交方面的做法及成效

进入21世纪以来，越南延续1986年革新开放以来"多交友、少树敌"的外交战略，贯彻独立、自主、和平、合作、发展的外交路线，积极参与国际事务，承担国际角色，双边关系、多边关系、经济外交及其他对外事务都取得了突出的发展，国际地位显著提高，为越南的经济发展创造了良好的外部环境。

越南外交的一个重要方面是与东亚各国保持良好互动与合作。东亚各国是越南和平睦邻的对象，是越南最重要的贸易伙伴，也是越南旅游业发展的主要客源地。21世纪以来，越南与东亚各国均维系着频繁的高层接触，国家领导人频频互访；积极参与东亚地区各种会议、论坛；积极参与东盟活动，配合东盟经济共同体建设下调关税；承办了2006年第14届APEC峰会。越南积极推进边境区域经济合作，包括与中国合作"两廊一圈"计划、中越边境中国广西省与越南谅山省的经济合作；在湄公河次区域开发上与中、老、缅、泰、柬的合作；越、老、泰跨境运输合作等。在与邻国的和平共处上，越南体现得越来越有诚意，已经能够理性、和平地解决领土和主权争端。越南与三个陆地国界线邻国中国、老挝、柬埔寨之间的勘界立碑工作大体已于2008年完成。在中越南海争端中，由于两国均采取克制的态度，控制了事态的发展。2010年，《中越陆地边界勘界议定书》、《中越陆地边界管理制度协定》和《中越边境口岸及其管理制度协定》生效，两国在边界事务方面的合作进入新阶段，越南边界管理与合作开发走上制度化、规范化的轨道。此外，越南为邻国老挝提供了不少援助，并多次对邻近的自然灾害受害国提供援助。

在融入地区的同时，越南也在积极走向世界。2004年，越南承办了第五届亚欧首脑会议。2007年1月1日，越南正式加入WTO，积极履行其谈判承诺，成为世界经济贸易体系中负责任的一员。在联合国这个世界政治大舞台上，越南也在起着越来越重要的作用。2008—2009年，越南任联合国安理会非常任理事国。2008年7月担任安理会轮值主席，主持起草了2007年7月31日—2008年7月31日安理会年度报告。2009年，越南担任年度安理会不结盟国家小组协调员、年度安理会裁军会议首轮会议轮值主席并再次担任联合国安理会轮值主席。越南目前还担任了2009—2013年度联合国教科文组织执行委员会成员。通过承担这些国际职责，越南提高了其国际声望和影响力。

越南不仅注重国家层面的国际交流，也鼓励个人层面的国际交流，对走向世界的越南人抱越来越宽容和支持的态度。2004年起，越南放宽了对海外越南人的政策。2007年起，对越侨回国实行免签，鼓励越侨回国投资和生活，鼓励海外优秀人才回国。2008年通过了《国籍法修正案》，允许一定数量的国民例外持有双重国籍。越南还积极与他国签署互免签证协议，为国民出行提供便利。目前已有40多个国家与越南达成免签证协议。

在积极开展多边外交合作的同时，越南与越来越多的国家发展双边关系，达成不同形式的合作。与美国、日本、俄罗斯、法国等大国间合作都在加强。2000年7月，美国和越南签署双边贸易协议，该协议于2001年12月生效。近年来，越南对美国出口占据了越南出口总额的20%左右，美国已成为越南最重要的出口对象。两国在贸易、投资、教育、军事安全、反恐、禁毒、打击跨国犯罪等领域的合作都有所加强。尽管如此，越南在人权和内政问题上仍然保持着独立自主的姿态，在"福尔罗""越新党"等问题上与美国针锋相对，毫不妥协。越南与日本发展"面向和平与繁荣的亚洲战略伙伴关系"，在政治、经济、国防、科技、环境、对外关系诸方面开展全方位合作。日本还为越南提供了最多的官方发展援助。越南与俄国的关系正在恢复，双方正在探讨建立双边自由贸易区，越南还向俄罗斯大量采购武器。越南与日本、美国、俄国在核能、航空、反恐等领域开展官方科技合作，与日本、法国在应对气候变化问题上开展合作。

21世纪以来越南在外交方面采取的主动性策略取得了显著成效，提升了越南的国际地位和影响力，为其争取到了大量的外资、援助、游客和巨大的商品市场。更重要的是，越南已成功地改变其边缘国家的地位，融入世界体系。

三、越南应对全球化的经验与启示

越南能在全球化浪潮和苏东剧变的惊涛骇浪中岿然不动，从如此严峻的困境中走出来，又能在21世纪继续走向繁荣，其中的原因和经验值得深思。回顾和总结新世纪以来越南应对全球化、与世界对话、共处、融合的过程，可以得到如下经验与启示。

（一）发展经济，改革开放——主旋律

发展是硬道理。应对全球化的挑战，最根本的就是发展自己。而要实现发展的目的，关键就在于顺应世界全球化的时代潮流，主动改革，坚持对外开放。改革是经济和社会发展的强大动力。只有顺应世界全球化的发展趋势，加大改革开放的力度，不断调整和探索适合于本国国情的发展模式，积极引进外资、有效利用世界资源，才能真正步入社会经济发展的快车道、推动本国经济发展。越南的革新开放取得了巨大的成就和明显的成效。改革开放绝非权宜之计，而是历史的选择，是长久的治国之策。

同时越南在革新开放进程中正确处理了改革与稳定的关系，采取渐进式的改革，首先进行农村的改革，农村改革取得成效后，再推进到城市、再推进到其他各个方面去。同时还采取了其他兼顾社会承受能力和维护社会稳定的有效措施，使改革、发展与稳定并行不悖，同步进行。

（二）坚持社会主义方向——总原则

越南在革新开放、融入全球化进程中始终坚持社会主义的根本政治制度，坚定社会主义发展方向，坚持"改革不改色，融入不融化"。首先在意识形态方面，越南坚持以马列主义、胡志明思想为指导，不搞多元化。其次，继续坚持共产党的领导，不搞多党制。当然，21世纪越南在政治领域也作出了创新性的革新，吸收西方政治文明中民主代议、权力监督等合理原则，以立法机关直选、政治领袖竞争性选举、质询制度、官员财产申报、全民反腐等形式创新了在社会主义制度下实现这些原则的方式，巩固和完善了党的领导和社会主义制度。越南的政治改革既体现了吸引与借鉴西方文明的开放的态度，又坚持了自己独立的改革方向，这给我们带来了深刻启示。

（三）正确处理借鉴与独创的关系

面对全球化的浪潮，每一个国家都不能孤立地发展，都需要相互学习、相互借鉴。社会主义要发展创新，决不能把自己封闭起来，应该勇敢地吸取世界各国的先进经验，以作为自己发展的起点。但借鉴必须建立在独立自主、自力更生的基点上，必须从本国的具体国情出发，有自己的决断，可以借鉴先进国家的经验，但切忌盲从。在这方面，越南既有经验也有教训。

越南在政治革新方面对西方文明的态度，是"开放地学习，谨慎地选择"，这正是社会主义国家面对西方文明所应坚守的态度。与政治改革的稳步推进相比，越南在全球化中的经济政策比较冒进。越南在 2007 年年底陷入金融危机，与听从西方经济学家的建议过早和过度地开放资本账户有关。由于过度开放资本账户，当成本推动型的通胀程度日益恶化的时候，在对外依存型经济结构中，政府可采用的货币政策工具就非常有限。另一方面，开放度过高，又超越了政府调控和监管的能力。这些因素与累积的贸易逆差、财政赤字等因素一起导致了 2007 年年底以来的越南金融危机和经济增长困境。越南在政治改革上的稳妥与经济开放上的冒进恰好显示了其政治方向上的自信与经济管理上的不自信。在政治方向上，越南坚信社会主义制度优于资本主义制度，通过加强党自身执政能力和纪律作风的建设，越共一定能够摸索出一套适用于社会主义越南的，不同于西方多党竞争制的民主制度。但在经济方面，越南显得不太自信，独立思考不够。

（四）实行灵活务实的外交政策——外部保证

由于受冷战思维以及严峻的国际环境的影响，社会主义国家过去大多实行"一边倒"的外交政策，越南也是如此。全球化浪潮结束了战后形成的社会主义国家与世隔绝的状态。在融入全球化的进程中，越南在外交方面的经验是，主动借助既有国际体系开展多边外交、广泛发展双边外交，与不同地理位置、发展程度的国家分别达成不同形式的合作；理性处理国际纷争，为国内发展赢得机会；通过担当国际角色低调、稳步进入国际体系。越南实行全方位、多元化外交所取得的成功经验，充分说明社会主义国家要开拓新的国际发展空间，建立一种同全球化相适应的与西方国家关系良性循环的模式，与世界各国包括资本主义国家寻求广泛的合作，利用资本主义来发展壮大社会主义。

（五）以人为本，正确处理趋利与避害的关系

全球化要以人为本。发展的动力源泉是人，其最终目的也是人。国家参与全球化、融入全球化，最终目的是为了本国国民获得更多的发展机会，获得更多自由选择的能力。越南在双重国籍、免签护照等问题上的开明态度，既为本国居民提供了更多选择和便利，也有利于在全球竞争人才的时代留住人才，或通过本国侨民提高海外影响力。

另外，全球化犹如一柄"双刃剑"，它在给社会主义国家的经济发展带来机遇和提供新的条件的同时，也不同程度地带来了风险，带来了挑战。善驭之则自强，不善驭之则自伤。社会主义国家采取何种战略，以抓住机遇、迎接挑战，使全球化朝着有利于社会主义的方向发展，是一个十分重要的课题。全球化在给越南带来经济增长的同时，也造成了贫富分化、环境恶化等问题。越南正确处理趋利与避害的关系，依托全球化进程开展社会工作，减少贫困、保护环境，提高了越南的人类发展指数；开展的反腐工作，提高了清廉指数。中国在全球化面前，既要保持在国际经济体系中的竞争力，也应关注弱势群体和落后地区的权益保护。在这一点上如果做得好，也可能借助全球化形成更加公平、正义的社会。

作为同处于社会主义初级阶段的国家，面对全球化，中越两国共同面临着许多问题，包括如何保持经济平稳增长，如何继续推进政治体制改革，如何加强执政党的工作作风和能力建设，如何确保市场经济的社会主义（方向）性质，如何发挥公有经济在社会主义建设中的政治、经济、社会功能，以及在经济方面，如何处理对外贸易顺差或逆差，如何处理贸易纠纷，如何逐步、

稳定地开放金融和资本市场等,两国在这些方面都积累了一些经验,如若在未来能达成更深入的理论沟通,将对两国应对全球化的挑战带来更多启示与相互借鉴。

全球化进程中的伊斯兰国家

朱昔群*

伊斯兰国家是指国民主要是伊斯兰教信徒（穆斯林）的国家。有些国家实行政教合一政策，但大多被认为是"政教合一"的政权（家族式统治是伊斯兰法律所反对的）对伊斯兰法律都只是依据其政治利益选择性地执行，伊斯兰法律被局限于民事诉讼上。目前，世界上共有 57 个伊斯兰教国家①，主要分布在中东、阿拉伯半岛，以及非洲、亚洲的其他一些区域。有的国家伊斯兰教徒比例虽小，但由于受伊斯兰教影响，也宣布为伊斯兰国家，参加了伊斯兰会议，如亚洲的马来西亚、非洲的几内亚比绍、布基纳法索、喀麦隆、乌干达、加蓬等。

---

* 朱昔群，中央编译局副研究员。
① 这 57 个伊斯兰国家是阿尔巴尼亚、阿尔及利亚、阿富汗、阿联酋、也门、阿曼、阿塞拜疆、埃及、巴勒斯坦、巴基斯坦、巴林、贝宁、布基纳法索、冈比亚、吉布提、吉尔吉斯斯坦、几内亚、几内亚比绍、加蓬、喀麦隆、卡塔尔、科摩罗、科威特、黎巴嫩、利比亚、马尔代夫、马来西亚、马里、毛里塔尼亚、孟加拉国、摩洛哥、莫桑比克、尼日尔、尼日利亚、塞拉利昂、塞内加尔、沙特、苏丹、索马里、突尼斯、土耳其、文莱、乌干达、叙利亚、伊拉克、伊朗、印度尼西亚、约旦、乍得、土库曼斯坦、哈萨克斯坦、乌兹别克斯坦、苏里南、科特迪瓦、圭亚那、塔吉克斯坦和多哥。

一、伊斯兰国家在全球化中的位置和受到的影响

(一) 伊斯兰国家的经济发展水平及全球化水平

伊斯兰国家经济发展水平普遍不高，都属于发展中国家。伊斯兰国家两极分化严重，经济发展水平差异极大，贫富严重不均，有些国家人均 GDP 居世界前列，有些国家则属于世界最不发达国家行列。根据国际货币基金组织公布的 2011 年人均 GDP 数据，卡塔尔 98 329 美元居世界第 2，阿联酋 67 008 美元居世界第 5，科威特 47 982 美元居世界第 15，文莱 36 584 美元居世界第 24，而莫桑比克仅 583 美元居世界第 167、尼日尔 399 美元居 177 位，塞拉利昂 366 美元居 178 位。有些伊斯兰国家资源丰富，而有些国家资源贫乏。如中东地区的沙特阿拉伯、卡塔尔、阿联酋等国石油、天然气储量居世界前列，而约旦则是"地上无水、地下无油"。另外，有些伊斯兰国家经济结构单一，经济发展主要依赖出口自然资源，例如，卡塔尔、沙特等比较富裕的国家也没有建立起独立、完整的工业体系和国民经济体系。所以，卡塔尔即使人均国民收入居世界第二，仍然被认为是发展中国家。

自 20 世纪 90 年代全球化进程加速发展以来，伊斯兰国家经济发展速度较慢，远低于同期拉美和南亚地区国家的发展速度。目前，伊斯兰国家正在努力促进经济发展，埃及、约旦等阿拉伯国家通过经济改革和对外开放，大力发展制造业和服务业，开发旅游业，实现了较好的经济增长。沙特、阿联酋等海湾产油国，努力实现经济多元化，摆脱国民经济对石油产业的过分依赖，充分重视非石油部门经济的发展潜力，激发民营经济活力，取得了良好的效果。

整体而言，伊斯兰国家全球化水平不高。根据 2012 年最新公布的 KOF 全球化指数 (KOF Index of Globalization)，在全球化指数排名前 50 位的国家中伊斯兰国家仅有 7 个，排名最高的是马来西亚居第 29 位，其次是阿联酋居第 33 位，科威特第 39 位。在经济全球化指数排名前 50 位的国家中有 6 个伊斯

兰国家，排名最高的是巴林第 9 位，其次是阿联酋第 10 位，马来西亚第 30 位。在社会全球化指数排名前 50 位的国家中只有 5 个伊斯兰国家，排名最高的科威特第 19 位，阿联酋第 25 为，马来西亚第 34 位，沙特第 41 位，黎巴嫩第 50 位。在政治全球化指数排名前 50 位的国家中有 10 个伊斯兰国家，埃及排名第 13 位，土耳其第 16 位，尼日利亚第 26 位。[①] 相对于美国、德国等外向型国家来说，伊斯兰国家参与全球化的程度较低。

（二）21 世纪主要全球化事件对伊斯兰国家的影响

1. "9·11" 事件对伊斯兰国家的影响

劫持飞机制造 "9·11" 恐怖袭击事件的恐怖分子均来自伊斯兰国家，美国在 "9·11" 事件发生后发动反恐战争，将目标直指伊斯兰极端宗教势力及其幕后支持者。美国第一个打击目标就是阿富汗塔利班政权，理由是他们拒绝按照美国要求立即提交嫌疑犯本·拉登。2001 年 10 月 7 日，美国与英国军队发动了对阿富汗的军事袭击，针对塔利班的军事、通讯设施以及可能的恐怖分子训练营投掷了炸弹。"9·11" 事件及美国随后发动的反恐战争对世界产生了重要影响，伊斯兰国家更是受其多方面的影响。

首先，伊斯兰国家在 "9·11" 事件后面临国际舆论的强大压力。由于制造 "9·11" 事件的恐怖分子都是来自伊斯兰国家的伊斯兰教徒，恐怖主义、暴力冲突总是与伊斯兰教联系在一起，特别是在西方媒体的渲染下，伊斯兰国家与恐怖主义很自然地被联系在一起。美国将伊斯兰国家中的叙利亚、伊朗、利比亚、苏丹等不追随美国的国家称为 "无赖国家"，又将一些政府治理得差的国家如索马里等称为 "失败的国家"。[②] "9·11" 事件后伊斯兰国家的形象大受影响，包括美国在内的一些国家均认为伊斯兰国家等同于支持恐怖主义的国家。

---

① 数据参见 http://globalization.kof.ethz.ch/static/pdf/rankings_2012.pdf.
② 王京列：《伊斯兰世界的命运与前途》，载《国际问题研究》，2004 年第 1 期，第 61 页。

其次,"9·11"事件让伊斯兰国家处于两难的境地。"9·11"事件发生以后,沙特、阿联酋、卡塔尔、埃及、叙利亚、伊朗、阿曼、也门等伊斯兰国家一致谴责针对平民的恐怖袭击事件,当时连一向坚决反美的利比亚领导人卡扎菲都谴责恐怖分子的暴行,对美国的遭遇表示同情。但是有些伊斯兰国家的民众由于反对美国的中东政策,乐见美国受到"惩罚",甚至进行庆祝活动。伊斯兰国家在人道上均表示支持美国并谴责恐怖主义,但是担心亲美的行为会遭到激进伊斯兰教徒组织的报复,会出现反政府的恐怖行为。沙特、埃及等亲美的伊斯兰国家更担心其国内可能受到恐怖袭击,所以在支持美国反恐方面陷于两难的局面。

再次,"9·11"加剧了伊斯兰国家民众与美国的对立。"9·11"发生后在美国发生了一些针对伊斯兰教徒的报复性行动。例如,阿拉伯人在美国乘坐航班时,接受更加严格的安全检查,甚至出现在同机乘客的强烈要求下被迫放弃登机的情况。美国穆斯林清真寺的院墙被涂上侮辱性的语言。伊斯兰教徒在美国受到歧视,正常的生活被打扰,遭受不公正待遇的事在"9·11"后经常发生。而伊斯兰国家的民众对美国则更加反感。美国国防部在2004年11月公布的一份名为《战略宣传》报告指出,"9·11"事件后,特别是美国对阿富汗进行军事打击和发动伊拉克战争后,伊斯兰国家反美情绪呈上升趋势。伊斯兰国家普遍憎恨美国政府的情绪开始增强,反美人员的"威信"有所提升,他们的行动似乎获得了许多穆斯林的认同。

最后,"9·11"改变了美国与一些伊斯兰国家的关系。"9·11"恐怖袭击事件发生以后,美国很快开始部署反恐战争,伊斯兰国家居于美国外交政策的核心。由于反恐的需要,美国重新调整了与伊斯兰国家的关系,甚至颠覆了传统的敌友观念。阿富汗和巴基斯坦在"9·11"之前被美国视为威胁,出于反恐的需要美国扶持阿富汗卡尔扎伊政府,并且改善了与巴基斯坦的关系,将巴基斯坦作为阿富汗战争的后勤补给基地。阿富汗和巴基斯坦通过反恐合作改善了同美国的关系,获取了美国的经济和军事援助。

2. 2008 年金融危机对伊斯兰国家的影响

2008 年发生了席卷全球的金融危机，时至今日金融危机的影响仍然在持续发酵。相对发达国家而言，金融危机对伊斯兰国家的影响和冲击较小。这主要是由于伊斯兰国家金融体系与发达国家的金融体系有较大差别，与国际金融市场联系不紧密。伊斯兰金融严格依据伊斯兰法制，遵守道德原则，投资者承担社会责任，禁止银行固定利息。因为在《古兰经》中把利息定为不合法行为，称之为"巴"。因为巴属于高利贷性质的金融剥削，是古代人遗留的卑劣陋习，是人类在蒙昧时代暴露出来的弱点和卑劣的缺德行为，所以被定为罪过。

在众多的伊斯兰国家中，受金融危机影响最大的是埃及、约旦和叙利亚等间接受惠于石油产品的国家。这些国家经济的发展主要依赖中东产油国，主要收入来源是旅游业、侨汇收入。例如，埃及每年从海外劳务汇款中获取收入 60 亿美元，有 200 万埃及人在海湾国家打工，埃及旅游业的 60% 收入来自海湾国家的旅客。约旦也是经济依赖中东伊斯兰国家的大客户，它的 1/4 外贸是商品销售到中东的伊斯兰国家，约旦劳工的海外劳务收入高达 20 亿美元；它从许多海湾国家得到友好援助，如每年从沙特阿拉伯得到 5 亿美元的援助。[1] 这些国家自身经济发展水平较低，抵御风险能力弱，受产油国经济下滑的连锁反应，其国内经济发展受到严重影响。另外，受金融危机影响较大的国家就是沙特、科威特、伊朗、阿联酋等产油国。国际金融危机导致世界经济滑坡，大大抑制了全球石油需求，国际油价从 2008 年 7 月份的每桶 147 美元一路狂跌，11 月底已跌破每桶 50 美元大关。为响应石油输出国组织为稳定油价作出的日减产原油 150 万桶的决定，沙特、伊朗、阿联酋、科威特从 2008 年 11 月 1 日起实行日出口削减分别为 46.6 万桶、19.9 万桶、13.4 万桶

---

[1] 虞卫东：《金融危机对中东各国经济的影响》，载香港《中国评论》，2009 年 4 月号。

和13.2万桶的目标。① 这些国家经济结构单一，主要依赖石油出口。石油出口量下降，导致这些国家收入下降。

金融危机影响中东伊斯兰国家经济多元化改革。为了摆脱对于石油的过度依赖，中东的一些伊斯兰国家对于阿联酋迪拜的多元化发展模式十分推崇，纷纷走上经济多元化改革的道路。2006年，沙特政府开始仿照迪拜各种功能的自由贸易区在沙特境内建立6个经济城，旨在发展金融业、高科技产业和信息服务业；阿联酋、卡塔尔等国分别计划通过密集的基础设施和房地产投资实现转型。然而，国际金融危机到来，全球经济下滑，这意味着迪拜多元化模式的最终搁浅，迫使进行经济改革的中东伊斯兰国家不得不重新寻求其他的经济道路。金融危机严重影响了这些国家的经济改革进程。

金融危机除了在经济方面对伊斯兰国家产生影响外，也对一些伊斯兰国家产生了政治影响，如突尼斯、埃及、利比亚、也门和叙利亚等国。2008年全球性金融危机发生后，随着经济形势的急转直下，一些伊斯兰国家的国内政治局势也出现了变化。在突尼斯、埃及、利比亚等国，由于本·阿里、穆巴拉克、卡扎菲等领导人长期执政，国内的一些长期掩盖的问题在金融危机的冲击下逐渐激化，最后演变为国内民众的大规模抗议活动，并且引起了国外势力的干预，有些国家处理不当最后导致政府更迭，长期存在的强人政权倒台。金融危机导致的民众经济生活困难成为一些国家大规模骚乱或国内战争的导火索，并且迅速蔓延到周边国家。金融危机激化了一些伊斯兰国家长期存在的国内经济社会问题，直到今天，叙利亚、利比亚、埃及等国的国内局势尚未完全稳定。

金融危机对伊朗、苏丹等伊斯兰国家与美国等西方国家的关系产生了一定的影响。伊朗、苏丹被美国视为"流氓国家"，与美国等西方国家交恶已久，长期以来承受着多方面的压力。2008年发生金融危机以来，美国等西方国家忙于重振经济和应对经济危机，对于伊朗核问题和苏丹达尔富尔问题等

---

① 周云霞：《国际金融危机对中东地区的政治经济影响》，载《当代世界》，2009年第2期，第49页。

地区热点问题无暇顾及。美国在应对金融危机的过程中，分散了对地区热点问题的注意力，这使伊朗、苏丹获得了难得的喘息机会。

（三）全球化对伊斯兰国家产生的主要影响

全球化对伊斯兰国家的政治、经济、社会、文化和外交等方面产生了重要的影响，伊斯兰国家的一系列变革与发展都与全球化有直接联系。

1. 在政治方面，全球政治民主化浪潮促进伊斯兰国家民主化的发展

在全球化背景下，伊斯兰国家的政治民主化在内外因素的共同作用下发展。

在伊斯兰国家内部，由于国际交往的增加，西方的生活方式和思维方式影响着伊斯兰国家的民众。在信息化时代，伊斯兰国家民众可以轻松直接地获取信息了解世界，思维逐步开放、活跃，自我意识、自由平等价值观深入人心，得到普通民众的拥护。伊斯兰教徒虽然拒绝西方模式，但渴望通过民主来实现各方面的权益。伊斯兰国家民主化思想从传播到在民众中广受欢迎，都与外界的影响分不开。

在外部，国际组织和发达国家积极推动和支持伊斯兰国家的政治民主化过程。国际组织和西方国家对伊斯兰国家的宪政选举提供多方面的支持，包括国际监督，对改革过程提供经济、技术支持。国际组织和发达国家在与伊斯兰国家的经济合作中提出政治条件。国际经济组织和发达国家在提供援助时不仅明确要求受援国建立自由化和市场化的经济体制，而且还要求他们实行民主政治。建立贸易伙伴关系、投资、开放市场等都附带政治条件。这些与经济利益需求息息相关的外界压力，推动着伊斯兰国家的政治民主化进程。国际组织、发达国家和来自发达国家的非政府组织决策利用人权问题向伊斯兰国家施加压力。他们就伊斯兰国家的人权状况提出质疑和警告，以改善人权问题为由要求进行政治改革。发达国家在推动伊斯兰国家民主化的过程中，一个常用的手段是支持其国内的政治反对派。对于不服从西方意志的国家政

权,西方发达国家经常支持这些国家的政治反对派威逼本国政府就范,甚至直接策划颠覆政权的活动。这种做法无疑给相关国家增加了政治不稳定因素,有可能激化已经出现的政治矛盾,因此遭到了伊斯兰国家政府的强烈反对。① 利比亚的反对派在国外势力的支持下将执政多年的卡扎菲政权赶下台。另外,土耳其等国的民主制度和实践在伊斯兰国家中有示范作用。土耳其在民主化后所取得的经济发展和社会进步对其他伊斯兰国家有相当吸引力,刺激了穆斯林世界的民主化思潮,推动了其他伊斯兰国家的政治民主化进程。

2. 在经济方面,全球化对伊斯兰国家的发展既有机遇又有挑战,总体上挑战大于机遇

全球化在经济方面的表现主要是指资金、资源、技术以及劳动力等生产要素在全球范围内的自由流通,以达到资源的优化配置,实现各国、各个地区,乃至世界经济的持续发展。经济全球化的发展过程是经济实力的较量。在资源、资金、技术、信息、劳动力等生产要素的占有、管理和使用方面具有相对优势的国家,在经济全球化中获得更多的经济利益,而那些在任一方面或各方面都处于相对劣势的国家则受到更大的冲击,经济进一步被削弱。对于发展中国家来说,发挥自身资源和劳动力成本的优势,抓住全球化过程中的资源配置和国际分工的机会,可以实现跨越式发展。如果不能发挥自身优势将会在国际分工中处于产业链的最低端,在经济全球化中与发达国家进一步拉开距离。

经济全球化形成的能源需求增长给伊斯兰国家经济发展带来了机遇。中东的伊斯兰国家有丰富的石油、天然气储量,沙特石油储量占世界总储量的1/4以上,居世界第一。伊朗、卡塔尔和阿联酋的天然气储量紧随俄罗斯,排名分别为世界第二、第三、第四。世界能源需求给伊斯兰产油国带来了大量收入,这一趋势在短期内不会改变。而这些国家正在利用其得天独厚的资源优势,努力摆脱单纯依赖石油生产和石油出口的经济格局。例如,阿联酋、

---

① 杨鲁萍:《全球化与中东政治制度民主化》,载《西亚非洲》,2001年第6期,第39页。

卡塔尔等国正在大力发展金融业、旅游业，成为中东地区甚至世界新的金融中心和主要旅游目的地。

经济全球化带给伊斯兰国家的挑战大于机遇。全球化是不断演进的现实，对伊斯兰国家的经济发展议程形成严峻的考验。[①] 首先，世界石油市场的不稳定带给伊斯兰产油国严峻挑战。伊斯兰产油国在全球化过程中可以利用资源出口获得大量收入，但是依赖能源出口的单一经济结构使这些国家在市场、资金、技术等方面对外部的依赖性更强，在世界经济中的地位相对弱化。另外，全球化背景下，国际石油领域的供需结构、价格形成机制、市场交易方式发生很大变化，特别是在2008年金融危机以来暴涨暴跌时有发生，这为伊斯兰产油国的经济收入带来不稳定因素。其次，在全球化经济增长中伊斯兰国家不具备任何优势。在全球化的新一轮经济增长中，决定性因素是高科技和高素质的人才，对经济增长起决定性作用的行业是高科技、高附加值的产业，特别是信息技术产业。伊斯兰国家在技术和人才方面与发达国家相比，即使是与中国、巴西、印度等发展中国家相比仍显落后。除此之外，大部分伊斯兰国家不是世界贸易组织成员，关税水平较高，在世界贸易中没有任何优势。所以，在经济全球化过程中，对伊斯兰国家不利的因素十分明显，而且这种状况在短期内很难改变。近年来，在全球性金融危机的冲击下，部分伊斯兰国家出现了经济停滞或衰退、外债重负、高通货膨胀率和高失业率等经济问题。

由于伊斯兰国家在经济、科技方面的基础差、起点低，无法同西方发达国家竞争，因而在全球化进程中处于不利地位，不仅与西方国家的差距进一步拉大，伊斯兰国家内部由于自然条件的差异导致资源分布不均，相互之间的贫富差距也在拉大。

3. 在社会方面，全球化对伊斯兰国家的传统生活方式形成了重大挑战

全球化在科学技术的推动下影响着全世界民众的生活方式。伊斯兰国家

---

① Muhammad Iqbal Anjum, "Islamic World's Development Policy Responses to the Challenges of Financial Globalization", *Humanomics*, Vol. 24, No. 1, 2008, p. 5.

由于受宗教影响，与现代社会生活方式有较大差别，即使是世俗化程度较高的国家也同样如此。在全球化时代，西方的现代生活方式对伊斯兰国家的年轻人有非同寻常的吸引力。目前伊斯兰国家正在经历青年人口快速膨胀期，青年人在当地人口总数中所占比例很高，25 岁以下人群在也门、沙特、约旦、摩洛哥和埃及占到总人口的近 50%。① 他们接受过高等教育，容易接受新的思想和生活方式。伊斯兰世界受过较好教育的年轻人使用互联网获得了外界的信息，同时也使用"脸谱""推特"等进行社交活动。在西方现代生活方式的冲击下，宗教影响下的传统生活方式正在伊斯兰国家发生着变化。

4. 在文化方面，全球化过程中伊斯兰文化受到外来强势文化的"入侵"

经济全球化的一个重要特征就是西方强势文化深刻地影响着弱势文化。塞缪尔·亨廷顿说："文化在世界上的分布反映了权力的分布。贸易可能会也可能不会跟着国旗走，但文化几乎总是追随着权力。历史上，一个文明权力的扩张通常总是伴随着其文化的繁荣，而且这一文明几乎总是运用它的这种权力向其他社会推行其价值观、实践和体制。"在西方发达国家强大经济实力的推动下，西方文化悄然地影响和改变着伊斯兰世界。伊斯兰国家的民众曾经顽强抵抗外来文化的"入侵"。在 20 世纪 70 年代，伊斯兰国家民众主动去追求"传统的"东西，抵制外来的、特别是西方的文化产品，如西方的音乐和电影、电视节目。各种伊斯兰出版物受到青睐，广播、电视中的伊斯兰节目也越来越多。② 但是，这种抵抗在全球化深入发展的背景下显得苍白无力。现在，西方文化对伊斯兰文化的渗透和影响涉及方方面面。

从本质上说，伊斯兰文化和西方文化有着明显的差别。埃及籍前联合国秘书长加利认为全球化与阿拉伯—伊斯兰传统"背道而驰"。③ 在"9·11"事件后，伊斯兰文化与西方文化的冲突被大肆渲染。在不同文明之间的冲突中，

---

① 吴志成：《中东北非政治剧变之启示》，载《现代国际关系》，2011 年第 3 期，第 15 页。
② 刘小彪：《全球化下伊斯兰文明与西方文明的冲突》，载《阿拉伯世界》，2002 年第 2 期，第 15 页。
③ Fauzi Najjar, "The Arabs, Islam and Globalization", *Middle East Policy*, No. 3, (Fall) 2005, p. 93.

存在着两个极端态势：价值相对主义——漠视文明的普遍性；价值自我中心主义——漠视文明的特殊性。① 实际上这种文化冲突的背后反映的是全球化时代文化交流融合的现实，目前伊斯兰文化与西方文化正处于这两种状态之间。在交流与融合中不同的文化所处的地位并非平等的，伊斯兰文化受西方文化影响更多，其中原因在于经济实力的不平等。

5. 在国际关系方面，全球化使伊斯兰国家之间的关系和伊斯兰国家与美国的关系更加复杂

伊斯兰国家包含众多特点各异的国家，有地缘政治大国，如埃及、土耳其、巴基斯坦、印度尼西亚；有资源大国，如伊拉克、尼日利亚、阿尔及利亚；还有集宗教影响和资源于一身的大国，如沙特、伊朗。伊斯兰国家之间的矛盾和争端纷繁复杂，有教派矛盾、民族矛盾、领土争端、资源纠纷等。伊斯兰国家之间的关系错综复杂；在全球化背景下，伊斯兰国家之间的关系更是经历了分化、重组。

伊斯兰国家之间的关系由于利益取向多边，敌友阵营多次改变。伊朗在伊斯兰世界与不少国家存在着矛盾。伊朗曾经与伊拉克发生了长达八年的两伊战争，在美国发动的伊拉克战争之后，随着萨达姆的下台，伊朗与伊拉克新政府的关系有所改善。伊朗与埃及在对待以色列上分歧明显，长期对立。在穆巴拉克下台之后，埃及临时政府改变了穆巴拉克时代的以色列政策，伊朗与埃及的关系开始改善。

伊斯兰国家与美国更是复杂多变，对美国的态度和与美国的关系也不尽相同。伊斯兰国家可以明显地分为亲美阵营和反美阵营。亲美阵营的主要代表是土耳其、沙特、科威特以及穆巴拉克时代的埃及等国；反美阵营的主要代表是伊朗、萨达姆时代的伊拉克和塔利班时代的阿富汗。亲美和反美的伊斯兰国家之间都存在着内耗。在美国先后发动阿富汗战争和伊拉克战争之后，阿富汗和伊拉克由原来的激进反美转变为亲美。利比亚在卡扎菲下台之后也

---

① 彭树智：《松榆斋百记：人类文明交往散论》，西北大学出版社 2005 年版，第 33 页。

由反美转变为亲美。而埃及则在穆巴拉克下台之后，由原来的亲美转变为与美国渐行渐远。

二、伊斯兰国家对全球化的主要做法

（一）伊斯兰国家对全球化的基本认识和判断

在伊斯兰世界内部对全球化的态度呈现多元化。在伊斯兰学术界，激进地反对全球化和理性地观察全球化的都普遍存在。在伊斯兰国家中，有些国家积极地参与全球化，融入全球化体系中，也有一些反全球化的国家被动地适应全球化。

伊斯兰国家对于全球化的一种代表性的观点认为，全球化是西方化甚至是美国化，因此反对全球化。伊斯兰学者阿布杜·拉赫·巴尔卡齐兹（Abd al-Ilah Balqaziz）认为全球化就是美国化，因为美国人主导全球化的方式、权力、利益和目标。胡赛因·马卢姆（Husayn Malum）认为美国的世界秩序战略就是推进经济全球化，将市场经济模式传遍全球，破坏其他国家、民族和民众的自主选择权力，全球化是 21 世纪美国世界秩序的基础。还有学者认为："全球化不是一种资本主义发展机制，而是反映了美国霸权蔓延世界的趋势。"穆罕默德·库特普（Muhammad Qutb）认为全球化就是反对伊斯兰教徒，"它们像章鱼一样将触角伸向政治、宗教、道德、文化、传统和习俗等各个隐蔽的角落。"在他的思想中，伊斯兰教是优越于全球化和西方文明，西方文明是"堕落文明"。伊斯兰教是"唯一合理的制度"。[①] 开罗大学学者哈纳菲（Hanafi）认为全球化代表一种建立在种族主义和统治意愿基础上的潜在的西方"自我中心主义"。这是西方国家利用"全球化""历史的终结""文

---

① Fauzi Najjar, "The Arabs, Islam and Globalization", *Middle East Policy*, No. 3, (Fall) 2005, p. 91.

明的冲突""世界村落"等所谓新思想和新观点使他们的霸权合理化。① 杰出的阿拉伯思想家尤素夫·卡拉达维（Yusuf al-Qaradawi）认为，全球化是"新型帝国主义"，是西方国家通过军事、政治等方式向阿拉伯世界强加"宗教帝国主义"，其最终目的在于实现伊斯兰国家"基督教化"，为以色列和犹太复国主义服务。② 反对全球化带着明显的反美色彩，最主要的理由是认为全球化是西方国家对伊斯兰国家推行霸权主义的行径。另外，还有学者认为全球化是导致伊斯兰世界分裂的原因之一。③

伊斯兰国家对于全球化也存在比较理性的观点，认为伊斯兰国家应该积极参与全球化，全球化对伊斯兰国家并非完全是挑战。埃及哲学教授福阿德·扎卡利亚（Fuad Zakariya）指责反全球化的阿拉伯学者并不理解全球化，它们不能为全球化这一概念给予精确的、信服的概念界定。扎卡利亚认为应该对全球化进行"理性的思考"，许多问题只能通过全球性活动才能解决，如环境问题、人口问题和全球变暖问题。他认为批评全球化是轻蔑全球化和反西方文化的表现，在否定态度后面有一种"潜意识的心理定式"。他不承认全球化就是西方文明和文化的霸权。还有学者认为全球化对伊斯兰文化认同没有威胁，"全球文化已经成为人类的共同遗产，民主、平等、个人自由是人类的普世信仰与共同价值观"。有些学者对全球化持完全接纳的态度，土耳其·哈马德（Turki Hamad）认为全球化所产生的技术文化正在变成为一种全球文化，无论阿拉伯人喜欢与否、接受与否，这就是事实。他认为："空洞的言辞雄辩怎能与实在的科学技术相匹敌。"④ 主张参与全球化的学者认为，全球化是当今世界不可抗拒的潮流，伊斯兰国家与西方发达国家比较起来，在科学技术、政治体制等方面都存在着较大的差距，伊斯兰国家应该通过参加全球

---

① *The Daily Star*, September 13, 2002, pp. 42 – 43.

② 韩志斌：《文化认同理论下的伊斯兰文化与全球化》，载《史学理论研究》，2008 年第 4 期，第 48 页。

③ Leonard A. Stone, "The Islamic Crescent: Islam, Culture and Globalization", *Innovation*, Vol. 15, No. 2, 2002, p. 130.

④ 韩志斌：《文化认同理论下的伊斯兰文化与全球化》，载《史学理论研究》，2008 年第 4 期，第 49 页。

化来学习先进的技术和制度。

在众多的伊斯兰国家中，土耳其、阿联酋、马来西亚、卡塔尔等国积极参与全球化。他们用理性的态度研判全球化，认识到全球化给伊斯兰国家既带来机遇又带来挑战，并没有夸大全球化的挑战，认为机遇大于挑战。他们并没有将全球化与伊斯兰国家的反美情绪联系起来，这些国家都是比较亲美的国家。他们从自身国情出发，较好地处理了传统与现代的关系，宗教与世俗的关系。他们积极参与全球经济竞争，利用自身优势增强竞争力，取得了良好的效果。对全球化持积极态度的这些国家，近年来国内社会稳定，经济发展迅速，国际地位不断提高。即使在金融危机和北非国家局势动荡的背景下，这些国家所受影响并不大。如卡塔尔是成功从经济全球化中获益的国家之一。美国《外交政策》杂志把卡塔尔评为金融危机中的五大赢家之一，理由是在油价大幅波动的 2008 年，卡塔尔通过天然气出口保障其经济稳步发展，GDP 取得 16% 的增长，这在金融危机的大背景下是经济奇迹。卡塔尔通过积极参与全球化实现经济转型，在经济转型中向新加坡、瑞士等国学习，大力发展金融、房地产、建筑、制造、交通、通信、旅游、贸易等第二、第三产业，降低对油气资源的依赖。卡塔尔不仅保持了经济高速增长，经济实力提高，而且国家影响力也大大提升。

以伊朗为代表的另外一些伊斯兰国家则抵制或被动地适应全球化的发展。他们对全球化的态度受其反美情绪的影响，认为全球化是美国化，是美国借机进行的干涉与侵略。他们认为全球化与伊斯兰传统教义冲突，是西方推行的文化入侵。在实践中，这些国家与其他国家的经济文化交流持谨慎态度。例如，伊朗政府对外资维持较多的限制，包括外资不得进入油气开发领域，外商独资企业不得从事矿产资源开发等。为防止外资垄断伊朗经济命脉，伊朗议会对外资控股 49% 以上的项目拥有最后的否决权。此外，伊朗税收体系较为复杂，外汇管理措施严格，银行贷款利息偏高，并长期受美、英等西方国家经济、金融封锁和制裁。伊朗不是世界贸易组织成员，在 2010 年世界经济论坛《全球竞争力报告》139 个国家中排名第 69 位；在 2012 年公布的 KOF 全球化指数中居 156 位。

（二）伊斯兰国家应对全球化的主要做法及效果

全球化应该是以利益最大化和损失最小化的方式发展。伊斯兰国家特别是中东产油国有巨大的潜力成为全球化的获利者，这要求他们必须做到经济多元化，以及教育、科技与文化的发展能赶上世界先进国家的节奏。① 在应对全球化的过程中，有些国家的应对措施很成功，而有些国家则被拉大了差距。

1. 经济方面，伊斯兰国家主要是通过经济多元化的方式应对全球化

伊斯兰国家普遍存在经济结构缺乏合理性的问题，收入来源单一，过于依赖石油和天然气出口，工业、科技基础薄弱，发展相对滞后。在全球化背景下一些国家采取不同的措施积极参与全球竞争，实现经济多元化。在经济多元化方面，阿联酋是伊斯兰国家中成功的典范。政局稳定和靠金融"起家"被认为是其成功的秘诀。金融业是阿联酋重点发展的行业。早在2002年5月20日，迪拜政府就启动了建立国际金融中心的计划，总投资超过25亿美元。该中心借鉴了英国的金融监管体系来规范金融运作，至今共吸引了来自世界各国超过400家公司的加盟。德意志银行、瑞士信贷、摩根士丹利等世界知名金融机构均在第一时间落户迪拜，并设立分支机构，成为加盟迪拜金融中心的主力外资。② 卡塔尔在经济转型中也是成功的典范。卡塔尔通过对外合作发挥自身优势实现经济的持续增长和结构转型。卡塔尔的探明石油储量居世界第13位，而天然气储量居世界第3，仅次于俄罗斯和伊朗。虽然卡塔尔的天然气品质优良，但是受限于开采、存储、运输能力和技术限制，直到1997年向日本出口第一船液化天然气。卡塔尔引入外国资金、技术实现天然气的液化和气转油，这样就能通过船舶运输，这就摆脱了管道限制，打开了全球

---

① Habibullah Khan, Omar K. M. R. Bashar, "The Impact of Globalization on Islamic Countries: A Brief Assessment", *U21 Global Working Paper Series*, No. 1, 2010, p. 12.
② 黄培昭：《阿拉伯国家加速经济多元化》，载《人民日报》，2008年3月20日，第7版。

市场。卡塔尔营造与国际通行标准一致的环境建设金融中心。卡塔尔金融中心搭建了一个法律体系完全与英、美金融业一致的平台，吸引全球优秀的金融机构常驻卡塔尔，以全方位的开放来推动本地金融业的改革，用直接的竞争促进本土金融机构提高竞争力，致力于把卡塔尔建成中东地区重要的金融中心。埃及最近几年通过建设工业区来吸引外国投资，取得了不错的效果。在苏伊士、伊斯梅利亚、亚历山大等埃及的主要城市里，数量众多的工业园区吸引了大量的外国工业和高新企业落户。土耳其、意大利和卡塔尔等国企业和投资的工业园先后在埃及建立。这些工业园区既为埃及经济发展注入了可观的外资，又拉动了相关产业的技术发展和进步，还能有效解决失业问题。

2. 政治方面，全球化在政治方面对伊斯兰国家的影响主要在于政治民主化的压力

按照西方国家的标准，伊斯兰国家中除了土耳其等少数国家外，绝大多数都不是民主国家。西方国家通过国际经济组织和跨国公司，在提供经济援助的同时，设计和推出了诸多附有受援国必须扩大民主、开放党禁、实行政治多元化的政治改革方案，以促进伊斯兰国家的民主和人权。伊斯兰国家在近现代由于缺乏活力、经济发展相对落后，其政治文化中也确实存在一些有悖于全球政治民主化的内容，表现出保守的一面。在全球化过程中，随着西方民主政治思潮广泛传播的影响，民主化在伊斯兰国家经历了曲折的发展历程。伊斯兰国家民主的发展基本上效仿西方资产阶级民主的"天赋人权""法律主权"代替封建专制的"君权神授""君主至上"，秉承西方资产阶级民主的"分权制"、"选举制"和"轮换制"原则；具体操作上按照西方民主的框架，实行宪政制度，采取民主立宪制或君主立宪制和议会、政府、司法机构分立形式，甚至个别国家实行政治多元化制度，多党并存。[①] 伊斯兰教的最大特点在于宗教的入世性，即宗教与政治紧密联系。所以，伊斯兰国家在政治上实行西方式民主制度困难重重。在伊斯兰国家中，民主化、世俗化最彻底、

---

① 王京烈主编：《面向二十一世纪的中东》，社会科学文献出版社1999年版，第127页。

最成功的是土耳其。土耳其共和国的建立及进行的一系列世俗化改革,在伊斯兰国家向现代民主政治过渡中起到了巨大的示范作用。土耳其建立了获得广泛认同的民主制度,将伊斯兰宗教的影响力严格限制在社会生活领域,严禁宗教影响国家政治生活。土耳其通过世俗化革命,从政教合一的伊斯兰国家转变为世俗化的现代民族国家,从传统的伊斯兰文化转向了现代欧洲文化,使得土耳其社会在政治、经济和文化建设方面都取得了重大的成功。目前,仍然有些伊斯兰国家仍然保持君主制,例如沙特、约旦等国。有些伊斯兰国家虽然名义上实行了选举制,但领导人长期执政实际上是独裁、集权统治,如突尼斯的本·阿里政权、埃及的穆巴拉克政权和卡扎菲的利比亚就是这样。这些国家正是由于在全球化过程中,忽视民众的需求,没有顺应全球化背景下政治民主化的趋势,未能在政治上做相应的改革和调整,最终被民众赶下台。

3. 社会生活方面,伊斯兰国家在全球化过程中逐渐地改变传统的生活方式

全球化是向其他国家打开大门、拓展疆界的过程,不仅仅是产品还有思想在各国之间进进出出、自由流通。① 在全球化过程中,西方发达国家凭借其强大的软硬实力,其社会生活方式通过多种途径影响伊斯兰世界。在越来越多的相互交往中,在影视作品中,西方的生活方式不断地影响和冲击伊斯兰国家传统的生活方式。伊斯兰国家在现代化、世俗化过程中在社会生活方面与西方国家有趋同的趋势。伊斯兰国家民众越来越多地接受西方生活方式,特别是伊斯兰国家的年轻人对西方的生活方式认同感较强。其实,全世界的年轻人在快节奏的生活中都面临着大致相同的压力,都渴望更加便捷的沟通方式,都追逐现代化的高科技产品。例如,肯德基、麦当劳这种西式快餐在全世界流行,"脸谱""推特"等社交网络在伊斯兰国家同样大受欢迎,"苹

---

① Farhad Nezhad Haj Ali Irani, "Effects of Globalization on Policy, Economics and Financial Affairs", *Economics and Finance Review*, Vol. 1 (3), May 2011, p. 51.

果"高性能智能手机受到全世界年轻人的追捧。面对这种状况，除了伊朗、阿富汗等少数国家外一般伊斯兰国家没有对社会生活方式的现代化、西方化进行太多限制，基本上都是不鼓励、不支持、不反对的顺其自然的态度。在伊朗、沙特等少数保守的伊斯兰国家，目前还根据伊斯兰宗教传统对社会生活方式进行一定的限制，特别是对妇女的生活权利进行严格的管制。突尼斯、埃及、利比亚等国领导人长期执政后，没有解决好社会领域出现的问题，例如失业、贫富差距扩大等，而且低估了全球化时代国外势力的影响，最后导致国内局势出现动荡，被反政府势力赶下台，并且引起连锁反应。

4. 文化方面，在全球化过程中大多数伊斯兰国家注重保护文化传统，少数国家积极主动地推动和西方的文化交流

伊斯兰教徒一直对伊斯兰教引以为豪，《古兰经》中说：伊斯兰教是"人类进化以来最完美的宗教"。伊斯兰教不仅是一种信仰体系，还是一种社会秩序，一种能够指导人类生活各个方面的规范系统。因此任何改变伊斯兰宗教秩序的尝试都被认为是对伊斯兰文化认同的稀释。[①] 面对全球化过程中西方文化的冲击，伊斯兰国家都很警惕，而且注重保护伊斯兰文化以抵御西方文化的入侵。对于来自西方世界的健康、先进的文化，伊斯兰国家的伊斯兰教徒应该虚心学习，不能一概拒绝来自西方的东西。因为伊斯兰教徒不能孤立地生活在伊斯兰飞地中，与全球化隔绝开来。[②] 在一些伊斯兰国家中，新生代的领导人在文化方面主动出击，积极与世界各国开展文化交流，取得了不错的效果。卡塔尔是对全球化持肯定态度的伊斯兰国家，采取多种措施推动文化交流，并且与西方国家开展争夺话语权的竞争。卡塔尔国王哈马德 1995 年上台伊始，立即出资成立了卡塔尔教育、科研与社会发展基金会简称卡塔尔基金会，基金会投入大量资金建立教育城，使其成为海湾地区教育科研中心。

---

① 韩志斌：《文化认同理论下的伊斯兰文化与全球化》，载《史学理论研究》，2008 年第 4 期，第 47 页。
② Mohd Abbas Abdul Razak, "Globalization and Its Impact on Education and Culture", *World Journal of Islamic History and Civilization*, 1 (1), 2011, p. 68.

卡塔尔已经吸引多所美国常青藤大学入驻教育城开办多哈分校，为数千名学生提供同等质量水平的教育和学历。教育城为吸引优秀学校和机构，由卡塔尔基金会提供各种补贴，学生的学费也由政府资助。卡塔尔除了投巨资引入西方教育资源外，还鼓励媒体要与西方主流媒体争夺国际话语权，卡塔尔半岛电视台是成功的例子。半岛电视台是由卡塔尔国王资助，但不受政府的任何压力，坚持独立专业的新闻立场不动摇，因此得罪了不少国家和政府。但是半岛电视台独立的立场使其在国际竞争中具有相当竞争力。在阿富汗战争和伊拉克战争报道中，CNN、BBC 等西方主流媒体不得不购买半岛电视台的图像资料。半岛电视台在西方国家中受到民众的支持和肯定。半岛电视台是伊斯兰国家争夺国际话语权、打破西方媒体垄断格局的成功案例。实际上，伊斯兰文化和西方文化既有巨大的差别，也有相通之处，在全球化时代文化交流与碰撞是不可避免的，关键是如何应对。如果像卡塔尔这样以开放的心态主动推动与西方世界的文化交流，可以改变"9·11"事件后世界尤其是西方对伊斯兰文化的偏见与误解，提高伊斯兰文化的影响力。

5. 在国际关系方面，伊斯兰国家在全球化中积极主动地应对复杂局面形成的挑战，显得越来越成熟自信

伊斯兰国家大多数地处中东、北非地区，历来是宗教、种族、能源、地缘政治矛盾和冲突集中的地区，而且是大国干预插手的重点地区。复杂的利益格局和外来势力的影响使中东、北非地区的伊斯兰国家面临异常困难的国际环境，是对其外交能力的严峻考验。在复杂环境中伊斯兰国家正面化解问题和冲突，发挥地缘政治优势，积极主动地参与热点问题的调解，处理国际关系的能力逐渐娴熟。有些伊斯兰国家发挥地缘政治优势，利用娴熟的外交技巧为其赢得了区域性大国地位和生存空间，如埃及和伊朗。埃及成功地成为中东伊斯兰世界的大国。埃及由于控制了苏伊士运河这一战略运输通道，以灵活、务实的态度处理与以色列的关系，成为阿拉伯世界中美国信赖的朋友。伊朗长期与美国和以色列对抗，在开发核能问题上甚至与美国处于战争的边缘。美国长期以来对伊朗没有好的反制措施，一方面是伊朗处于重要的战略位置，控制了霍尔木兹海峡；另一方面伊朗很好地利用丰富的油气资源，通过发展与俄罗斯、中国的关系来与美国周旋。伊朗之所以敢与美国长期对抗主要原因是其娴熟的外交技巧。另外，有些伊斯兰国家积极融入国际社会，主动参与地区性热点问题的解决，如卡塔尔。卡塔尔随着经济实力的提高，在外交上也越来越活跃。在中东一些区域性热点问题上扮演着重要的角色。近年来，卡塔尔成功地斡旋了黎巴嫩危机；在多哈主持召开了苏丹达尔富尔问题的和平会谈；在巴以问题上，明确表态支持巴勒斯坦，关闭了以色列在多哈的贸易代表处，并主动召开阿拉伯国家首脑多哈紧急会议，呼吁对加沙提供援助。卡塔尔积极参与国际事务，主动承担国际责任，成为负责任的区域性大国典范。这表明伊斯兰国家在参与全球化过程中表现得越来越自信，在国际社会中的地位和作用也越来越高。

三、伊斯兰国家应对全球化对中国的启示

同属于发展中国家的伊斯兰国家在应对全球化过程中的做法对于中国有一定的启示，主要表现在以下几点。

第一，全球化是当今世界发展的趋势，不可回避，需要积极、主动地应对全球化。全球化是正在发生和不断发展的事实，对于任何国家来说都是不可回避的。全球化是一个充满矛盾和悖论的过程。在全球化过程中发达国家占主导地位，对于广大发展中国家来说，全球化既是机遇又是挑战。在全球化时代，发展中国家需要以积极、主动的态度去迎接全球化的挑战，如果是抵制全球化或被动、消极地适应全球化，那么在全球化过程中将会被边缘化。在伊斯兰国家中，土耳其、卡塔尔、阿联酋、马来西亚等国积极参与全球化，主动参与国际经济竞争和国际分工，充分发挥自身优势，利用全球资源实现发展目标。反观那些消极、被动适应全球化的国家，一味强调全球化的威胁和挑战，而耽误利用全球化解决国内发展的问题，最终导致国内社会问题激化，在外来势力干预下导致政府垮台，国家陷入混乱。

第二，全球化是一个互动的过程，不仅仅是西方化或美国化。在伊斯兰

国家中，全球化通常被视作西方化或美国化。在西方国家也有学者认为"实际上有时从形式上很难辨别全球化和美国化的区别"①。这是长期以来西方发达国家主导国际事务导致的发展中国家观察世界的一种惯性思维造成的。实际上，全球化是一种互动过程。在全球化过程中，西方发达国家影响了发展中国家，而发展中国家也影响了西方发达国家。只不过西方发达国家在国际规则制定权、经济实力方面占优势，从而更多地影响发展中国家。发展中国家只有对全球化有正确的理解和认识才能合适地应对，关键是发展中国家在应对全球化过程中要充分利用和发挥自身优势，利用全球资源实现跨越式。例如，卡塔尔本是一个中东地区的小国，全球化过程中世界能源需求给油气资源丰富的卡塔尔带来了巨额财富，但卡塔尔并未将巨额财富全部用于国民消费，而是利用全球资源实现经济结构的优化，发展金融、文化、贸易、旅游业；而且鼓励资助"引进来、走出去"，积极参与国际事务开展地区热点问题的调停斡旋，如通过举办世界杯足球赛等大型活动提升国家影响力。

第三，全球化过程中的政治发展道路要将传统与现代相结合，摸索出适合本国特点的道路。全球化对发展中国家政治方面的影响就是政治民主化的压力。伊斯兰国家在政治民主化的过程中经历了漫长、艰苦的过程。在伊斯兰国家中，实现政治民主化最成功的国家是土耳其，土耳其民主化过程中最重要的经验就是，在主动融入全球化大潮的同时，在坚持伊斯兰传统文化的基础上，理顺传统与现代的关系，趋利避害，不断创新。伊斯兰国家近年来一直饱受政治民主运动和宗教复兴运动之苦。发展中国家在政治民主化过程中普遍面临西方发达国家的压力，是照搬西方国家的模式，还是在结合本国特点的基础上发展具有历史文化特色的政治制度？有些伊斯兰国家在政治制度上是有名无实，形式上具有西方民主制度的一切特点，但是实质上缺乏民主之实。土耳其的成功实践证明，只有发展结合自身特色的民主制度才能实现长治久安，如果不能处理好传统与现代的问题，照搬西方的有名无实的民主制度只会是祸国殃民。

---

① Fred Halliday, *The World at 2000: Perils and Promises*, New York: Palgrave, 2002, p. 91.

第四，全球化时代只有开放合作才能带来社会发展与繁荣。全球化时代随着国际分工的深入和科学技术的发展，各国之间经济相互依赖进一步加深。利用国际市场和资源解决本国经济发展中的问题，是全球化时代发展中国家实现经济腾飞社会进步的必由之路。伊斯兰国家总体上经济社会发展相对落后，一个主要原因是没有抓住全球化过程中资源全球配置的机会。伊斯兰国家中有些国家有丰富的自然资源，但是经济结构单一，过度依赖资源产品出口。伊斯兰国家中只有卡塔尔、马来西亚等少数国家利用了全球化的机会，发挥了本国优势，优化了经济结构，实现了经济的稳定增长。

第五，全球化时代文化交流融合是化解文化差异的途径，发扬优秀传统文化是提高文化软实力的手段。伊斯兰文化和中国文化一样，与西方文化有明显的差异。在"9·11"事件发生以后，伊斯兰文化被歪曲误解甚至妖魔化了，在西方世界与恐怖主义被更多地联系在一起。伊斯兰文化与西方文化的隔阂除了历史原因之外，更主要的是现实原因，相互敌视对方，将对方视作威胁，导致误解越来越多。全球化过程中，不同文化之间相互交流融合、相互学习将是一个长期的过程。人类文明的进步也正是在相互学习中得以实现的。只有更多的接触交流，才能消除文化鸿沟。另外，西方文化在当今世界占据优势地位是不争的事实。作为伊斯兰文化、中华文化等其他文化如何发扬光大，主权国家如何提高文化软实力，这是广大发展中国家面临的共同课题。伊斯兰文化和中华文化都具有悠久、灿烂的历史，只是文化宝库尚未完全打开。在全球化时代就是需要利用现代化的方式和手段来传播传统文化的精华。

第六，全球化时代的国际关系需要用娴熟的外交技巧来实现价值和利益的平衡。全球化时代国家间围绕利益的冲突与合作更加复杂，随着国际行为体的增加影响国际关系的因素更多。伊斯兰国家在处理国际关系中一直面临的困境是价值和利益无法平衡。例如，伊斯兰国家在对待美国发动阿富汗战争问题上，大多数国家并没有明确表示支持或反对，只是采取一种默许的态度。既维护了同美国的关系，也没有刺激国内反美情绪高涨的民众。实际上这种策略只是一种权宜之计，无法从长远的角度达到利益和价值的平衡。在伊斯兰世界中，埃及、伊朗和卡塔尔在处理地区问题上比较成熟自信，但是他们的影响力基本上局限在中东、北非地区或阿拉伯世界。目前，伊斯兰国家中只有区域性大国，而无全球性大国。立足周边、放眼世界，这是伊斯兰国家对立志于发展成为世界大国的中国的启示。

全球化进程中的中国

杨雪冬*

21世纪的第一个10年已经过去了。德国《明镜》杂志将这个10年总结为西方国家的"失去的10年"[①]。包括"9·11"事件、全球金融危机、气候变暖以及各类冲突在内的诸多事件表明,西方的自由民主、资本主义生产生活方式受到了全面挑战。中国的崛起也是众多挑战之一。而位于美国的"全球语言监测机构"(The Global Language Monitor)统计显示,"中国崛起为经济超级大国"是2000年以来阅读量最大的新闻,中国的发展是21世纪第一个10年中最受瞩目的全球现象。[②] 10年前的国际社会对于中国的前途充满疑虑,现在的国际社会对于这个已经崛起的大国心情复杂地充满期待。

应该把中国的复兴放在全球化这个宏大历史进程中加以考虑,尤其是把中国的复兴与近代史上各个大国的崛起加以比较的时候,更有这样做的必要。全球化无论作为历史背景还是作为国家兴衰的推动力都是将中国的复兴与近代西方大国的崛起区别开来的重要因素。到目前为止,"还从没有一个潜在的

---

* 杨雪冬,中央编译局中央文献翻译部主任、研究员。

[①] Dirk Kurbjuweit, Gabor Steingart and Merlind Theile, "The Lost Decade: What the World Can Learn from 10 Years of Excesses", *Spiegelonline*, Dec 28, 2009.

[②] http://finance.qq.com/a/20091208/007457.htm.

超级大国像中国这样崛起在一个相互联系异常紧密的世界,全球规则和机构覆盖了国际联系的每个角落。"① 中国的复兴既是全球化进程中的正常现象,也是推进全球化的重要力量之一,而全球化则是约束和规范中国行为的基本历史背景。

一、争论中的中国复兴

外部世界,尤其是西方世界对于中国的印象最初主要有两个来源。一是传教士和游客的早期记述;二是近代以来西方媒体的报道。由于这两类描绘者的出发点不同,所处的历史阶段各异,因此,在西方的想象中,始终有两个中国:"一个是人民丰衣足食、社会安定团结、道德高尚纯朴的美好的乌托邦式的中国,另一个是饥荒动乱、暴政恐怖、堕落邪恶的中国。"② 冷战的开始,媒体报道更具有单向性,中国的形象也日益被政治化,中国不仅被描绘成内部独裁的国家,也被刻画为西方自由世界的敌人。

改革开放以来,中国综合国力的不断提升,使得以施密特、布热津斯基等为代表的一些西方学者和政治家开始看到和承认中国影响力增强这个客观事实,但是出于各种原因,国际社会,尤其是西方社会对于中国这个大国的未来发展前途依然充满怀疑。其中两个原因尤其重要,因为它们至今也在影响着西方社会对中国的判断。一是对于中国的了解缺乏全面性,多是以西方媒体偏颇的报道为依据;二是对于中国的社会政治制度存在偏见。这既是冷战的遗产,也是一些西方政府刻意而为的结果。这样,中国的国际形象常常被刻画为:专制国家、内部分化严重的发展中国家、不服从国际规则的傲慢大国。

尽管如此,在过去的 10 年中,随着中国综合国力的不断增强,西方国家主导的国际社会对于中国的态度和判断也在进行着相应的调整和变化。中国

---

① 尼娜·哈奇吉安等:《中国在国际体系中的新动向》,载《参考资料》,2010 年 1 月 20 日。
② 周宁:《20 世纪西方眼里的四种中国形象》,载《书屋》,2003 年第 12 期。

崩溃论、中国威胁论、中国模式论（或者说北京共识）、中国责任论以及中国统治论等判断先后出现。①

中国崩溃论的政治理论前提可以追溯到弗朗西斯·福山所作的"历史终结论"②，苏联的解体为这个判断提供了客观依据；诺贝尔经济学奖获得者克鲁格曼对于东亚经济奇迹的批判是中国崩溃论的经济理论前提；此外，台海关系的紧张成为中国崩溃论的国际关系理论前提。因此，中国崩溃论预言，中国的经济增长将由于缺乏竞争力而停止，中国的政治将由于内部动荡和国际冲突发生根本性改变。

中国威胁论有三个分支。第一个是中国崩溃论的延续，它认为，如果中国崩溃，将会给世界带来庞大的难民问题以及整个东亚区域的不稳定。第二个是中国对国际格局的威胁，其理论前提是西方的政治地理学，如地缘政治学。该论认为，随着中国实力的增强，现有的国际格局将受到严重挑战，因为近代以来的国际关系中，每个大国的崛起都会带来资源和地理空间的重新划分，从而引发冲突乃至战争。第三个是中国体制对西方自由民主体制的威胁。其最基本的依据是，中国缺乏民主自由的经济增长已经挑战了西方倡导的自由民主和市场经济同步的理论。

中国模式论是在"北京共识"的基础上产生的。"北京共识"由美国人雷默提出。③ 尽管其表面上挑战的是"华盛顿共识"，但是并不是一个纯粹意义上的经济理论模式，因为其概括的独立、创新和渐进改革与其说是经济意义上的，不如说更是社会政治发展层面上的。无论是国际社会还是中国国内，对于中国模式尽管尚未达成共识，但是发展中国家的学者、官员似乎更认可中国的发展经验。然而，中国模式和"北京共识"的提出，可以视为国际社会对中国发展成就的充分肯定，至于如何总结中国的经验还需要深入探讨。

---

① 关于国外对中国发展道路的观点综述，请参考张西立：《国外对中国发展道路的十大看法》，载《学习时报》，2009 年 11 月 9 日。
② Francis Fukuyama, *The End of History and the Last Man*, Free Press, 1992.
③ Joshua Cooper Ramo, *The Beijing Consensus*, The Foreign Policy Centre, 2004.

有人认为"中美共同体"（Chimerica）或"G2"提法①的出现标志着中国责任论的产生。这个判断过于简单，实际上，从 20 世纪末期以来，随着中国影响力的增强和对国际事务参与的深入，中国如何承担国际责任问题就已经出现。2008 年的全球金融危机和气候变化谈判为中国责任论提供了有力的依据，因为中国对于包括它们在内的全球事务具有极大的影响力。有学者认为中国责任论是阴谋论。这种判断带有明显的冷战思维。

英国人马丁·雅克的《当中国统治世界》一书被认为是中国统治论的代表。他认为，随着中国影响力的增强，以中国为中心构建的世界秩序将挑战美国主导的现有世界秩序，而中国五千多年的独特文明史将为其建构新的世界秩序提供重要资源，这也将威胁到西方的自由民主观念②。实际上，早在将近半个世纪之前，美国学者费正清等人就提出过要重视中国传统的"天下观念"和"朝贡制度"对于国际秩序的影响。而美国学者丹尼·罗德里克的看法更为积极。他认为，中国式的全球秩序将会对国家主权表现出更大的尊重，而民族多样性也将受到更多的宽容；不同经济模式的实验空间将会更加广阔③。

根据过去 30 多年来国际社会对于中国发展的不同判断，我们也可以总结出四种不同的心态。第一种是悲观心态。国际社会的一部分人从最初对中国自身发展前景悲观，转向了对中国给世界带来的消极影响悲观，认为中国这样一个庞大国家即便能够通过经济增长来解决国内问题，但是也会带来环境破坏、世界资源重新分配等全球性问题。第二种是乐观心态。这个群体认为中国的发展成就充分说明，中国不仅有能力解决自身问题，也能在国际社会中发挥更大的作用；更重要的是，中国的发展道路会为许多发展中国家提供

---

① "中美共同体"是美国学者弗格森和德国学者石里克 2007 年共同创造出的新词，意在表示中美已走入共生时代（参考 Ferguson, Niall and Moritz Schularick "Chimerica and the Global Asset Market-Boom", *International Finance*, Vol. 10, No. 3, 2007, pp. 215 – 239。2009 年，他们再次发表文章，声称中美共同体已经终结（"The End of Chimerica", The Harvard Business School, Working Paper, No. 10 – 037, 2009）。

② 马丁·雅克：《当中国统治世界》，张莉、刘曲译，中信出版社 2009 年版。

③ 丹尼·罗德里克：《中国将统治世界?》，载《参考资料》，2010 年 1 月 18 日。

可参考的经验，这有利于打破发展模式上的西方中心论，丰富世界的多样性。第三种是惧怕心态。与悲观心态不同的是，惧怕心态主要出于对中国发展成功会给主要大国以及西方主流意识形态带来挑战的担心，主要存在于一些西方大国的决策者心里。这些国家因为惧怕所以会动员各种方式来对中国政府施加压力，并且在战略上将中国视为主要的敌手。第四种是挑拨心态。这种心态主要存在于一些有偏见的西方媒体中，对于中国的发展缺乏全面了解，对于问题的报道片面，甚至扭曲和抹黑，以激化中国民众与西方民众、中国政府与西方国家政府间的矛盾。

西方社会对于中国认识和判断的变化以及复杂的心态，充分说明了其面对中国这个崛起中的大国所处的两难境地：一方面在意识形态上充满着怀疑甚至敌意，另一方面又要为了现实利益和战略利益与中国进行接触和交往；一方面不喜欢中国进入西方国家主导的国际机构中，另一方面又要为了维持现有的国际结构而不断地为它提供着空间；一方面政府努力保持对华政策的连续性和稳定性，另一方面又要不时屈服于国内的选举压力而对华强硬。但是，无论这种两难如何棘手，西方社会依然希望保持对现有国际体系的主导权，其内部各个国家也会在重大利益上保持立场的一致。

二、中国式的全球化道路

英国著名历史学家艾瑞克·霍布斯鲍姆（Erik Hobsbawm）在接受《新左派评论》采访时说，1991年之后，世界历史有五大变化，其中之一就是世界经济中心从北大西洋地区移到了东亚和南亚。虽然这种转移开始于20世纪70年代的日本，但是中国20世纪90年代以来的发展才使这种转移具有了真正的意义。[1]

中国之所以能够在经济全球化进程中起到这种作用，根本原因在于中国开辟了一条通过融入全球化进程实现独立自主发展的道路。高盛公司顾问乔

---

[1] Eric Hobsbawm, "World Distempers", *New Left Review*, No. 61, January-February, 2010.

舒亚·库珀·雷默（Joshua Cooper Ramo）在"北京共识"一文中对于中国成功地处理了自身发展和全球化的关系充满赞赏。他说，"中国现在正在书写着自己的故事。这个故事是关于中国人的思维如何与其他地方的全球化失败教训结合在一起的。而世界其他国家已经开始研究中国的这个故事。"[①]

中国选择的全球化道路是由其历史文化传统和社会政治制度决定的，有独特性，但是中国处理自身发展和全球化关系的做法具有普遍的借鉴意义。之所以这样说有两个理由：一是全球化作为世界历史进程的组成部分是每个国家每个民族必须面对、必须参与的客观现实，在全球化面前，每个国家和民族都必须做出选择，每一种选择都相互联系，具有相互参照性。二是到目前为止，虽然民族国家的地位受到了严峻挑战，但是依然是民族、企业以及个人发展所依托的基本制度单位，没有国家的强大，就无从谈论社会和个人的发展。中国发展经验的核心就是有效地发挥了国家的积极作用，这恰恰是新自由主义全球化理论内在欠缺的，也是众多发展中国家在现实中面临的最大挑战。

中国的全球化道路具有五个主要特点。

第一，自主的全球化。近代以来的全球化肇源于西方，西方国家具有天然的主导权，其他国家都是被卷入这个过程之中的，因此，在全球化进程中就形成了中心国家和边缘国家的不平衡格局。这种不平衡是全方位的，核心是这些边缘（后进）国家是否享有政治经济和文化上的独立性和自主性。虽然边缘（后进）国家通过民族解放运动以及其他革命形式建立了独立的主权国家，实现了政治形式上的自主，但是大多数不能在短时期内实现经济文化乃至决策上的自主性。这表现为经济上的依赖，文化上的依附以及决策上的被影响甚至被控制，难以找到一条适合自身情况的发展道路，长此下去形成了政治独立化和经济文化"再殖民化"并存的奇怪局面。

半殖民地历史、参加共产国际的经历以及苏联东欧社会主义国家的解体，使得1949年建立的中华人民共和国无时不刻都把国家的主权独立和保持国家

---

① Joshua Cooper Ramo，"The Beijing Consensus"，The Foreign Policy Centre，2004.

的自主性作为国家建设的基本原则,"中国的领导者懂得历史,这一点不像大多数西方政府"①。坚持主权原则为国家自主性的实现提供了国际法的保证,而自主性则为主权国家提高在国际社会中的影响力提供了制度支持,动员了国内资源。1978年后,随着中国日益全面地加入到全球化进程中,决策者更加强调主权独立和国家自主两个原则,并注重如何在国际关系中提高二者的互补性。这主要体现在三个方面。首先,通过建立自己的人权理论,来应对西方国家提出的人权高于主权的观念挑战。人权包括生存权和发展权,而生存权作为基础性权利是在主权国家范围内实现的。其次,在不断引入外商直接投资(FDI)、融入全球经济体系的同时,更加强调经济决策的自主性和经济体系的相对独立性。中国能够在1997年的东南亚金融危机和2008年爆发的全球金融危机中避免受到重大冲击就说明了经济自主性的意义。最后,在加大对外思想文化交流的同时,更加强调本土文化的挖掘发扬、中国主流文化思想建设以及本国文化产品的国际化,这有利于避免自身文化在西方主流文化的主导与挑战下衰败,并为整个社会摆脱文化思想的"再殖民化"提供了信心和支撑。

第二,渐进的全球化。中国的改革路径被公认为渐进改革,以区别于苏联东欧国家的"休克疗法"路径。中国加入全球进程不是一蹴而就,而是渐次完成的。这种渐进性也是中国加入全球化进程的特点之一。对于中国来说,这种渐进性体现在三个层面上:在时间层面上,1978年打开国门,1992年实现与全球市场体系的对接,2001年加入世界贸易组织之后,则是在各个方面全面接轨。在空间层面上,先是特区开放,然后是沿海、沿江、沿边开放,接着是内地逐步开放,实现了从点到线到面的全面开放。在体制层面上,先是经济领域,然后是社会文化领域、政治领域的对外开放,相互学习。这三个层面的逐步完成,既符合中国规模大、内部复杂的特点,也符合全球化是由多层次内容组成,并存在不平衡性的客观现实。

---

① 约翰·格雷:《伪黎明:全球资本主义的幻象》,张敦敏译,中国社会科学出版社2002年版,第265页。

渐进地进入全球化进程，除了为保证国家自主性提供了时空和制度缓冲外，还产生了三个方面的结果：首先，由于进程是渐进的，所以中国政府能够保持主动性；其次，渐进意味着没有重大中断或挫折，所以能够保证国家战略的稳定性和政策的连续性；最后，由于进程渐进，开放和改革就存在不平衡性，一些空间和制度得以与全球化进程隔离开来，从而为避免或减缓全球化的负面冲击提供了"防火墙"或"隔离带"。最典型的例子就是中国的外汇体制改革，在一些自由主义者眼里，这是中国缺乏改革、非常封闭的领域，但是这为中国避免金融危机的过度冲击提供了支持。

渐进的全球化，让我们更深刻地理解了"全球化是一把双刃剑"这个道理。一方面，全球化既能带来好处，也能带来冲击；另一方面，无论是好处还是冲击都是通过国内制度、机制实现的。因此，在全球化进程中，对国内制度、机制的判断，不能简单地用改革是否与国际接轨及耦合程度来衡量，还必须和解决问题的有效性相联系。

第三，可管理的全球化。全球化在现象上体现为物质、资金、信息、人员等的跨边界流动，其推动力除了交通通信技术的变革外，更主要来自追求超额利润的资本。由于国家与资本的关系在不同国家有不同的体现形式，所以也形成了不同的应对全球化的模式。寻求超额利润的资本主要来自发达国家，这种资本更倾向于采取自由主义的支持态度；而一些发展中国家深受这种资本之苦，更倾向于采取民粹主义的反对态度。然而，对于多数发展中国家来说，自由主义和民粹主义的态度和做法都不利于其从全球化进程中获得有利于自身发展的要素和条件。自由主义的做法虽然鼓励了资本的发展，但是削弱甚至放弃了国家应有职能的发挥；民粹主义的做法表面上似乎保护了全球化进程中的弱者，但是也会有牺牲国家整体发展的可能性。

中国虽然有着社会主义革命和反对帝国主义的传统，但是并不排斥向国外学习①。改革开放后，决策者很快在意识形态和具体制度方面解决了社会主义与市场、国内发展和国际资本的关系，为中国加入全球化进程扫清了障碍，

---

① 毛泽东：《论十大关系》，见《毛泽东选集》第 5 卷，人民出版社 1977 年版。

并确立了充分利用国内国际两种资源、国内国际两个市场加快经济发展的战略。国家也在速度、强度和广度等方面对加入全球化进程进行调控，并且不断完善理全球化的方法措施，提高管理能力。

中国管理全球化进程的三个原则是值得借鉴的。首先，将经济全球化与其他领域，尤其是政治领域的全球化区分开来，避免了资本力量壮大而制约甚至控制国家的决策和运行。其次，提高国家管理全球化的能力始终是提升国家能力的重要内容，因此国家在人员、技术、政策、机制和制度等诸多方面不断进行改革，尽快与国际接轨，学习和熟悉国际惯例。第三，借助于国内公民社会处于发展阶段，国家对各种形式的"反全球化运动"进行了限制，保证了经济全球化的有效进行，毕竟经济全球化是目前全球化进程的核心内容。

第四，均衡的全球化。一个国家作为一个实体，有着复杂的内部要素和关系。尽管从形式上，中央政府代表国家作为一个整体加入了全球化进程，但其内部的诸要素、各主体以及各种关系并非是同步、等量进入全球化的，存在着不平衡性。对于它们来说，世界并不是"平"的。这是许多规模较大、国内关系较为复杂的国家在加入全球化进程中遇到的重要挑战。国内主体、要素、关系对于全球化机会的把握程度，对全球化挑战的承受水平各异，很容易在这个过程中将原有的矛盾激化，并且产生新的问题。"第四世界""贫富分化的社会""失败国家"等现象都是全球化造成国内分化的典型表现。

中国通过渐进开放、适度管理，首先做到了对全球化与国内诸要素互动的有效调控，避免了国内各种主体和关系同步暴露在全球化面前，从而为全球化效应在国内的均衡推进提供了基本的前提。在全球化的国内化过程中，中国有三个方面的经验很值得研究：一是通过加快工业化，整合国内各个地区的比较优势，并通过产业升级在国内形成"雁阵发展"模式，从而保证了中国制造业持续的竞争力。这对于一个人口大国来说，既提高了国民收入，也稳定和增加了就业；二是通过财政转移、对口支持和帮扶以及推进协调发展等方式，不断深化国内发达地区和欠发达地区之间的经济文化交往，以提高全球化带来的"滴流效应"，保证国家的整体发展；三是通过不断深化农村改革，提高农民和农业抗击全球化冲击的能力，增强国内稳定的结构性力量。在许多国家加入全球化的过程中，农业和农民往往是"反全球化"的主要力量。中国在提高农民收入、稳定农村社会方面的诸多做法都值得进一步总结。

第五，创新的全球化。全球化也是趋同化的过程。在这个过程中，强势文化往往成为弱势文化模仿（主动或者被动）的对象，并由此消除掉弱势文化的自主性进而导致人类文化多样性的贫瘠。固然，趋同有其合理性，但是在国家层面，任何一个国家的发展都不可能通过照搬其他国家的成功模式实现。"华盛顿共识"之所以受到批评，很重要的原因在于其开列了一套自以为"万能良方"的具体政策建议；中国的发展经验受到关注则因为其强调各国要根据具体国情来采取具体措施，并进行创新。

在加入全球化进程中，中国一直保持着后进者、"小学生"的姿态，对于各种新事物、新知识、新信息、新技术等充满着学习的热情和冲动。在这个信息化的时代，没有孤立的创新，只有"边学边干"的创新。这种学习不仅发生在教育、科技、生产等领域中，更发生在政府层面上。从中央到地方都把学习外部先进经验，实现自我创新，改善治理作为重要的工作内容。从世界范围看，中国的各级政府具有很强的创新意识和能力。对于中国这个大国来说，政府的不断创新确保了政府治理能够较好地适应社会的发展和企业的需求，也增强了政府的合法性，减少了全球化进程引发的社会动荡和冲突。

除了"边学边干"式的创新，"试点—推广"式的创新也有利于减少创新成本，提高创新的适用度。这种起源于革命时代的工作方法在改革开放之后被提升到制度化层面。中国的许多重要制度和政策的出台都是通过这种方式完成的。更为重要的是，这种创新方式也发挥了地方政府的主动性和创造性，并在各级政府之间形成了有效竞争，弥补了国家规模大、权力集中的内在缺陷。

将中国的发展道路置于全球化背景下，将其与欧美国家的发展道路、其他发展中国家的发展道路进行比较，我们能更为清晰地看到其具有的特点以及可能产生的更具有普世性的启发。一些人强调中国发展道路的独特性，或者出于无法用流行的西方理论来分析中国的发展经验，或者由于不喜欢中国的政治体制而不愿意承认中国已经取得的成就,或者因为担心宣传中国的发展经验会引起西方社会的不开心、不满意,乃至攻击。其实,在中国的发展已经成为公认的现实面前,这些想法显得是那么的天真、偏狭和脆弱。正如诺贝尔经济学奖得主科斯所说,过去30多年中国的变化对于全人类而言,具有最高的重要性,"中国的奋斗就是全人类的奋斗"。

中国进入全球化进程,至少具有三个方面的重要意义。首先,通过快速发展,中国成功地解决了本国人民的生存和发展问题,提高了人民的福祉,从总体上增强了全球化的益处。中国不再是世界的包袱和忧虑,而是世界繁荣与发展的重要力量。中国的人类发展指数最能说明这点。虽然在2007年中国的人均GDP在世界182个国家和地区中只排在第102位,但是识字率排在第56位,预期寿命排在第72位,综合排名为第92位。即便是对中国政治持批评立场的哥伦比亚大学教授黎安友也承认中国对于世界的最大贡献,无论是现在还是将来都会是"她能自己照顾自己"。[①]

其次,中国综合实力的不断提高,使世界多极化更加成为现实。全球化的健康发展,应该是逐步摆脱霸权控制、实现全球治理的民主化。多极化的实现是民主化的基本前提。无论在世界市场还是各类国际组织中,我们都可以看到中国的参与对于原有格局产生的冲击和影响。中国的加入不仅会打破原来的利益格局,也会带来变革的可能。这是许多主导国家所不愿意看到的,也是西方国家与中国不断产生矛盾和龃龉的根本原因。正如美国杜克大学教授阿里夫·德里克(Arif Dirlik)在批判"北京共识"时所说的,"北京共识"最重要的内容也许是提出了一种建立全球关系的思路,即在多边国家关系中,在承认政治、文化以及区域、国家实践差异的前提下,以经济关系为基础建立起一种新型全球秩序[②]。

最后,中国的发展道路为全人类的发展提供了一种新的思路和范式。中

---

① Andrew J. Nathan, "When China is No", *Mckinsey Online*, February 26, 2009.
② Arif. Dirlik, "Beijing Consensus: Beijing 'Gongshi'", Globalization and Autonomy Online Compendium, 2006. http://www.globalautonomy.ca/global1/position.jsp? index = PP_Dirlik_Beijing Consensus.xml.

国模式已经成为了世界谈论的热点,而在包括非洲在内的发展中国家和地区尤其如此。① 对于发展模式的讨论在 20 世纪 80 年代似乎离开了主流话语体系,因为西方的经济主导地位以及冷战的结束让模式讨论显得毫无意义,历史已经终结。但是包括中国在内的几个发展中大国的快速发展又重新点燃这种谈论②。法国《回声报》发表文章称,"在思想观念方面,如果撇开环境方面的影响不谈,中国的政治经济模式取得了一些胜利,并成为一种替代资本主义自由民主制度的令人感兴趣的选择。"③

三、中国的复兴是全球化进程中的正常事件

从国家产生以来,其兴衰更替就成为每个社会必须面对的客观事实。而近代民族国家的产生,使西方社会掌握了这种兴衰更替的主导权,并启动了全球化进程。然而,20 世纪 80 年代后全球化进程的全面展开,为非西方国家的赶超式发展提供了新的机会。中国的复兴就是在全球化进程中发生的一个正常事件,与印度、巴西、南非等国的快速发展具有同样的意义。

笔者更愿意将中国的发展称作"中国的复兴"。这样说有三个主要理由:一是,1949 年中华人民共和国的建立实际上已经开始了中国的崛起进程。中国作为一个现代主权国家不仅改变了东亚的政治地理格局,而且作为一个社会主义的大国,影响着第二次世界大战后形成的世界政治局面。二是,从历史长时段看,中国无论是在经济发展水平,还是政治社会文化发展水平和影响力方面,在世界上处于领先甚至主导地位长达两千多年,只是在近代一百多年的历史中,中国的发展水平才落后于西方国家,在影响力上屈从于西方世界。中国最近 30 年的发展不过是中国恢复其影响力过程中的短暂时段。三是,所谓"大国崛起"是一个带有非常强烈政治地理学色彩的词汇,其逻辑

---

① Barry V. Sautman, "Friends and Interests: China's Distinctive Links with Africa, Center on China's Transnational Relation", The Hong Kong University of Science and Technology Working Paper No. 12, 2006.
② Alain Gresh, "Understanding the Beijing Consensus", *Le Monde Diplomatique*, November 2008.
③ 《"中国模式"年》,星岛环球网,2008 年 1 月 30 日。

来自过去300年西方历史中一国兴起必然是其他国家衰落,然后产生战争的历史事实。但是,这个词汇并不适合中国的语境,因为中国从古至今都是一个有影响力的大国,并且将民意民心的赢得而非物质实力的竞争视为国家兴衰的根本,而认为战争是解决国家之间竞争关系的最次等的方法。

全球化的发展会推动世界交往的扩展,提高人们的相互联系程度、相互依存程度。但是,在现实中,以国家利益、意识形态为代表的各种利益、偏见的存在,使得全球化进程坎坷不顺,国家冲突、体制偏见以及意识形态冲突时有发生,甚至激化。中国复兴引起的各种争论和激烈反应就说明了这点。驱动这些争论和反应的,有三个主要因素。

首先是冷战思维。冷战虽然已经结束了二十多年了,但是冷战思维依然顽固地存在于西方社会,尤其是政治家的头脑中。这种思维将社会主义看作是邪恶的,会威胁到自由民主的资本主义制度。在冷战结束前,视苏联为主要的邪恶对手。冷战之后,中国的快速发展让西方世界找到了新的敌人。中国成功地将市场经济与中国的政治制度结合起来,直接挑战了自由民主体制赖以存在的价值判断,并且威胁到西方的制度文化在其他发展中国家的主导地位。因此,中国发展进步,总会受到来自西方的严厉批评和无端指责。在冷战思维中,中国并不是一个"正常的国家"。但是中国的不断发展,又迫使许多西方人士不断地修改着自己的政治观念和价值判断。这对他们是一种痛苦的纠缠。

其次是国家利益。民族国家没有终结,反而在一次又一次的全球危机中显得更加强大,国家之间的竞争更加全面,关系更为复杂。西方国家是当代世界政治经济秩序的创造者和主导者,这种地位从第二次世界大战结束一直持续到现在,并在20世纪80年代末期达到了顶峰。但是,随着包括中国在内的一些发展中大国的兴起,这些国家的主导地位受到了挑战。它们不仅在经济领域要面对来自这些发展中大国的竞争,还要在国际组织的运行、国际规则的制订方面为后者提供参与的机会和发挥作用的空间。这样,这些国家必须在新的国家力量关系中考量自己的战略利益,协调好相互依存和相互竞争的关系。而一旦国家的战略利益受到影响和挑战,就会加以反击,国家之间的冲突也就时有发生。

最后是道德优越感。西方社会的道德优越感是长期形成的,并受到其物质、技术以及制度优势的有力支撑。在处理西方与非西方的关系时,这种道德优越感利于导致"西方中心论",用自己的标准来衡量一切。随着非西方社会对西方社会赶超步伐的加快,对其了解的加深,它们的价值标准和行为方式也对"西方中心论"提出了质疑与挑战。道德优越感也成为一些西方国家维护自己在国际社会中的合法地位的最后支撑,并常常被用来批评和干预其他国家的内政。近年来,这类事件经常发生,用以掩盖国家利益的矛盾和冲突,从而使国家之间的竞争从物质层面延伸到制度层面、道德层面。

全球化不仅将包括民族国家在内的各类社会主体和个人卷入其中,也为它们提供了重新认识自己和彼此的机会。在全球化镜像中,中国的复兴使中国成为西方以及其他社会重新认识自己的新参照系,也为中国反思自己提供了机会。无论是西方社会还是中国社会都应该以正常的心态来看待中国的复兴,这样才能尽量减少干扰和扭曲,将中国的复兴看作全球化进程中的正常事件,将中国的发展道路看作是正常的模式,而非独特的孤版。

在全球化背景下,中国的发展道路虽然是"中国特色的",但并非"中国独有的",因为它是在全球化进程中形成的,合理吸收了世界现代化的成功经验,"中国模式绝非我们通常认为的那样独特。相反,它集合了人类创造的模式。即使从理性角度看,一个拥有丰富多样自然资源和社会经济形态的世界大国也不可能不提供(或早或迟)某种万能模式。而且,由于收入和人力资源发展指标在国际上处于中等水平,中国在很大程度上是一个典型的全球性国家,也就是说,这个国家体现了全球最普遍的发展趋势。在各种成功的、相对成功的、未完成的、局部的、半途而废甚至被阻断的现代化并存的大背景下,当代中国无疑为国际社会提供了某种万能的现代化模式。这种模式的特点是,对各个环节之间的比例把握得相当适中。"①

---

① 《中国:万能的现代化模式?》,俄罗斯战略文化基金网站。

面向全球化的中国治理改革

杨雪冬[*]

改革开放的过程,也是中国参与全球化、利用全球化、应对全球化的过程,更是通过开放促进改革、发展的过程。在这个过程中,中国与世界的关系发生了历史性变化,中国的发展离不开世界,世界的繁荣、稳定也离不开中国,全球化不仅是中国进一步改革、发展的基本背景,也是中国深刻参与其中的重要力量。因此,中国的治理改革必然是面向全球化的改革。

一、要从战略的高度来全面深刻地认识全球化带来的机遇和挑战,制定系统的应对措施

从 2001 年中国加入世界贸易组织以来,经济全球化已经成为制定国家发展战略的基本背景,对于其"双刃剑"效应的认识不断深入。全球化已经从经济领域扩展到政治、社会、文化等更为广泛的领域,深刻地影响着国内各个阶层以及每个行为者,改变或者影响着社会的观念和意识的形成,成为许多组织以及个人决策、行动、选择的基本前提和重要制约因素。如何应对全

---

[*] 杨雪冬,中央编译局中央文献翻译部主任、研究员。

体化呢？

首先要增强全球意识，培养世界眼光。中国是全球化进程中的主角之一，同时，全球化也是改变中国的重要力量之一。中国的发展不仅依赖于世界，更会贡献于世界，牵制着世界；中国不仅是全球化的参与者，还是推动者，甚至是主导者；中国不仅是国际规则的遵守者，还是修改者，甚至创制者；中国反对各种"中心主义"，主张各种文明、模式的共存。要充分挖掘中国传统文化和中国共产党历史中关于世界、国际关系的重要资源，形成中国对于世界的认知模式。除了要弘扬天下大同的理想、和合共生的情怀、和而不同的理念、反对恃强凌弱的立场，还应该从中国与世界关系的背景来重新理解"和平、发展""韬光养晦、有所作为"等判断，统一战线、群众路线等方法，合纵连横、纵横捭阖等手段。

其次，要构建价值明确、表达清晰、富有感召力的全球战略。建构一套全球战略，不仅有利于向国际社会宣示自己的立场，而且有助于增强其他国家对中国发展的预期判断。"富强、民主、文明、和谐"不仅是中国的国家发展目标，也应该成为中国全球战略的核心价值。中国的"和平发展、民主进步、文明友善"的国家形象要通过中国的全球战略来加以具体落实。要在全球战略的框架下来思考、布局区域战略、国别关系、国际组织的改革等国际问题。更为重要的是，既要在经济领域通过扩大合作实现发展共赢，更要在政治领域通过勇于倡导国际政治民主化来赢得更多朋友，夺取国际竞争的道德制高点。

第三，要将全球意识贯彻到国内各项重大政策、决策的制定和实施过程之中。目前，国内许多重大政策、决策的制订过程，都非常注重对国外相关做法、经验的学习和借鉴，但是关注的重心多偏向于欧美发达国家，今后要将视野放得更宽广些，要更加关注新兴市场国家，尤其是那些国家规模较大、发展水平与我国更为接近的国家，这有利于提高学习、借鉴的有效性。此外，政策、决策的制定与实施，还要重视对其产生的国际后果或影响的评估，国内社会公众对政策理解、评价的国际参照系，既要充分利用国际资源，更要重视国际制约，为国内政策的顺利实施创造良好的国际环境。

二、要从中国在全球化进程中的定位角度来全面思考国家的作用

21世纪以来,一方面国家间的竞争愈发全面激烈,国家往往也是包括企业在内的其他社会竞争的有力支持者;另一方面,国家的作用,尤其是在应对各类危机和风险中的作用日益突出,国家已经成为了最有效地动员和配置资源应对危机和风险、提供安全与维持秩序的基本单位。胡锦涛在建党90周年讲话中提出,中国特色社会主义制度的优势之一是"有利于集中力量办大事、有效应对前进道路上的各种风险挑战",国家作用的有效发挥就是其中的关键。总体上说,中国在全球化进程中还是一个赶超者,并且会保持相当长的时间;同时,中国对全球的影响以及受全球的影响也在不断增强。因此,要更加重视如何有效地发挥国家的作用。

首先,要保持国家的自主性。国家的自主性就是国家能够发挥公共权力代表的作用,调解国内矛盾,缓和外部力量对社会的冲击。全球化时代也是利益多元的时代。国家不仅要超越日益多元的利益关系,凝聚社会共识,缓和社会利益冲突和各种矛盾,推动国家战略,更要保持对国际社会的相对独立性,将国际社会的影响控制在可接受的范围内,避免国家利益被来自国内外的个别利益,尤其是全球化的社会力量所绑架。目前的重点是要将经济全球化与其他领域,尤其是政治领域的全球化区分开来,避免了资本力量壮大而制约甚至控制国家的决策和运行;控制"反全球化运动"的形成,进一步扩大和深化对外开放。

其次,要辩证地看待国家与市场的关系,调整和转变国家的职能。国家是有边界的,市场则是全球化的。据统计,中国非金融类海外直接投资从2002年的27亿美元跃升到2011年的6000亿美元,是世界第5位,增幅22倍,年均增长47%。截至2011年年底,中国境内投资者在全球178个国家和地区设立对外直接投资企业1.8万家,累计实现非金融类对外直接投资3220

亿美元，境外中资企业资产总额超过 1 万亿美元。① 国家既要通过完善国内制度环境，发挥比较优势来吸引国际投资，也要推动国内资本走出国门，因此国家的职能，尤其是保护本国公民和企业利益的职能必须要延伸到国界之外。近年来，国内资本的对外投资，以及国内富裕阶层向国外移民趋势不断增强，长期来看不仅会影响到国内的产业发展和就业，而且会影响到各个社会阶层对国家的认同，造成严重的社会问题。而随着全球市场风险的增多，国内贫富差距由于全球力量的介入而不断扩大，国家作为风险防范制度的作用也更加突出，这对长期流行的新自由主义提出了严峻挑战，也为国家职能的扩张提供了理由。但是在危机结束后，国家如何退出已经占领的领域是更为艰巨的任务。

第三，要辩证地看待国家与社会的关系，推动国家与社会的协同合作。社会的发展和壮大既是改革开放的成果，也是进一步推进改革开放的动力。国家面对的是一个强大而且多元化、自组织化的社会。国家要通过制度建设，为社会利益的表达提供更为通畅的渠道，为社会利益的整合提供更为有效的方式，同时要把更多的权力还给社会，发挥社会自组织的作用，使国家的职能向提供公共品和公共服务方面转移，以缓和全球化带来的各种社会冲击，在应对全球化的过程中形成应对社会问题、促进社会发展的合力。

三、要深刻理解和把握经济社会全球化与国家治理能力有限性、民族文化独特性这对主要矛盾

对于每个国家来说，各个领域的全球化都是非均衡发展的，因此各个领域之间就会形成脱节和矛盾，影响到国家行为的协调性。经济社会全球化与国家治理能力的有限性、民族文化独特性之间的矛盾是其中的主要矛盾，因为国家治理是以领土为边界的，民族文化的保存是以民族群体为基础的。对于中国来说，这种全球化的不均衡性更为突出，经济社会的全球化程度对于

---

① 苏祖辉：《中国与世界关系进入历史性变化的新阶段》，载《当代世界》，2012 年第 2 期。

国家能力、民族文化提出了新的挑战。中国的全球化进程是从经济领域开启的，出口已经成为了中国经济增长的三大引擎之一，中国外贸依存度超过50%。2003年中国超过日本成为亚洲最大的进口国，2004年超过日本成为世界第三大出口国，2007年超过美国成为世界第二大出口国，最后是2009年超过德国成为世界第一大出口国和第二大进口国。2000年至2009年，中国外贸年均增长16%，远超过同期世界贸易3%的年均增长率。2011年，中国外贸总额达36420.6亿美元，比上年增长22.5%。经济全球化也推动了人口、信息的流动，为各种主体、不同形式和内容的社会交往的扩展提供了条件，为不同文化之间的交流、交融、交锋创造了机会，加快了社会全球化。2010年，中国公民境外旅游目的地国家和地区达到140个，人数有5739万人次。中国的互联网用户从2000年年底的2.25亿人增加到2011年的4.77亿人，占人口总数的36%，年均增长率为229%，互联网人口占世界人口的22.7%。

要应对经济、社会全球化对国家治理能力、民族文化独特性带来的挑战，从根本上需要加快和深化国内改革。目前的重点有三个：首先要在坚持主权原则的前提下提高国家治理的开放度。主权观念是现代国际关系的基石。中国虽然是这个体系的后进者，但高度认可主权观念，并将其作为对外关系的基本前提。随着国内问题的"国际化"以及全球问题的不断增多，如何既坚持主权独立完整原则，又能灵活地在主权框架下解决重大问题，尤其是各国普遍关注的问题，显得至关重要。对于中国来说，坚持主权原则的目的是维护和增强本国的核心价值和利益，而不是封闭问题的国际解决途径。要善于将国际力量纳入到国家治理的框架之中，不仅要充分利用国际物质资源，还要有效利用国际社会资源，使国际力量在参与的过程中，认识、理解和认同中国的治理精神、治理体系、治理方式。要充分认识到，国际社会的理解和支持，已经成为国家行为合法性的重要来源。其次，要在提高国家治理有效性的过程中增强社会的认同。到目前为止，国家还是解决所有问题的基本单位和主要责任者，因此要提高国家治理的有效性，力争将国内问题放在国家制度框架内解决，这就需要完善国家的各项制度，增强各级政府以及政府机构的治理能力，尤其是依法执政、民主执政、科学执政的能力，建设法治政府、廉洁政府、服务政府。要提高国家治理的整体性，既要落实各级政府的责任，也要加强政府之间的协调合作，尤其是跨地区的合作。要充分发挥社会力量在国家治理中的作用，使它们在参与国家治理的过程中，增强对国家的认同。这是防止或减少"国内问题"国际化的重要途径。越来越多的人认识到，加强外交、国防、外宣、对外经济工作等固然重要，但能否成功应对国际挑战的关键，还在于能否加快国内改革步伐，妥善处理国内各种政治、经济、社会问题。其中很重要的一点，是让国内公众全面而客观地了解国际国内两个大局及其相互关系。

第三，要在保持民族文化包容性的同时增强文化自觉与自信。中华民族文化具有高度的包容性，这是其绵延不断、生生不息的根本原因。在全球化时代，中华文化也在和世界各种文化进行着交流交融，发生着碰撞交锋，其复兴与繁荣除了得益于国家综合实力的不断提升外，更来自文化的自觉与自信，这样才能避免经济发展与文化发展得不协调，民族文化对西方文化的屈从。要提高文化自觉和自信，不仅要挖掘和弘扬传统文化，更要改善当代中国人全方位的生活状况，从鲜活的生活与实践中总结和升华时代的精神特质，要让每个人都能在国际比较中感受到作为中国人的尊严，在世界舞台上体会到来自他人的尊重乃至艳羡。

四、要着力解决中国参与全球化进程中的难点问题

与近代以来先后崛起的其他大国相比，中国具有五个方面的独特性：首先，中国是四大文明古国中唯一保持领土和文化完整性与连续性的国家。其次，中国是一个有着悠久帝国传统并且有过半殖民地经历的国家。再次，中国是前社会主义阵营中现存的唯一有全球影响力的大国，并且与发展中国家有着非常密切的联系。顺次，中国是一个人口大国，庞大的人口规模既是其实力提升的基础，也会成为发展的掣肘。最后，中国所处的时代是任何一个大国崛起时没有遇到过的全球化的时代。中国所面对的挑战，在很大程度上就是这些独特性交织在一起后共同发挥作用的结果。其中，有三个方面的挑

战特别值得重视。

首先是自我定位和与能力相配的国际责任。社会主义国家和发展中国家一直是中国在国际舞台上的身份标志。冷战结束后，随着南北关系的突出，中国越来越强调自己的发展中国家的身份。这虽然减少了国际交往中不必要的意识形态和体制负担，但也意味着要对长期坚持的"三个世界理论"进行完善。更为重要的是，中国的发展中国家地位也在受到挑战。一方面许多发展中国家希望中国继续给予更大的支持，但是与中国在多个领域中产生的经济竞争又冲击着长期建立的兄弟伙伴关系；另一方面发达国家不断施加压力，要求中国承担起更多的国际责任，G8、G20以及G2在国际社会成为热门话题也充分说明了这一点。显然，对于已经与世界全面接轨并有着多种利益要求的中国来说，无论是三个世界理论，还是发达/发展中国家理论，都不能给中国定位自身提供全面的理由，也很难为中国明确其与自身能力相配的国际责任提供依据。

其次是政府态度与国民心态。一个大国需要对来自国际社会的各种质疑、批评乃至攻击坦然应对，因为已经熟悉了原来国际格局的世界各国，还不太习惯同一个新兴的大国打交道。中国在发展过程中，不仅需要国际社会适应中国，而且中国更要主动地习惯与国际社会交往。国民心态中的自卑与自满情结尤其需要克服。百年的屈辱历史、长期的全面落后以及西方强势文化对中国形象建构的负面作用是这种自卑感产生的根源。自满则是伴随着中国经济快速增长和中国在世界上地位不断提高而出现的。自卑与自满是一块硬币的两面。由自卑到自满，很容易造成国民行为的非理性，而外界冲击也容易让国民从自满沦为自卑，从而失去自信。自卑与自满这两种心态及其转化形态不仅存在于普通公众之中，而且存在于政府官员之中，其典型的表现形式是在对待国际社会批评时，或屈服于无理指责，或将合理建议置之不理。

第三是社会交往和国家利益。国家是现代国际关系的主体。在对外交往中，政府优先于民间。中国在对外交往中，曾经受困于无产阶级国际主义和国家利益的两难选择，受困于无产阶级之阶级友情和国际人道主义的矛盾境地。改革开放30多年来，我们顺利摆脱了这种两难与矛盾的困扰，实现了在对外交往基础上向国家利益的回归。但是人员流动和交往的扩大作为全球化的重要内容，也对政府主导的对外交往提出了挑战。虽然民间外交、全面外交的提出是为了应对这种变化，但是由于我国公民社会组织发展缓慢，能力不足，政府与公民社会的关系还处于磨合过程中，导致民间外交、公民社会外交难以充分发挥对国家外交的有效支持和辅助作用，也不利于国家利益的全面扩展和维护。

五、要突出解决中国参与全球化进程中面临的紧迫问题

中国参与全球化进程面临的最紧迫问题是与其他国家，尤其是西方国家、新兴市场国家展开的全方位竞争关系。在过去 10 多年中，随着中国综合国力不断增强，国际社会对于中国的态度和判断也在进行着相应的调整和变化，中国崩溃论、中国威胁论、中国模式论（或者说北京共识）、中国责任论、中国统治论等论断先后出现，中国与其他国家在多个领域存在着矛盾，甚至冲突。如在 1995—2010 年，贸易伙伴总共对中国提出了 784 起反倾销动议，采取了 563 起反倾销措施。单就案件数量来讲，中国是最大的受害者，远远领先于其他国家和地区，比处在随后 2、3、4 位国家和地区的总和还要多。在过去的 4 年中，每年中国遭受到的反倾销动议数都占了世界总数的 1/3 以上；每年中国遭受到的反倾销措施数达到了世界总数的 40% 以上。①

对于中国来说，首先应在经济全球化深入发展中掌握主动。生产要素在全球范围重组和流动加快，全球需求结构出现明显变化，围绕市场、资源、人才、技术、标准等的竞争更为激烈，各种形式的保护主义时有抬头，全球性问题更加突出，全球经济治理和区域合作深入发展，迫切要求我们在全球经济分工中寻找新定位，在全球问题应对中承担新角色，在国际经济合作与竞争中寻找新优势。其次，要在科技创新和产业升级中抢得先机。世界科学技术处于新一轮革命性变革前夜，世界可能进入创新集聚爆发和新兴产业加

---

① 宋泓：《共享型发展——对外开放与中国经济的发展》，中国社会科学院工作论文，2012 年 11 月。

速成长时期，全球范围内抢占未来发展制高点的竞争日益激烈，我国经济发展方式在主动转变，迫切要求我们充分发挥后发优势，动员现有优势，构建新的优势，为实现技术和产业整体跃升争取更有利的条件。第三，要在国际力量分化组合中争取优势。世界多极化深入发展，国际体系改革势在必行，各国发展对我国的借重、合作意愿增强，大国间在战略制高点和道义优势上的竞争更趋激烈，西方大国对我加紧实施西化分化、遏制打压，迫切要求我们冷静分析，合理应对，利用好、发展好经济实力、政治影响力和文化软实力，在各种力量转化中开拓新的发展空间。总的来说，我国在国际格局变动中还处于相对弱势，因此要准确研判以驾驭复杂形势，把握好国内、国际两个大局相互联系与转化的宏观大势和难得的历史机遇，有效维护、延长和用好得来不易的重要战略机遇期。

同样的挑战，不同的应对

杨雪冬　张萌萌[*]

21世纪以来，全球化的速度、广度和深度发生了重大变化，尤其是其"双刃剑"效应的负面内容随着"9·11"事件、SARS危机、全球金融危机、欧债危机等全球性风险的发生充分展现出来。人们对于国家的地位和作用的认识更为全面，因为全球化并没有导致所谓的"民族国家终结"，反而强化了国家的地位，并推动了国家作用的变革和调整。各国都在努力趋利避害，抓住全球化带来的发展机遇，规避和应对全球化产生的风险，形成了各具特色的全球化道路。

一、全球化进程中大国力量的调整

从总体上来说，21世纪以来，美国、德国、英国、日本作为发达国家在全球化进程中的影响力在相对下降；俄罗斯、印度、巴西、越南等发展中国家的影响力则在相对上升。（见表1、表2、表3）。

---

[*] 杨雪冬，中央编译局研究员；张萌萌，中国对外经贸大学副教授。

表1 主要国家2000年以来KOF全球化指数排名变化

	2010年	2007年	2006年	2005年	2004年	2003年
美国	27	19	3	4	7	11
英国	24	4	12	13	12	9
德国	18	15	18	21	18	17
日本	45	40	28	28	29	35
印度	111	82	61	61	61	57
俄罗斯	42	31	47	52	44	46
巴西	75	54	52	57	53	58
埃及	68	64	55	59	60	48
越南	124					
土耳其	56	44	57	56	55	47
沙特	74	68	44	45	41	41
伊朗	162	115	62	62	62	62
中国	63	37	51	54	57	53

表2 世界商品出口额前10名国家和地区排名变化

Rank	2000	2010
1	US (12.3%)	China (10.4%)
2	Germany (8.7%)	US (8.4%)
3	Japan (7.5%)	Germany (8.3%)
4	France (4.7%)	Japan (5.1%)
5	UK (4.5%)	Netherlands (3.8%)
6	Canada (4.3%)	France (3.4%)
7	China (3.9%)	Republic of Korea (3.1%)
8	Italy (3.7%)	Italy (2.9%)
9	Netherlands (3.3%)	Belgium (2.7%)
10	Hong Kong (3.2%)	UK (2.7%)

表 3 对于 2050 年各国经济实力排名的预测

排名	目前排名	PwC（2011）	Citigroup（2011）	Goldman Sachs（2009）
1	US	China	India	China
2	China	India	China	US
3	Japan	US	US	India
4	Germany	Brazil	Indonesia	Brazil
5	France	Japan	Brazil	Russia
6	UK	Russia	Nigeria	UK
7	Brazil	Mexico	Russia	Japan
8	Italy	Indonesia	Mexico	France
9	India	Germany	Japan	Germany
10	Canada	UK	Egypt	Italy

数据来源：Will Straw and Alex Glennie, *The Third Wave of Globalisation*, Institute for Public Policy Research Report, January 2012。

美国的衰落已经成为一个重要话题。按照现价美元计算，美国 GDP 占世界份额从 2000 年的 30.7% 到 2009 年已经下降到了 24.3%，根据购买力平价计算，美国占世界 GDP 的份额从 2000 年的 23.6%，下降至 2010 年的 20.2%。根据"世界经济论坛"的全球竞争力指数研究，美国的竞争力在 2005—2006 年以前一直稳居世界第 1，但是到了 2010—2011 年，美国排名已经下降到了第 4 位，并在 2011—2012 年排名进一步降为第 5。在全球化水平上，据 KOF 全球化指数，美国在政治和社会全球化方面的表现要明显优于其在经济维度上的表现。

英国的国际地位也在相对下降，其 GDP 占世界的比重从 2000 年的 4.71% 下降到 2011 年的 3.45%，世界排名也从 2000 年的第四位下降到 2011 年的第 7 位。尽管实力下降，但英国的全球化程度相比于美国、日本一直很高，与德国相比，也只是在 2011 年才被超出。而英国的竞争力排名，2000 年以来，略有下滑，从 2000 年的第 8 位下降到 2011 年的第 10 位。

新世纪以来，日本经济在世界经济中的比重逐年降低。作为世界第二经济大国，日本在世界经济中的比重曾经仅次于美国，并在 1994 年达到最高的 18% 左右。不过，从 1995 年以后，日本在世界经济中的比重开始一路下滑。

到 2007 年，日本经济在世界经济中的比重为 8.1%，为 1971 年以来的最低水平。在 2010 年，日本经济更是被中国超越，失去了保持 42 年之久的世界第二经济大国地位。2011 年日本进出口贸易出现逆差。这是日本自 1980 年石油危机以来首次出现贸易逆差。

德国 2011 年的国民生产总值为 2.6 万亿欧元，位居世界第四位，2007 年被中国超越，失去世界第 3 的位置。在出口方面，2003—2008 年德国贸易出口额一直稳居世界第 1，2009 年被中国超越，2011 年又被美国赶超屈居第 3 位。

印度、俄罗斯、巴西是金砖国家成员，21 世纪以来经济发展迅速。1991 年实行经济改革后，印度经济增长明显加快，2006—2007 年达到创纪录的 9.7%。2011 年，印度国民生产总值排世界第 11 位。据美国高盛公司预测，未来 50 年内印度经济增长率将达到年均 5.8% 以上，国内生产总值在 2015 年将超过意大利，2020 年超过法国，2025 年超过德国，成为仅次于美、日、中的第 4 大经济体；到 2050 年，印度经济增长仍会达到 5%，并且有希望成为世界上最大经济体。就全球化水平而言，印度与其他金砖国家相比还有一定的差距，但是也在不断提升。21 世纪以来俄罗斯 GDP 占全球比重一直稳步增长，2000 年占世界总 GDP 比例为 0.83%，到 2010 年增长到 2.36%，在 2011 年成为世界第 9 大经济体，2000—2008 年平均增长率为 7%，是世界上增长速度最快的主要经济体之一，外汇储备排名全球第 3，债务水平在全球主要经济体中也最低，这使得俄罗斯在金融危机中的表现超出预期，好于很多其他主要经济体。巴西的经济排名提升快速，2001—2010 年，巴西经济累计增长 37.3%，GDP 年增长率 3.6%，2005 年为世界第 14 大经济体，2006 年为第 9 大经济体，2008 年以 1.7 万亿美元成为世界第 8 大经济体，2011 年超越英国成为第 6 大经济体。随着其经济的继续增长，巴西的经济排名将继续上升。2007 年吸引了全球外国直接投资总量的 3.4%，成为仅次于中国的外国直接投资对象国。

2007 年，越南正式加入 WTO。2011 年越南 GDP 总量达 1190 亿美元。2011 年越南进出口总额超过 2000 亿美元，在东盟国家中进出口总额排名第 5 位，在全球进出口贸易排名中居第 38 位。2011 年越南超过菲律宾，成为东盟第 5 大贸易国。越南也是高盛公司提出的"新钻 11 国"（Next – 11）成员之一。①

二、对全球化的基本认识及全球化战略

21 世纪以来，各国对于全球化的认识不断深入、全面，态度更为积极主动。尽管各国国内对于全球化有着不同的反对声音，世界范围内存在着激烈的反全球化运动，但是没有一个国家不是在努力拥抱全球化，并且根据本国的情况制订着相应的战略。

美国在克林顿担任总统时期就实施了较为积极的全球化战略，特别强调要以全球化作为美国外交战略的立足点。1993 年年初，克林顿政府在分析冷战后的时代时，将"商业和资本的全球化"作为主要的时代特征之一。1999 年 2 月 26 日，克林顿在旧金山向美国政界和商界发表讲话，阐述了美国 21 世纪的外交战略构想，其中他以全球化为立足点，提出：全球化趋势不可逆转，世界各国的联系越来越紧密，要使这样一个世界保持和平与稳定，必须有一个领导，而且只能有一个领导；另一方面，全球化趋势使美国深受其益，美国更加繁荣强大，而且更具有信心，成为最有能力领导这个世界的国家。②这很大程度上与当时美国在全球化中的明显优势地位有关。2000 年，美国在国际竞争力排名表上占据了首位，成为全球最具有竞争力的国家。美国竞争力委员会主席约克尔森说，"全球化也对美国非常有利"，而且还宣称，"现在我们成为世界标准"。前美国国务卿基辛格也认为："全球化对美国是好事，对其他国家是坏事。"③

---

① 指成长潜力仅次于金砖四国的 11 个新兴市场，包括巴基斯坦、埃及、印度尼西亚、伊朗、韩国、菲律宾、墨西哥、孟加拉国、尼日利亚、土耳其、越南。
② 刘建飞：《全球化与美国 21 世纪外交战略》，载《国际论坛》，2000 年第 2 期。
③ 杨卓林：《美国在全球化浪潮中的地位和作用》，载《暨南学报（哲学社会科学版）》，2001 年 4 期，第 126 页.

布什较少提到全球化概念。① 他采取的是一种所谓"无视全球化"的战略。也就是说,"在小布什政府的战略框架中,只是把它看成是威胁,而并不注重这些威胁与全球化之间的关系和对付这些威胁与全球化可能提供的机会。"② 在 2000 年竞选过程中,他也强调自由贸易和全球化,但主张单方面保护美国利益;反对《全面禁止核试验条约》,主张在必要的情况下撤出《反弹道导弹条约》,建立全国导弹防御系统;主张缩小美军在全球维和使命中的作用。小布什政府于 2006 年发表的第二份《美国国家安全战略报告》增加了一章关于全球化的论述,关注如何抓住全球化所带来的机遇和应对全球化所带来的挑战。该报告指出,全球化给美国带来了新的挑战,改变了过去影响美国的利益和价值的方式,其中包括传染性疾病、毒品走私、贩卖人口、环境破坏等都会危及美国的国家安全。③ 其中提出国际制度可以发挥作用,"但是在很多情况下有意愿的集团会更加迅速和有创造性地反应,至少在短期是如此","美国应该领导改革现有制度及创建新制度,包括构建政府间和非政府间的新型伙伴关系",以应对全球化带来的挑战。国内有学者认为,"全球化加剧了美国的脆弱性,也凸显了后冷战时代安全挑战的共同性……""正是对全球化所带来的挑战的日益深化的认识使布什政府在对华政策上形成了新的积极的思维"。④

在金融危机经济衰退背景下以及贸易保护主义氛围中上台的奥巴马政府,对贸易、投资和经济全球化的认识与小布什政府存在明显不同。这种认识可以概括为:(1) 虽然也承认经济全球化、贸易和投资对美国经济的好处,但是更强调经济全球化进程所付出的代价和做出的调整,强调贸易的"公平"而非"自由",主张在 WTO 框架下采取更加积极的行动,阻止贸易伙伴的"不公平贸易行为",如出口补贴和非关税壁垒;(2) 主张政府积极干预,进

---

① 〔美〕艾瑞克·霍布斯鲍姆:《霍布斯鲍姆看 21 世纪》,吴莉君译,中信出版社 2010 年版。
② 周建明:《全球化与美国的战略选择》,载《世界经济研究》,2004 年第 2 期,第 10~15 页。
③ The White House, "The National Security Strategy of the United States of America", The U. S. Government Printing Office, March 2006, p. 47.
④ 吴心伯:《中美关系的重新国际化》,载《世界经济与政治》,2009 年第 8 期。

行有针对性的投资和政策调整来培养和加强美国的国际经济竞争力;(3)强调对因贸易和国际竞争而失业的工人进行积极救助,强调贸易政策不能"只为跨国公司服务";(4)认为美国已签订的自由贸易协定未能确立完善的劳工和环境标准,应当加以修改;(5)提议通过税收手段限制美国公司的海外投资和产业转移,从而将工作机会留在美国本土。①

20世纪90年代以来,面对全球化进程的加速给全世界带来一系列严峻的挑战,在新的问题和社会背景下,1997年工党领袖布莱尔作为英国新首相上台执政。布莱尔政府提出了"第三条道路"的发展思路,主张超越传统的左与右,权衡新自由主义和社会民主主义的利弊。在经济上,平衡市场与政府,主张兼顾效率与公平,变国家投资为社会投资。在国际政策上,主张调和民族主义与世界主义,强调加强国家间合作,共同解决人类所面临的问题;用民主的方式和平解决国际问题,坚持世界主义的多元立场;积极发挥国际组织的作用,建立和完善全球治理体系。②

在德国,由于隶属的利益集团不同,对全球化的认识与判断也略有不同。总体来说,德国政府和雇主阶层的立场比较接近,都认为德国是全球化的受益者,因为德国本身的产业结构在全球化的大框架下可以实现更大的效益③。而对德国公众和学界的部分意见领袖来说,在情感上他们对全球化还是存有一种悲观情绪④。尽管他们承认德国的社会福利和有活力的开放的经济密切相关,然而他们又认为全球化的积极影响和负面作用并不能在德国社会内部以

---

① "The Obama-Biden Plan", http://change.gov/agenda/economy_agenda/. 转引自陈宝森等主编:《当代美国经济》,社会科学文献出版社2011年版,第371页。
② 梅记周:《英国工党"第三条道路"价值观探析》,广西师范大学硕士论文,2007年4月。
③ Merkel, Angela: *Rede der Bundeskanzlerin beim World Economic Forum*, am 24. Januar 2007 in Davos; Remsperger, Hermann: *Formen und Ursachen der Globalisierung*, *Neujahrsempfang der Hauptverwaltung Hamburg der Deutschen Bundesbank*, Hamburg, 6. Februar 2006; Schröder, Gerhard: *Die europäische Union in der globalisierten Welt-Herausforderungen und Chancen für Polen und Deutschland*, Friedrich-Ebert-Stiftung Büro Warschau, 2010.
④ Hamilton, Daniel S. & Quinlan, Joseph P.: *Deutschland und die Globalisierung*. Washington, DC: Center for Transatlantic Relations, 2009.

公平的方式进行分配。很多人担心全球经济转型的速度太快，德国部分产业部门的外迁将会造成德国国内就业市场的紧张，进而影响到他们自身的社会福利待遇。所以联邦银行的首席经济学家兰斯柏格（Herman Remsperger）教授将之归结为德国人对全球化的"混合式情感（Gemischte Gefühle）"①。

与发达国家的主导、批判等立场不同，发展中大国更为重视在全球化进程中谋求加速发展。21世纪初新任俄联邦总统普京在其批准的《俄联邦外交政策构想》中则明确指出："俄罗斯外交政策是优先促进国家经济发展，在全球化条件下俄罗斯不广泛参与国际经济联系的体系是不可思议的。"这里不仅提及了全球化，而且明确指出了全球化与俄罗斯未来发展之间的密切关系。俄罗斯领导人和政府更加务实地应对世界变化和确定自身的角色，突破俄罗斯民族的或者地域的封闭性限制，理性地吸取历史的经验和教训，使俄罗斯的进一步改革和社会转型更加稳健，并注意借鉴、遵循国际社会变革的普遍性经验和规律。

2000—2013年，印度共经历了3届政府，他们对待全球化的基本观点没有本质的差别。印度人民党领导人瓦杰帕伊提出只有全球协调行动才能迎接消除贫困、环境保护和平衡发展的挑战。他强调，政府既要坚决执行使印度经济具有全球竞争力，并有助于印度融入全球经济的政策。同时也要采取必要的措施保护本国利益，使本国工业免遭来自国外的不公平贸易和投资的损害。财政部长辛哈认为："司瓦德西、全球化和自由化并不是互相矛盾的概念。我个人认为全球化是实现司瓦德西的最佳途径。"2004年上台执政的国大党政府是经济改革的倡导者，总理辛格是1991年印度自由化、全球化改革的总设计师，因此国大党在21世纪重新执政后在全球化问题上，态度更为积极。但是与20世纪90年代初不同，辛格他们尽管仍然认为全球化和自由化是不可避免的，但是，他们现在更希望经济能够平衡发展，保持公平和社会正义；在推动工业和服务业发展的同时也关注农业，增加生产的同时也伴之

---

① Remsperger, Hermann: *Globalisierung: Bedrohung oder Chance für Deutschland? Vortrag auf dem Neujahrsempfang der Hauptverwaltung Leipzig der Deutschen Bundesbank in Leipzig*, am Mittwoch, 24. Januar 2007, S. 2.

以就业机会的扩大。他们意识到自由化进程主要使中上阶层获得好处，只要经济继续发展，他们就能继续获益。但是，中下阶层获益不大，甚至利益受损，因而，自由化、全球化进程需要在中期进行调整，通过采取特殊的措施使农村和城市的穷人获益，使自由化和全球化的改革更加具有包容性。

巴西政府在20世纪90年代初放弃了国家发展主义，接受了新自由主义，开始积极争取融入到美国主导的全球化进程中。其后，为了逐步削弱新自由主义的影响、走出美国的影子，使巴西从"未来之国"变成"现实之国"，劳工党执政的巴西政府有意识地提高自身的自主性，在很多问题上敢于发出自己的声音。在与全球化有关的问题上也是如此。

2001年举行的越共"九大"指出："经济全球化是吸引许多国家参与的客观趋势"，其中既有积极性，又有消极性。在《2001—2010年经济社会发展战略》的报告中阐述"战略目标和发展观点"时指出，"经济全球化既促进合作，又增强竞争压力及经济上的相互依赖性"；越南在主动融入国际经济的过程中，应将"经济增长与实现社会进步、公平和环保同时并行"，并贯彻"建立独立、自主经济与主动融入国际经济必须紧密结合"的原则。2001年越共中央政治局颁布了《关于融入国际经济的决议》，提出融入国际经济的五条指导思想和融入国际经济进程中的八项任务，体现了越南加快融入国际经济的重大决心。

在众多的伊斯兰国家中，以伊朗为代表的一些伊斯兰国家选择抵制或被动地适应全球化的发展。他们对全球化的态度受其反美情绪的影响，认为全球化是美国化，是美国借机进行的干涉与侵略。他们认为全球化与伊斯兰传统教义相冲突，是西方推行的文化入侵。在实践中，这些国家对与其他国家的经济文化交流持谨慎态度。土耳其、阿联酋、马来西亚、卡塔尔等相对亲美的国家则比较积极参与全球化。一方面用理性的态度研判全球化，认识到全球化给伊斯兰国家既带来机遇又带来挑战；另一方面并没有夸大全球化的挑战，认为机遇大于挑战。他们并没有将全球化与伊斯兰国家的反美情绪联系起来，而是从自身国情出发，较好地处理了传统与现代的关系、宗教与世俗的关系。积极参与全球经济竞争，利用自身优势增强竞争力，取得了良好的效果。对全球化持积极态度的这些国家，近年来国内社会稳定，经济发展迅速，国际地位不断提高。即使在金融危机和北非国家局势动荡的背景下，这些国家所受影响并不大。

三、应对全球化的经济影响

经济全球化快速推进，各国经济都成为了全球经济的组成部分，国内市场与国际市场对接起来，各国的传统比较优势经历着深刻的变化和调整，各国的经济依存与经济竞争同步发展。经济领域也是受全球影响最广泛、最深刻的领域，各国都在根据本国在全球化中的位置和发展特点制定相应的措施，趋利避害，维护和加强竞争优势。

第一，加强金融领域管理，保持本国金融市场的安全和稳定。金融领域的全球化为资本的全球流动创造了条件，但也蕴藏着巨大的风险。在亚洲金融危机爆发 10 年后，另一场规模更大的全球金融危机也爆发了，而且是在一直作为金融全球化的主导者——美国发生的。为了应对金融危机，美国政府被迫实施了积极的财政政策，放松银根、刺激通胀，进行金融改革，加紧了对跨国公司的征税工作。为了防范类似金融危机的再次发生，美国政府启动了自大萧条以来力度最大的金融改革，以确保金融稳定和公正，内容包括：扩大监管机构权力，设立新的消费者金融保护局，禁止银行和其分支机构以及控股公司从事自营交易、投资或设立对冲基金和私募股权基金，同时对系统重要的金融机构的支付、清算和结算建立统一的标准。其核心是重新要求银行机构与投资机构实行分业经营，从而限制大金融机构的投机性交易，尤其是加强对金融衍生品的监管，以防范金融风险。具体来说，其主要内容包括七项措施。一是成立金融稳定监管委员会，负责监测和处理威胁国家金融稳定的系统性风险。二是在美国联邦储备委员会下设立新的消费者金融保护局，对提供信用卡、抵押贷款和其他贷款等消费者金融产品及服务的金融机构实施监管。三是将之前缺乏监管的场外衍生品市场纳入监管视野。四是限制银行自营交易及高风险的衍生品交易。五是设立新的破产清算机制。六是美联储被赋予更大的监管职责，但其自身也将受到更严格的监督。七是美联储将对企业高管薪酬进行监督，确保高管薪酬制度不会导致对风险的过度追求。同样，为应对金融危机，德国出台了金融救市计划，以稳定银行系统和金融秩序，确保住所地在德国的金融机构的支付能力，避免信贷紧缩，使银行间的信贷往来正常进行。由国家担保，实行严苛的管理和审批手续，成立国家层次的评估委员会，对巨额贷款和担保进行评估和监督。

第二，加强国内基础设施建设，改善国内投资环境。资本的全球流动、国际分工的深化，使得争取外国直接投资（FDI）成为了各国竞争的焦点领域；对于发展中国家尤其如此。印度政府自20世纪初即推出一系列举措加强对基础设施的投资建设，如基础设施方面，公路建设、海运和港口建设、空运、铁路发展、电信基础设施的发展，力求以优良的基础设施吸引跨国公司的更多投资。与以往危机中紧缩基础设施投资以保障财政平衡的政策不同，拉美和加勒比多数国家在此次金融危机中推出了货币政策和财政政策并举、社会和产业政策共同推进的反危机政策。金融危机爆发后，巴西政府迅速转移工作重心。为防止经济衰退，推行扩张性财政政策，拉动经济增长；增加对基础设施的投入，创造更多就业机会；以消费信贷为推动，以此拉动内需，提高最低工资标准，增加对贫困家庭补助。其中，加大基础设施投资是核心举措。从历史上看，与世界发达国家和一些新兴发展中国家相比，巴西的基础设施投资水平较低。为应对金融危机，巴西政府推行了规模巨大的基础设施投资计划，包括公路、铁路、港口、机场以及在主要大城市修建地铁[1]，等等。据预计，到2016年巴西将向1.2万项大型工程投资9000亿美元[2]。规模庞大的基础设施投资计划成为帮助巴西迅速走出经济危机的最大动力。

为拉动国内经济，增加就业以及提高本国竞争力，各发达国家也不同程度地对本国基础设施进行升级和建设。如英国政府近年来上马了一系列大型建设，缩短大型基础设施项目规划论证程序。推出了"国家道路战略"，投资

---

[1] 吴国平：《全球金融危机：挑战与选择》，当代世界出版社2010年版，第200页。
[2] 劳尔·西韦奇：《金砖国家与另一面墙的倒塌》，载《起义报》，2012年4月3日。

开发北海大陆架石油，开展"北方中心铁路计划"，建立英国航空动力学中心，支持航空空间技术创新等一系列建设计划。通过基础设施建设改善投资环境，以吸引更多投资。

第三，加大研发力度，推出各种政策鼓励研发，提高产业的国际竞争力。技术竞争是各国竞争的核心内容。例如，为保持在核心技术领域的优势地位，英国通过税收优惠制度，鼓励企业增加研发投入。允许大公司享受研究发展项目税收优惠，鼓励大企业研发投入；通过"专利税务措施"鼓励专利申请。俄罗斯政府相继出台了一系列积极推进科技创新的法规，颁布、实施了一系列重大科技规划，并加大了对科技创新的经费支持力度。俄罗斯政府实施国家支持教育贷款方案，扩大学校的金融自主性，建立政府担保机制，支持企业家向高校投资，并为发展高新技术产业和推动科技创新提供大额专项拨款。

在总体技术、研发水平相对落后的发展中国家，为改变在全球化系统中始终处于产业链末端的现状，减少对国外技术依赖，各国政府已经开始着手指导产业结构的升级。例如，印度政府优先建立"技术研发"和"工业生产"两类经济特区，大力发展深加工工业和高新技术产业，调整经济结构，提升产品的国际竞争力，走创新发展的道路。越南政府近年来也开始建设或投入运行一批旨在培育高新技术企业的技术园区；出台相关规定，鼓励外国组织、个人在越投资自然科学领域或新兴科技领域的研究，培养科技人才，发展高科技企业，从事科技服务等。为提高支柱产业和主要企业的研发能力，巴西政府也采取了一系列举措：实施科技计划，通过各种政策鼓励技术创新，设立"研发基金"，为技术创新提供资金支持，扶持中小企业进行技术创新，推动关于技术创新的立法工作，为技术创新提供法律保障。

第四，加强对脆弱部门的保护。农业被认为是经济全球化过程中最脆弱的部门，但也是保持经济稳定，改善民生的基础。美国是农产品出口大国，美国每年出口的农产品要占其总产量的 2/3，占美国总出口额的 10% 左右。美国农业部推出一系列政策法规，积极努力加强国际竞争力，内容包括：农产品计划，创建反周期的"安全网"，帮助农场主抵御市场价格下降的影响；固定政府付款，补贴种植特定作物的农场主；市场贷款，授权对主要计划作物和大豆生产者提供销售援助贷款；环境保护计划，鼓励生物燃料的种植和使用，鼓励农村地区开发可再生能源和提高能效。印度农业为本国提供22%的 GDP，全国60%的人依靠农业为生。1999年印度人民党政府出台了新的农业政策，提出此后20年印度农业发展的长远目标就是要使印度在经济全球化的情况下能够保证粮食安全。该项政策提出农业年增长率为4%，政府采取的具体措施包括：政府将确保最先大量增加对农业研究与发展、农村基础设施和灌溉方面的公共投资，灌溉方面将得到最优投资而且所有在建项目将严格按进度完成；增加农村地区的信用贷款范围和额度，农业信用合作制度将再度健康发展，将使农畜产品保险计划更有效；政府将在所有 WTO 谈判中充分保护国家利益，特别是农民的利益。通过这些措施，改变印度农业单一依赖谷物的局面，发展高附加值的商品农业，实现农业战略的转变。越南政府也出台农业扶持政策，大力调整农业产业结构，提高农产品的竞争力，发展农村基础设施，出台更多与国际惯例接轨的政策，加强农业劳动力培训。俄罗斯政府也对本国农业采取了一定的保护措施，如2002年和2006年先后两次试图通过增加预算拨款来提高农业劳动者的报酬，2002年农村居民收入出现了较大幅度的增长（增长了1.7倍），2006年俄联邦政府第二次通过增加预算拨款提高了农业劳动者工资之后，农村居民收入再次出现了较大幅度的逐年增加。这些措施的施行，无疑有助于对俄罗斯农业的保护及其发展的推动。

第五，重视区域、一体化和贸易合作。经济区域一体化既是经济全球化的基本内容和前提，也是各国减弱全球化冲击影响的重要方式。美国政府近年来不断加大区域及双边贸易的合作力度。例如，与南方共同市场国家的区域合作，与亚太经合组织的加大合作等。在双边贸易领域，加大了与澳大利亚、巴西、新加坡、韩国、巴拿马等国家的合作进程，推动上述国家与美国的双边贸易进程。同时，美国承诺重新审视和修订《北美自由贸易协定》《美国—哥伦比亚自由贸易协定》《美国—韩国自由贸易协定》等。特别是在2009年12月，奥巴马总统在东京参加 APEC 会议时高调宣布将加入并推动《跨太平洋战略经济伙伴关系协定》（TPP）。在美国的积极推动下，2011年

11月在夏威夷举行的APEC峰会上，正在磋商的9个国家宣布将于2012年年底前正式签署该协定，而且日本也在美国的催促下宣布决定加入TPP谈判。

随着世界区域经济合作的迅速发展，日本也逐渐改变原来的战略，转而积极参与地区经济一体化的进程之中。日本在21世纪伊始就开始有计划、有步骤地推进EPA/FTA谈判。自2002年1月与新加坡签署首个双边FTA协议以来，到2008年年底，日本与新加坡、墨西哥、马来西亚等多个国家的双边EPA已经生效。2011年5月28日，欧盟和日本宣布，将为启动欧盟和日本自由贸易谈判做准备，争取尽早达成双边自由贸易协定。如果欧美—日本自由贸易协定得以签署，将成为世界最大的双边自贸协定。此外，日本也积极促进东亚地区的经贸合作。2002年，中日韩自由贸易区在中日韩三国领导人会议上首次提出。经过10年的发展，经济总量占全球总量1/5的中日韩自由贸易区谈判在2012年正式启动，这意味着东亚地区的经贸关系将进入一个新的阶段。在积极推进EPA/FTA、中日韩三国自由贸易区的同时，日本也在积极倡导和推动东亚共同体的建立。2009年日本民主党首相鸠山由纪夫提出将按照欧盟的形式，建立一个东亚共同体的构想。这一提议得到了中国、韩国的积极回应。

自20世纪末，俄罗斯不断加深与国际货币基金组织、世界银行等国际组织的合作。积极争取世界银行对俄罗斯提供贷款资金，在政策咨询层面同世界银行进行合作。同时加强与区域性国际金融机构的合作，如欧洲复兴开发银行、欧洲投资银行、国际经济合作银行和国际投资银行、独联体跨国银行，以及黑海贸易与发展银行的合作。一方面期待在未来的合作中能使俄罗斯获得较大的收益，另一方面也是为了加强俄罗斯在这些地区性国际金融机构中的重要地位，并进而能够对区域各国宏观经济政策和结构调整施加自己的影响。俄罗斯在经历了长达18年的艰难历程之后成功地加入了世界贸易组织。这对于俄罗斯经济的健康、稳定发展大有好处，除了有助于俄罗斯吸引外资和先进技术、扩大出口等，还会促使俄罗斯进行内部改革，完善经济制度，创造公平、透明的竞争环境，进而提高俄罗斯经济的整体竞争力。进入21世纪后，俄罗斯更加重视与亚太地区国家的经济技术合作，加强远东地区的基础设施建设，扩展、深化俄罗斯与亚太国家的经济、技术合作。

巴西政府也致力于积极开展双边、多边合作，加强与各地区、集团尤其是新兴经济体的联系。作为金砖国家中的一员，巴西定期参与金砖国家的会晤机制，不仅借助相关机制探索如何加强同其他金砖国家的交流与合作，也借助相关机制协调彼此的立场，表达对一些国际问题的看法与态度。非洲也是巴西国际经济布局中的重要一环。据世界银行数据，2000—2010 年，巴西和非洲的贸易额从 40 亿美元增长到 200 亿美元。巴西对此并不满足。2012 年年初，巴西总统迪尔玛·罗塞夫访问了非洲多国，创建了专门针对非洲的公司，还下令创建由发展工业和贸易部长费尔南多·皮门特尔领导的"非洲小组"，以使巴西在这个地区的大规模攻势焕发新的活力。总之，巴西外交显出前所未有的力度[1]。除了在本地区倡导一体化的过程中搭建各种组织平台以外，巴西也将视野转向其他地区，谋求建立各种新的平台。例如，巴西不仅在坎昆召开的 WTO 第五次部长级会议上倡导建立了 20 国集团，还与印度、南非结成"三边委员会"以谋求联合国安理会常任理事国地位，也与德国、日本、印度结成"四国集团"，等等。这些平台的搭建，为巴西更好地融入到世界之中提供了重要支撑，进而使巴西能更快地应对全球化的政治影响。

第六，一些发达国家应对"产业空心化"问题。发达国家的国内经济，尤其是就业市场深受产业向外转移的影响。20 世纪后半段，尽管美国通过鼓励金融创新获得了丰厚利润，但也在某种程度上造成国内产业"空心化"，失业率攀升。进入 21 世纪后，美国在海外的直接投资增长趋势放缓，制造业在对外投资总量中的比重也明显下降。在金融危机之后，美国政府出于政治和经济的需要提出了"重振制造业"的口号，鼓励"内包"和"本土制造"，提出在既有产业基础上的"再工业化"，实质上是以高新技术为依托，推动产业升级，新兴产业成为"再工业化"的主攻方向以创造新的经济增长点。同样面对"产业空心化"问题，日本政府致力于平衡对外直接投资和对内直接投资水平，扩大对内直接投资，确保国内的经济发展水平。一方面，日本在

---

[1] 安娜·谢维亚勒：《新兴国家刺激非洲经济》，载《费加罗报》，2012 年 2 月 22 日。

亚洲生产或制造大众化、平民化的产品，与新兴经济国家进行竞争，另一方面在国内生产高附加值的产品，提供给欧美等世界市场。在本土保留高附加值的生产基地和研发基地，从而保持日本的国际竞争力和技术优势。

四、应对全球化的社会政治影响

全球化对各国的社会政治生活带来了不同程度的影响，一方面加快了国内以及跨国界的人员、信息流动，使各国的社会政治生活更为紧密地联系在一起；另一方面也诱发了国内新的社会政治问题，放大了既有的各类问题，对各国社会政治体制提出了严峻挑战，推动了各国的社会政治改革。

第一，加快社会政策改革，缓解社会矛盾。在某种意义上说，全球化是社会差距拉大的加速器。收入差距的拉大、国内社会矛盾的积聚是各国面临的共同问题。印度政府在强调以自由化、全球化为导向的经济改革政策之外，突出对社会弱势群体权益的保护，提高教育和社会保障投入，力图缩小贫富差距，保持社会和谐与地区平衡发展。采取的举措包括：构建社会保障体系，增加用于卫生事业的公共开支，引入为贫困家庭设立的国家医疗保险计划；加快公共分配制度改革，尤其在最贫困落后的地区注重收入的均衡性；所有拨付各邦而由村委会用于资助贫困和实施农村发展计划的资金，政府将确保其不被拖延和挪用；政府承诺制定一项城市改造综合计划，大规模增加城镇社会住房供给，尤其要关注贫民窟的居民；启动全国乡村就业保证计划；加强对社会的管理；通过公民社会的建设促进印度民主政治的发展与完善。

越南在社会方面应对全球化的主要做法是：扶贫减困、保护劳工、发展民族经济和保护环境，力图把全球化带来的负面影响降至最低点。越南政府将社会民生保障作为经济社会持续发展的重要因素和首要任务。与世界银行全球减贫的关注相匹配，越南在全国开展了"消饥减贫"运动，发展社会慈善扶贫工作，促进落后地区经济发展，推动少数民族地区的发展。在宗教方面，越南党和政府鼓励各种宗教创新发展有益于社会主义建设的新教义，将国家命运与宗教命运相结合。在环境保护方面，越南将自然生态环境的保护与经济发展并重，寻求可持续发展。

长期以来，贫富差距问题一直困扰着巴西。新自由主义改革更是加剧了两极分化的程度。为了改变两极分化的状况，劳工党政府采取了一系列关于就业、社会救援和收入再分配政策。具体的举措包括：以扩大就业为主减少贫困，帮助青年人早日就业。实施"零饥饿"计划，实施家庭救助金计划，对贫困家庭实施救助；社会救助，给 65 岁以上老人和残疾人提供社会救济和最低生活保障；反饥饿，向所有贫困人口提供食品，在农村鼓励小农进行种植。其中家庭救助金计划实施有条件、额度不等的现金救助，以保证其基本生活所需；实施教育扶贫，在全国范围内实施了成人扫盲计划，提高成年人的知识水平；建立和完善社保体系，对低收入群体实行较低缴费标准或零缴费。

在英国，布莱尔政府从 20 世纪末开始推行新的社会福利制度原则：以"工作观念"为中心重塑福利国家。除了对失业者的资金救助之外，为失业的年轻人在一定的期限内提供多种再就业的机会，以及教育、就业和社区服务的措施，提供就业培训以及个人化建议、咨询等帮助。为应对老龄化问题，英国工党政府扩大了养老金的覆盖率，以减少老年人的贫困数量。实行最低工资是工党福利制度改革的另一个重要部分，它可以减少政府的福利开支，促使有工作能力的人都去就业，减少失业贫困，鼓励雇主进行投资培训，激发雇员的积极性，提高劳动生产率。自 20 世纪末开始，英国进行了一系列医疗改革措施，如综合治理医疗条件和健康水平不平等的问题，加强中央政府对医疗服务体系的控制，增加对国家医疗服务的投入，制定国家医疗标准，扩大患者的选择权力，并引入竞争机制，更加充分地利用各种有限的资源，提高医疗水平。

在社会保障改革方面，日本针对社会突出的少子高龄化，2000 年的年金改革将支付年金平均下调 20%。2004 年，日本实行了新的年金制度，新的年金制度导入微观经济浮动方式，即鉴于未来被保险者数量的减少和平均寿命的延长，抑制给付资金的增加；固定未来保险费；提高基础年金国库负担比重。在医疗方面，随着经济的低迷和被保险者的减少，保险费收入也随之减少,而老人医疗费却持续增加,结果就出现了不仅政府掌管了健康保险,而且2/3的健康保险工会都出现了赤字。针对这种状况,1997年出台的措施将被保险者的本人负担从10%提高到20%,2002年又提高到30%。70岁以上的高龄者的就诊费用、个人承担部分也开始增加。

为了从长计议,在现有的丰厚的能源收入与未来可能出现的收入不足之间建立平衡机制,同时,也为了推进国家经济的全面、平衡、稳定和可持续发展,俄联邦政府于2004年1月1日建立了稳定基金。根据《俄罗斯预算法典》第13条第1款规定,稳定基金是联邦预算资金的一部分,稳定基金来源于每月的石油和石油产品的出口关税、可利用矿产开采税以及部分或全部上一年度的财政盈余。建立稳定基金的主要目的是平衡财政收支,积蓄石油部门的超额收入用于弥补未来因石油价格下跌而可能导致的财政不足。在2007年4月26日国情咨文中,普京指出:"时间证明建立稳定基金的决定是正确的、值得的。我们实现了持续地降低通货膨胀的目标,这利于居民实际收入的增加,促进了经济的稳定发展。但是,今天的经济任务的性质要求在保留——无条件地保留稳健的财政政策的前提下,调整稳定基金的职能和结构。"普京提出将所有的石油、天然气收入一分为三:其一,储备基金,其目的是在国际市场能源价格严重下跌时确保俄经济风险的最小化;支持宏观经济稳定并抑制通货膨胀,这直接关系到居民收入的提高。其二,石油、天然气的部分收入应计入联邦财政用于完成大型的社会规划。其三,其余的石油、天然气收入计入未来基金,普京认为,"未来基金的资金应当用于提高居民的生活质量和发展经济,用于改善后代及当代人的福利,正因为如此,将其称作'国家福利基金'更准确。"① 2008年1月30日,"稳定基金"被拆分,当时总额达到38518亿卢布,约合1574亿美元,其中30690亿卢布(1254亿美元)注入"储备基金",7828亿卢布(320亿美元)计入"国家福利基金"。2008年2月1日,"国家福利基金"正式成立。

---

① 2007年4月26日俄罗斯总统国情咨文, Послание Федеральному Собранию Российской Федерации. 26 апреля 2007 г. www.kremlin.ru。

第二，加快政府改革，积极寻求国家—市场—社会间的互动合作，提高国家综合国力。全球化对各国政府能力提出了新的要求，许多问题的解决必须依靠国家、市场和社会之间的相互支持与合作。20世纪90年代，英国工党布莱尔政府提出"第三条道路"执政理念，主张超越传统的"左"与"右"，放弃极端化立场，试图在传统的二元对立之外寻求新的平衡点，在具体的执政实践中，提出平衡市场与政府的政治经济纲领；在处理政府与市场的关系问题上，主张把政府和市场的作用限制在各自的范围内，在政府与市场之间形成一种相互补充、相互促进的良性关系。将政府的职能定位在为市场的运行和经济的发展提供良好的外部条件。伴随经济全球化和欧洲一体化的进程，德国传统意义上的国家的功能和作用也在发生着变化。政府的角色定位为协调者而非控制者，掌舵者而非划桨者，是公共产品和服务的提供者而非具体的生产者。在最大限度保持了瘦身、提高国家的效率优势的基础上，尝试在政府治理策略中引入社群主义的合作思想并逐渐恢复国家在社会公共事务中的规制功能。一种在公共部门、私人部门和公民个人之间新型的责任分配逐步形成。政府将从自己不该干预或不该涉足的领域退出，还政于民。政府机构变得小而精干，且具有足够的灵活性。政府的职能更着重于向公众提供公共服务，集中精力于核心领域，履职更加充分，其功效会更突出，相应的预算却大大降低。私人对公共事务的参与，既可以及时弥补因公权退出而留下的空白，又可以通过自下而上的方式实现官民互动，避免了不必要的"博弈和消耗"，进而带动整个政府治理水平的提高。

俄罗斯由于自身国情的特殊性，在推进政府机构改革、精简机构、优化职能的同时，更强调确立强有力的国家政权体系。一方面，俄联邦政府在改革中作出了三个方面的规定：（1）限制国家机关对经营活动的主体所实施经济活动的干预，其中包括终止过多的国家调整，发展经济领域的自我调整组织体系；（2）完成联邦执行权力机关和联邦主体执行权力机关的权限划分工作，使联邦执行权力机关区域性机关的工作积极主动起来；（3）取消各种联邦执行权力机关的重叠职能和权限，从组织上划分经济活动的调整、监督和检察职能，国家财产的管理职能，国家机构向公民、法人提供服务的职能。

另一方面，普京执政之初就明确提出俄罗斯必须建立一个强有力的国家政权体系，并推行了一系列措施和政策。（1）削弱地方领导人的权力和地位，遏止分离倾向；（2）在国家杜马形成支持政府的议会多数，确保议会跟政府的合作；（3）打击乱权干政的俄罗斯寡头，消除对俄罗斯经济和政治生活一度具有重要影响的寡头经济和政治体系；（4）严惩腐败，打击犯罪。通过上述一系列措施和政策，普京在俄罗斯恢复了一个强有力的国家政权体系，不过，这个强有力的政权体系不是苏联时期高度中央集权的翻版，而是面向现代化和全球化的政府职能的变革，这种变革促使了俄罗斯社会的稳定、国家经济的发展。

日本在21世纪之初就实施了大部制改革，表达了日本要在新的世纪以新的国家形象出现在世界面前的决心和愿望，并以这样的政府为基础，以形成自由、公正的国际社会为目标，积极发挥日本作为国际社会的一员的主体作用。这说明日本的大部制改革并不只是单纯的行政改革，而是希望以大部制改革为契机，彻底地融入西方，发挥日本在国际舞台上的积极作用。其具体措施主要包括五个方面。（1）中央省厅由再编前的1府22省厅整合成目前的1府12省厅，导入政策调整制度，以打破条块分割行政的弊端。（2）强化内阁总理大臣的辅佐体制，确立以政治主导为目标的行政运营。（3）精简行政管理机构和人员。（4）创设独立行政法人制度。为提高行政效率和行政服务质量，将各省厅所属的业务执行部门作为独立行政法人分离出来，如国立博物馆、国立美术馆、国土地理院、汽车检查、贸易保险等。独立行政法人从"公平与效率"两方面来设定目标，进行事业运营。（5）构建21世纪新的国家职能，即通过变革中央各省厅的行政职能范围，实现"由官向民的转移"，使庞大、僵硬的政府组织转变成高效率、真正民众的组织，最终达到国家职能合理的目标。正是通过这些改革，日本试图将此前无所不包的"大政府"转变为只承担国家职能的"小政府"。

第三，发展中国家在推动改革的过程中，更加强调维护国家的自主性。为应对全球化的影响，印度从20世纪末发起强调印度民族主义的国家运动。1999年印度发起了一场"我们的瓦杰帕伊"运动，把印度人民党的参政野心、全球主义和民族主义结合在一起。印度人民党执政后,在意识形态和国家政策上,提出了具有很强宗教色彩的"政治应以价值为基础"的主张,强调只有印度教的价值才是医治印度政治弊端的灵丹妙药。印度人民党坚持用民族主义的观点认识印度的复兴,在他们看来,在当今全球化时代,一个民族只有具备自己的特征,才能被国际社会所承认,才能在世界上获得应有的地位。一个在意识形态上缺乏凝聚力的国家,在外部的冲击下难免不出现解体的危险,因此复兴印度教可以增强民众对民族和国家的认同。这些强调印度民族主义的国家运动,增强了民众对民族和国家的认同。21世纪印度政治界尤其是各政党普遍接受了联合政治和联合政府的政体形态,印度彻底进入联合政治和联合政府阶段,联合政党的体制实现了制度化,进行与选举有关的宪法修改。

越南的政治革新在坚持共产党执政、坚持社会主义方向的基础上,坚定地向民主化方向迈进。提高人民当家做主的权利,增加人民参政的途径,密切执政党、议会代表与人民的联系。通过扩大国会职责和国会代表实职化来推进国会实职化。在选举制度的改革上,21世纪以来越南继续推广直选和差额竞选。在政治参与的大众化方面,越南着力推动公众对政治生活的参与,促进政治人物与公众的对话,并为公众监督政治人物创造制度条件。同时加强执政党自身建设,积极反腐,在政治体制改革上取得了实质性的进展。

伊斯兰国家的发展从另一个侧面说明了国家自主性的重要性。伊斯兰国家民主的发展基本上效仿西方资产阶级民主的"天赋人权""法律主权"代替封建专制的"君权神授""君主至上",吸收西方资产阶级民主的"分权制""选举制""轮换制"原则;具体操作上按照西方民主的框架,实行宪政制度,采取民主立宪制或君主立宪制和议会、政府、司法机构分立形式,甚至个别国家实行政治多元化制度,多党并存。但是,由于长期受到西方势力的影响甚至控制,许多伊斯兰国家都没有走上一条适应本国国情的发展道路,没有实现社会经济的快速发展。个别国家的长期执政者在"阿拉伯之春"中垮台,引发了新的不稳定和不确定。

五、应对全球化的文化影响

全球化推动了各种文化的交流、交融、交锋,使文化成为国家间竞争的重要内容,文化获得了前所未有的重视。各国都在通过各种方式来提升本国文化的吸引力,保护本国文化的独特性。综合来看,主要有三个方面的策略及措施。

第一,加大教育投入和加快教育发展。如印度政府促进教育发展的政策包括小学阶段女童教育全国计划,教育保证计划和替代教育、创新教育,地区小学教育项目,午餐计划、教师培训计划等。为了发展高等教育,政府采取的措施有:首先,迅速加大私立院校的扩展,主要是附属于邦一级的院校尤其是职业教育;其次,中央政府通过立法扩大对全国高等教育机构的投入,特别是技术教育;最后,通过各种立法来改善高等教育的质量。为了解决地区教育发展不平衡的问题,中央政府启动了地区教育计划,意在提高地方机构的参与程度,规划、推行和监督本区域范围内的教育情况。就教育的开放性而言,2010年印度政府通过了外国教育机构法案,外国大学可以与印度同伴合作来提供学生教育课程。

越南政府同样致力于改进教育事业,着力提高教育质量,促进教育部门与就业市场的衔接,同时注重提高年轻人的道德素养;努力提高基础教育质量,着重发展专业教育和职业教育,以配合国家工业化和现代化进程,满足新的劳动力结构性需求。为促进文化与科技事业的繁荣,越南大力资助文化生产活动,优待知识分子,为知识分子的活动创造便利环境和条件。针对经济改革带来的道德滑坡问题,着力提高年轻一代的爱国热情和责任意识,促使他们成为既具有良好专业技能、能融入国际经济,又忠于革命事业、能够建国卫国的新型青年。

21世纪以来美国对基础教育非常重视。在金融危机的背景下,奥巴马总统上任后也积极推动教育改革,提出大幅追加教育经费拨款,提出全面教育改革计划,提出要在大幅增加教育预算的同时,采取包括延长学时、提高教师待遇和提高教育标准等措施，帮助美国学生提高国际竞争力。

第二，通过文化外交，提高本国"软实力"，扩大国际影响力。在文化政策方面，英国一直致力于不断巩固和提高国家"软实力"。具体的举措包括：巩固和推动英语全球化，重视本国语言的推广和教育，把对外英语教育摆到文化外交的首位，尽可能地满足各国对英语教育的需求；加强留学教育，推广海外学生到英国留学的计划，并促进教育机构之间的各种合作与交流，目的是鼓励更多的海外学生来英国接受教育，在为英国创造巨额收入的同时，也为本国吸引了大量高级人才；同时，上述举措对于宣传和拓展英国价值理念、制定国际规则、改善英国国家形象等都具有深远的意义。英国政府鼓励创意产业，关注多种形式文化创意，加强机制建设，开展各种主题活动，对文化产品的研发、制作、营销等方面实施系统性扶持，推动相关机构对创意产业进行投资。此外，英国政府管理和支持国际媒体，加强监管，明确政府的公共外交战略目的，进行业务指导和资金支持。一方面致力于扶持、巩固其现有地位和未来发展，另一方面积极利用其传播平台，宣传英国国家形象、文化价值理念，巩固和提高英国的"软实力"。

早在1996年7月，日本政府公布实施《21世纪文化立国方案》，表示要继续扩大国际文化交往，在文化上做出国际贡献并传播文化。"文化立国"是继20世纪50年代的"贸易立国"、80年代的"技术立国"之后的第三个目标。从这个意义上讲，"文化立国"是日本政府适应形势变化而进行的新的战略调整。随着21世纪国际社会"软实力"的竞争愈演愈烈，日本对于文化产业有了新的认识。2007年5月，日本政府亚洲前景战略会议委员会正式通过，成为日本文化产业的纲领性文件《日本文化产业战略》，提出：（1）以海外年轻人为争取重心；（2）加强在海外建设宣传平台；（3）在人才培养过程中重视儿童；（4）在发展文化产业特别是参与国际竞争时，加强"日本标准"的建设。此外，日本还通过打造"酷日本"来推动日本文化产业的发展。作为日本政府正式启动的文化战略产业，"酷日本"的主旨就是向海外介绍日本时装、设计、漫画、电影等文化商品，同时培养日本国内相关产业所需的人才，将动画、漫画、电影、电视剧、音乐、游戏、饮食、时装、设计等产业定位为"软实力产业",综合推进这些产业的振兴和海外拓展,强调通过节目交易、数字传输的强化、放宽海外内容流通规定、防止盗版等措施,以民间企业为中心在海外拓展与"酷日本"相关的业务。

面对全球化对本国文化的冲击,德国政府采取的策略是在国内加强对传统文化保护的同时,更加积极、主动地开展对外文化交流,努力将德国文化加载到全球化列车上,将对外文化交流视为德国"外交政策的支柱"[①]。其主要表现是为文化对话提供空间,增进文化间的理解和信任,其目的是为建立国与国之间的长期合作伙伴关系奠定良好的基础。这种理念被德国外交部长韦斯特维勒在2011年9月概括为:"在全球化时代,德国的对外文化教育政策是赢得伙伴,传递价值,维护利益。"[②] 在世界范围内推广德语学习是该政策的核心目标,因为德语的普及将会加强德国在经济全球化过程中的区位优势[③]。除此之外,与各国地方政府合作,在当地学校开展德语教学和德国国情教育也是工作的重点。在世界范围内支持科学与研究也是德国文化政策的重要组成部分,其中最主要的是吸引世界各地的专家学者到德国从事科研和学术交流活动。通过对外文化交流,德国政府极力将德国的形象打造为欧洲经济中心和世界科研重镇。通过与多国合作,德国的艺术和文化、核心价值观将在伙伴国中得到最大限度的传播和推广。

作为新兴国家的巴西,随着融入世界程度的加深,为更好地让世界了解巴西,巴西政府也积极利用各种媒介向国际传播巴西文化、展示巴西的软实力。例如,2010年3月,巴西政府打造了专门负责对外传播的门户网站Portal Brasil,以方便各地人民了解巴西。

越南政府为加强与外部世界的文化联系,加强国际文化交流与合作,积极与各国开展文学、电影、体育等方面的交流,并在国外建立了一些越南文化中心,以扩大越南文化的影响力。

---

① Bericht der Bundesregierung zur Auswärtigen Kultur-und Bildungspolitik 2010/2011.
② Bericht der Bundesregierung zur Auswärtigen Kultur-und Bildungspolitik 2010/2011.
③ Bericht der Bundesregierung zur Auswärtigen Kultur-und Bildungspolitik 2010/2011.

大多数伊斯兰国家注重保护文化传统，少数国家积极主动地推动和西方的文化交流。在一些伊斯兰国家中，新生代的领导人在文化方面主动出击，积极与世界各国开展文化交流，取得了不错的效果。卡塔尔是对全球化持肯定态度的伊斯兰国家，采取多种措施推动文化交流，并且与西方国家开展争夺话语权的竞争。卡塔尔国王哈马德 1995 年上台伊始，立即出资成立了卡塔尔教育、科研与社会发展基金会，简称卡塔尔基金会，基金会投入大量资金建立教育城，使其成为海湾地区教育科研中心。卡塔尔已经吸引多所美国常青藤大学入驻教育城开办多哈分校，为数千名学生提供同等质量水平的教育和学历。教育城为吸引优秀学校和机构，由卡塔尔基金会提供各种补贴，学生的学费也由政府资助。卡塔尔除了投巨资引入西方教育资源外，还鼓励媒体和西方主流媒体争夺国际话语权，其中，卡塔尔半岛电视台就是成功的例子。半岛电视台是由卡塔尔国王资助，但不受政府的任何压力，坚持独立专业的新闻立场不动摇。半岛电视台独立的立场使其在国际竞争中具有相当大的竞争力。半岛电视台在西方国家中受到民众的支持和肯定。半岛电视台是伊斯兰国家争夺国际话语权、打破西方媒体垄断格局的成功案例。

第三，发扬本国文化特色，重视民族文化。随着苏联解体、俄罗斯成为一个独立国家，一种否定本国历史和本国文化的现象在俄罗斯日渐加剧，甚至出现了否定苏联和苏联人民对世界反法西斯战争的胜利所作出的巨大牺牲和卓越贡献的现象。针对这种现象，俄罗斯领导人和俄罗斯政府加大了对本国公民并且特别是本国青少年的爱国主义教育，主要采取了如下一些措施。（1）组织编写历史教师参考书。2007 年，普京在接见全俄人文和社会科学教师代表时指出，树立正确的历史观，应当从教育工作者入手，教师的历史教学应当有正确的历史价值导向，教师给青年一代讲授国家"非常时期"的历史的时候，要正确对待，而不应当妄自菲薄，不应当只讲述那些"极端的、偏激的，有时是带有侮辱性的东西"。为此，俄罗斯教育部组织编写了一本历史教师参考书。（2）出台相关法律，加强对俄罗斯公民的爱国主义教育。（3）成立直属俄联邦总统的专司反对企图篡改俄罗斯历史、危害俄罗斯国家利益的职能的委员会。

印度政府赋予教育以道德的色彩，重新设定学校的课程、编写教科书，使它们符合官方的理念，限制外国学者。在新闻宣传领域形成印度特色的媒体发展模式，抛弃美国一个地方一份主流报纸模式，发展全球品牌的且覆盖全国的报纸；抛弃英国市场分成大报和小报模式，印度全国性报纸兼具大报和小报的特色，从而获得广泛的支持率。

越南政府致力于保存和发扬民族文化，投资修建了一批大型的历史文化遗迹，推进建设各民族文化旅游村，举办多种民族文化节，开展一系列具有民族特色的文化活动，继承和弘扬本民族文化遗产，通过广泛的群众运动，建设文化家庭、文化乡村、文化街区，塑造文明生活习惯，鼓励锻炼身体、倡导好人好事，保存和发扬民族的美好传统价值，培养公民文明的生活习惯。

（五）应对全球化的外交影响

全球化推动了世界多极化，改变着各国的实力对比，从而深刻地影响着各国之间的关系以及各国的对外战略。各国都在积极调整对外战略，占据战略制高点，努力为自身的发展创造良好的国际条件。

第一，在国际政治与外交方面，传统大国力求取得主导地位。如美国以反恐名义加紧向世界战略要地扩张，其扩张的重点地区是中东、中亚、东亚和非洲地区。其战略目的一是反恐，如发动阿富汗战争、打击恐怖主义组织老巢，并借机在中亚获取军事基地，威逼中俄；其在中东地区的军事行动则意在石油，如通过伊拉克战争，军事控制伊拉克，控制中东石油的中心地区；其在非洲的行动也是意在石油和其他战略资源，并排挤中国在非洲地区日益增强的存在。近年来，美国日益加强了其在非洲的军事存在和军事行动，加强海军力量，增建军事基地，以增加其在非洲的影响力。近几年来，随着亚太地区在全球经济中的地位不断加强，美国渐渐地把战略重点向亚太地区转移，加强了与传统盟国日本、韩国、澳大利亚和相关东盟国家的关系，其在亚太地区的军事力量日益加强。美国军事战略的一系列调整表明，它就是要充分利用反恐的契机，加紧调整全球化形势下美军的新的战略部署，以适应全球化形势下的新的安全战略态势。

英国历届政府始终以英美关系作为外交政策的基石和重点，希望通过利用与美国的特殊关系，彰显其大国的地位和作用。与此相比，历任政府对英国完全融入欧盟都持保留态度，与其他成员国因此在一些具体利益上不断产生分歧。布莱尔政府执政初期在对欧政策上采取的一些积极举措，使英欧关系得到了一定程度的改善，自身在欧盟内的地位也有所提高。卡梅伦联合政府在欧盟的问题上坚持务实外交思路，力求积极发挥领导作用，成为具有影响力和决定权的成员国，支持欧盟扩大。欧盟实力的增强和英国对美政策的调整使得联合政府更加重视英欧关系。在处理与新兴大国的关系上，英国同样奉行现实主义策略，表现出通过合作谋求共荣的开放态度。其中，中英关系发展在 21 世纪以来总体上呈现积极稳定态势，两国在各领域的合作不断得到加强。但其主要目标是通过加强与中国的关系来振兴英国本国经济。面临重振国内经济的重任，发展同世界上经济增长最快的地区和国家的经贸关系成为英国新政府的战略重点。

与英国的保留态度不同，德国政府积极参与欧洲一体化，树立了欧盟核心国家的形象。在与美国合作的问题上，一方面德国对美国的反恐立场表示同情和支持，但另一方面德国又对美国滥用战争手段解决问题表达了激烈的反对。全球化进程的迅猛发展，对德国外交政策的出发点影响极其深远。其中最典型的就是德国要"外交全球化"。"外交全球化"的提法最初见于 1995 年德国总统罗曼·赫尔佐克（Roman Herzog）在德国外交政策协会成立 40 周年庆祝会上的演讲[①]。在两德统一之后，德国国际地位发生了根本性变化，德国开始在外交上越来越表现出明显的进取性姿态。1998 年，施罗德领导的红

[①] 在该演讲中德国总统指出："在一个日益变小的、机会与风险同等程度全球化的世界上，德国外交政策的全球化也将是不可避免的。" Herzog, Roman, Ansprache von Bundespräsident Roman Herzog bei der Deutschen Gesellschaft für Auswärtige Politik in Bonn, Bonn, 13. März 1995. 自 1949 年联邦德国成立到 1990 年两德统一，德国的外交政策实质上只是在被动地适应当时尚处于冷战状态的外部环境，基本没有自主行动。在国家实现统一后，尽管在外交上德国表现出了一定的进取心，但如此明确的提出外交政策的全球化，还是第一次。

绿政府上台伊始便正式提出外交政策"正常化"问题①。同时，德国还开始公开宣示自己的国家利益，强调该利益必须要在外交政策中得到体现。进入21世纪后，2005年和2009年连续两次政府更迭，黑红大联合政府、黑黄联合政府与红绿政府在外交政策上并无实质性变化，都是继续强调德国要在世界上承担更大的责任②。提出"外交全球化"和承担更大的责任，表明了德国外交政策在第二次世界大战结束后的重大转折，其实质就是要争做世界政治大国。

近年来，日本政府改变过去相对保守的外交策略，在对外政策上更强调普世的价值和国际合作，强化日美政治、安全同盟和包括中国在内的远东国家的经济合作。但在面对中国的崛起，以及美、俄等都重视亚太地区的大背景下，日本现任的安倍政府加强了对地区事务发言权与领导权的角逐，并企图否定"二战"后的亚太体系，使日本成为正常国家。

第二，新兴国家致力于发出自己的声音，利用各种合作机制和国际组织，扩大自身影响力。如印度在21世纪的外交政策就确立了三个长期目标：与中国平等，高于巴基斯坦，核武器大国的地位被认可。通过与美国形成战略伙伴关系，印度极大地增强了其在重要的国际政治、经济和安全问题上的影响力；通过加速与中国的政治合作，使两个亚洲大国在经济上实现共赢，确保两国在边界争议、能源资源和贸易市场的全球竞争保持非白热化；同时，印度开始了新的"前进政策"来改善它在包括部分的非洲、波斯湾和中亚、西亚、南亚和东南亚"邻近国家"的形象；对于周边的国家开始放弃各种极端的和不稳定的方式。印度政府一方面强调经济外交，继续发展与西方传统大国的密切合作；另一方面，发展与大中东地区的关系，与该地区重要的国家

---

① Schröder, Gerhard, Die Regierungserklärung von Bundeskanzler Gerhard Schröder, Bonn, den 10. November 1998, Presse-und Informationsamt der Bundesregierung. 1998年11月10日，时任联邦总理的施罗德在联邦议院发表的第一个政府声明将这种"正常化"解释为："在任何人面前都不卑不亢，这正是一个成熟民族应有的信心，它面对历史、面对自己的责任；同时，也面对未来。"

② Gemeinsam für Deutschland-mit Mut und Menschlichkeit, Koalitionsvertrag zwischen CDU, CSU und SPD, 11. 11. 2005, S. 125; Wachstum. Bildung. Zusammenhalt. Koalitionsvertrag zwischen CDU, CSU und FDP, 17. Legislaturperiode, 26. Okt. 2009, S. 113.

建立起高层次的联系；同时，将英国殖民统治的遗产现代化，发展睦邻友好关系。

随着自身实力的不断增强，巴西政府开始谋求提高自身在国际经济结构中的位置，扩大自身在国际事务中的影响力，积极构筑、利用多种平台，通过多种途径发出自己的声音，提高自身的形象，扩大自身影响，参与规则制定，谋求构建国际经济新秩序；如在全球问题上，巴西极力避免与美国发生正面对抗；同时，巴西又坚持奉行一条独立自主的道路，即极力削弱、摆脱美国对自身的影响，增强自身的自主能力；还积极寻求在全球和地区范围遏制美国的力量与影响；积极利用已有国际平台，以加强南共市建设为核心，推进南美地区一体化；积极开展双边、多边合作，加强与各地区、集团尤其是新兴经济体的联系，组织搭建各种新平台，为巴西更好地融入世界提供了重要支撑。

俄罗斯作为联合国安理会五个常任理事国之一，在维护国际和平与安全方面发挥了重要作用。俄罗斯是八国集团、欧洲理事会、欧安组织和亚太经合组织的成员，并通常在区域组织中起主导作用，如独联体、欧亚经济共同体、独联体集体安全条约组织、上海合作组织等。普京政府主张在各个方面与世界主要力量结成战略伙伴关系，如欧盟、北约等。俄罗斯没有加入欧盟，并力求与欧盟达成平等合作关系而非成员国。2002 年，北约—俄罗斯理事会成立，这使得北约 26 个盟国与俄罗斯达成合作伙伴关系。2005 年，俄罗斯提出与欧盟建立经济、政治、安全、文化教育四个主要方面的公共空间，以促进俄罗斯与欧盟的合作关系。自苏联解体以来，俄罗斯与北约的关系尽管并不稳定，但也日趋改善。

进入 21 世纪以来，越南贯彻独立、自主、和平、合作、发展的外交路线，积极参与国际事务，承担国际角色，双边关系、多边关系、经济外交及其他对外事务都取得了突出进展，国际地位显著提高，为越南的经济发展创造了良好的外部环境。与东亚各国保持良好互动与合作，不仅注重国家层面的国际交流，也鼓励个人层面的国际交流，对走向世界的越南人抱越来越宽容和支持的态度，在积极开展多边外交合作的同时，越南与越来越多的国家发展双边关系，达成不同形式的合作。

伊斯兰国家在全球化中有的积极主动地应对复杂局面形成的挑战，并显得越来越成熟、自信。其中些伊斯兰国家发挥地缘政治优势，利用娴熟的外交技巧为其赢得了区域性大国地位和生存空间，例如埃及和伊朗。埃及成功地成为中东伊斯兰世界的大国。埃及由于控制了苏伊士运河这一国际战略运输通道，以灵活、务实的态度处理与以色列的关系，成为阿拉伯世界中美国信赖的朋友。伊朗长期与美国和以色列对抗，在开发核能问题上甚至与美国处于战争的边缘。另外，有些伊斯兰国家积极融入国际社会，主动参与地区性热点问题的解决，如卡塔尔。卡塔尔随着经济实力的提高，在外交上也越来越活跃，在中东一些区域性热点问题的解决方案中扮演着重要的角色。

图书在版编目(CIP)数据

大国治理／杨雪冬,张萌萌主编.
—北京:中央编译出版社,2015.1
(国家治理现代化丛书／俞可平主编)
ISBN 978-7-5117-2426-7

Ⅰ.①大…
Ⅱ.①杨…②张…
Ⅲ.①国家-行政管理-文集
Ⅳ.①D035-53

中国版本图书馆 CIP 数据核字(2014)第 291688 号

大国治理

出 版 人:	刘明清
出版统筹:	贾宇琰
责任编辑:	杜永明
责任印制:	尹　珺
出版发行:	中央编译出版社
地　　址:	北京西城区车公庄大街乙 5 号鸿儒大厦 B 座(100044)
电　　话:	(010)52612345(总编室)　　(010)52612341(编辑室)
	(010)52612316(发行部)　　(010)52612317(网络销售)
	(010)52612346(馆配部)　　(010)55626985(读者服务部)
传　　真:	(010)66515838
经　　销:	全国新华书店
印　　刷:	北京汇林印务有限公司
开　　本:	787 毫米×1092 毫米　1/16
字　　数:	289 千字
印　　张:	19.75
版　　次:	2015 年 1 月第 1 版第 1 次印刷
定　　价:	70.00 元

网　　址:www.cctphome.com　　　邮　　箱:cctp@cctphome.com
新浪微博:@中央编译出版社　　　　微　　信:中央编译出版社(ID: cctphome)
淘宝店铺:中央编译出版社直销店(http://shop108367160.taobao.com)　　(010)52612349

本社常年法律顾问:北京市吴栾赵阎律师事务所律师　闫军　梁勤
凡有印装质量问题,本社负责调换,电话:(010)55626985